MINERVA
はじめて学ぶ教職
17

吉田武男

監修

教 育 実 習

三田部 勇/吉田武男

編著

ミネルヴァ書房

監修者のことば

　本書を手に取られた多くのみなさんは，おそらく教師になることを考えて，教職課程をこれから履修しよう，あるいは履修している方ではないでしょうか。それ以外にも，教師になるか迷っている，あるいは教師の免許状だけを取っておく，さらには教養として本書を読む方も，おられるかもしれません。

　どのようなきっかけであれ，教育の営みについて，はじめて学問として学ぼうとする方に対して，本シリーズ「MINERVA はじめて学ぶ教職」は，教育学の初歩的で基礎的・基本的な内容を学びつつも，教育学の広くて深い内容の一端を感じ取ってもらおうとして編まれた，教職課程向けのテキスト選集です。

　したがって，本シリーズのすべての巻によって，教職に必要な教育に関する知識内容はもちろんのこと，それに関連する教育学の専門領域の内容もほとんど網羅されています。その意味では，少し大げさな物言いを許していただけるならば，本シリーズは，「教職の視点から教育学全体を体系的にわかりやすく整理した選集」であり，また，このシリーズの各巻は，「教職の視点からさまざまな教育学の専門分野を系統的・体系的にわかりやすく整理したテキスト」です。もちろん，各巻は，教育学の専門分野固有の特徴と編者・執筆者の意図によって，それぞれ個性的で特徴的なものになっています。しかし，各巻に共通する本シリーズの特徴は，文部科学省において検討された「教職課程コアカリキュラム」の内容を踏まえ，多面的・多角的な視点から教職に必要な知識について，従来のテキストより大きい版で見やすく，かつ「用語解説」「法令」「人物」「出典」などの豊富な側注によってわかりやすさを重視しながら解説されていることです。また教職を「はじめて学ぶ」方が，「見方・考え方」の資質・能力を養えるように，さらには知識をよりいっそう深め，そして資質・能力もよりいっそう高められるように，各章の最後に「Exercise」と「次への一冊」を設けています。なお，別巻は別の視点，すなわち教育行政官の視点から現代の教育を解説しています。

　この難しい時代にあって，もっと楽な他の職業も選択できたであろうに，それぞれ何らかのミッションを感じ，「自主的に学び続ける力」と「高度な専門的知識・技術」と「総合的な人間力」の備わった教師を志すみなさんにとって，本シリーズのテキストが教職および教育学の道標になることを，先輩の教育関係者のわれわれは心から願っています。

　2018年

吉　田　武　男

はじめに

　みなさんは，「教育実習」と聞くとどのようなイメージをもつだろうか。自分自身が，小学校や中学校，高等学校で接した，若くて話しやすい教育実習生のイメージであろうか。

　教育実習は，一定期間に学校現場において教職の一部を担うこととなるので，教職課程のなかで最も重要な学修となる。それまでに，教育心理や生徒指導，キャリア教育，教育相談，教科の指導法といったさまざまな科目について学んできたことを，学校現場で実体験として経験することによって，理論と実践との往還を図る場であるとも言える。

　また，教育実習に関連して，実習後に教職課程のまとめである教職実践演習が位置づけられたのは，「今後の教員養成・免許制度の在り方について（答申）」（平成18年7月11日中央教育審議会）を受けてのことである。答申には，「社会の大きな変動に対応しつつ，国民の学校教育に対する期待に応えるためには，教育活動の直接の担い手である教員に対する揺るぎない信頼を確立し，国際的にも教員の資質能力がより一層高いものとなるようにすることが極めて重要である。」と示されている。また，学校インターンシップ（学校現場体験）が各大学の判断という条件付きではあるが位置づけられたのも「これからの学校教育を担う教員の資質能力の向上について～学び合い，高め合う教員育成コミュニティの構築に向けて～（答申）」（平成27年12月21日中央教育審議会）を受けてのことである。これらは，教員の資質能力の向上を目指したものであり，教職に就く前段階の教職課程において，理論と実践の往還や，学校現場と連携した教育が重要であるという認識のもとで制度化されたと考えられる。これらの科目は，新免許法（教育職員免許法及び同法施行規則改正：平成31年4月1日の施行）において「教育実践に関する科目」として整理され，教育実習5単位（学校インターンシップ2単位を含むことができる。）と，教職実践演習実践2単位の計7単位を習得する必要がある。

　教員は，採用になれば担任又は副担任の別はあるが，すぐに児童生徒に教科指導を行うこととなる。現在の学校は，急速な社会の変化やさまざまな教育問題に対応した教育が求められており，実践的指導力が求められている。採用後1年間は新採研修が義務づけられているものの，それだけでは十分ではなく，その前段階において，学校現場や児童生徒にかかわる活動が重要視されているとえる。よって，これから教職を目指す方々には，学校現場を経験する学修を通して，教員としての素養を身に付け，スムーズに教職のスタートが切れるように心がけていただきたい。

　そもそも教育実習は，教職志望の学生が，自分の母校や協力校，附属学校等に，ある一定の期間お世話になる，教職へ就く前の実地訓練のようなものである。どの大学も，またはどの教職課程においても，参加資格として，「教職を強く希望する者に限る」といった条件が最上位に位置付いているはずである。しかし，実際には，「企業に就職するが教員免許は取得しておこう」「研究者や大学教員を志望しているので学校現場は見ておきたい」といったような，さまざまなニーズによる教育実習への参加があるのが現状である。現在も含めて，この先の予測困難な時代を考慮し，さまざまなニーズがあることも

理解できるが，参加する学生側の思いや願いとは関係なく，受け側の学校や教師，児童生徒は日々の教育活動を懸命に行っていることを，絶対に忘れてはならない。参加する学生側の都合によりどうこうできるものではなく，受け側の教育活動が最優先されるのである。それをわきまえ，教育実習期間は目の前の児童生徒に対し，教科指導や教科外指導においてどのようにかかわれば良いのかを真剣に考え，日々の実習に真摯に，そして謙虚に取り組むことが重要なのである。

また，教育実習がきっかけとなり，「教職への希望が益々強くなった」「それまで曖昧だった教職への自分の進路が明確になった」「企業への就職内定を断り教職へ就きたいと考えが変わった」といった学生も多く見られる。ぜひ，教育実習を中心とした学校現場を経験する学修を通して，優秀な人材が教育界へ出て行くことを切に願うものである。

本書は，「教育実習」というタイトルであるが，「介護等体験」「学校インターンシップ」「教職実践演習」等についても含んだ内容となっており，学校現場と密接につながる学修について取り上げ解説していくものである。内容構成としては，次の通りである。

第1章では，教育実習の目的や意義について，第2章では，教育実習前後に行う学校インターンシップについて解説しており，教育実習全体への理解を深める内容とした。第3章では，教育実習前に学生が感じる教育実習不安について説明し，それを取り除くための準備すべき内容について解説している。また，教育実習に参加するためのさまざまな手続きについても理解を深めて欲しい。第4章では，介護等体験の位置づけとその仕組みについて解説するとともに，社会福祉施設，特別支援学校，それぞれの介護等体験において事前に理解しておくべき事項について示している。また，支援の必要な方へどのように対応すれば良いのか，具体的な内容についても示している。第5章では，教育実習を直前に控えた時期に，準備しておくべきことについて具体的に解説している。特に実習校における事前打合せ等を通して，実習校の授業や児童生徒の情報収集が重要となる。第6章では，実習期間の大まかな流れを示すとともに1日のスケジュールの例を用いて，教育実習の流れのイメージがもてるようにしている。第7章では，実習期間に学級経営に参加するための基礎的な知識や，参加するうえで知り得た情報の保護について解説している。第8章では，教育実習の中心ともなる教科指導に関して，授業参観・観察から指導案作成の手順，研究授業，省察までの一連の流れを示している。第9～第11章では，それぞれ小学校，中学校，高等学校の指導案の例を示しているので，自分が指導案作成を行う際の参考としていただきたい。第12章では，道徳教育，生徒指導，教育相談，特別活動，総合的な学習（探求）の時間，部活動について解説してある。教育実習では，教科指導に重点が置かれるが，それ以外の教育活動についても理解し，積極的に児童生徒とかかわるために役立てていただきたい。第13章では，学校運営と安全管理について解説している。教育実習生であっても実習期間は一人の教員として勤務するため，スクールコンプライアンスは重要であり，理解を深め自覚をもって欲しい。第14章では，教育実習終了時の挨拶や大学に戻ってからの礼状の出し方について具体例を挙げているので参考にしていただきたい。第15章では，事後指導のねらいや位置づけについて解説している。教育実習について省察を行い，また，他の学生と情報交換を行い，教育実習内容を比較検討することで学校現場の理解に役立てて欲しい。第16章では，教職課程のまとめでもある，教職実践演習について解説している。

本書が，教育実習を含む学校現場と密接にかかわる学修の礎となり，一人でも多くの学生が教職に就

いてくれることを期待したい。

　なお，次頁に示した表は，本書の各章と教職課程コアカリキュラムとの対応表である。参考にしてもらいたい。

　最後に，本書を刊行する機会を与えてくださった筑波大学名誉教授の吉田武男先生，種々の観点からアドバイスを頂いたミネルヴァ書房の河野菜穂様，浅井久仁人様に心より感謝を申し上げる。

2023年1月

三田部　勇

以下は、科目目標と各章の対応を示す表である。

全体目標

教育実習は、観察・参加・実習という方法で教育実践に関わることを通して、教育者としての愛情と使命感を深め、将来教員になるうえでの能力や適性を考えるとともに課題を自覚する機会である。一定の実践的指導力を有する指導教員のもとで体験的・総合的に理解し、教育実践ならびに教育実践研究の基礎的な能力と態度を身に付ける。"教育実習の一部として学校インターンシップ（学校体験活動）を含む場合には、インターンシップ（学校体験活動）において、(2)、(3-1)もしくは(3-2)のうち、3) 4) の目標が達成されるよう留意するとともに、教育実習全体を通して全ての目標が過不足なく達成するよう意識する。

一般目標

(1) 事前指導では教育実習生として学校での教育活動に参画する意を高め、事後指導では教育実習を省察することで得られた成果と課題等を踏まえ、これを学校の実態と教育実習の意義を理解する。

(2) 幼児、児童及び生徒に対して適切な観察を行うとともに、学校実務に対する補助的な役割を担うことを通して、教育実習校（園）の幼児、児童又は生徒の実態及び学校経営及び教育活動について理解する。

(3-1) 大学で学んだ教科や教職に関する専門的な知識・理論・技術等を、各教科や教科外活動の指導場面で実践するための基礎を修得する。

(3-2) 大学で学んだ領域や教職に関する専門的な知識・理論・技術等を、保育・理論・保育の実践場面で実践するための基礎を身に付ける。

到達目標（列）と各章の対応

到達目標	第1章	第2章	第3章	第4章	第5章	第6章	第7章	第8章	第9章	第10章	第11章	第12章	第13章	第14章	第15章	第16章
(1) 1) 教育実習生として遵守すべき義務等について理解するとともに、その責任を自覚し、教員としての免許取得までにさらに習得することが必要な知識や技能等を理解している。	○	○	○	○	○	○	○	○				○				
(1) 2) 教育実習を通して得られた知識や経験を生かし、免許取得までにさらに習得することが必要な知識や技能等を理解している。														○	○	○
(2) 1) 幼児、児童又は生徒との関わりを通して、その実態や課題を把握することができる。		○	○													
(2) 2) 指導教員等の実施する授業を観察する視点を持って観察し、事実に即して記録することができる。		○	○													
(2) 3) 教育実習校（園）の学校経営方針及び各校種の特色を持った教育活動並びにそれらを実施する組織体制について理解している。			○	○								○	○			
(2) 4) 学級担任や教科担任等の補助又は学校の役割を担うことができる。		○				○	○					○				
(3-1) 1) 学習指導要領及び児童又は生徒の実態等を踏まえた適切な学習指導案を作成し、授業を実践することができる。							○	○	○	○	○					
(3-1) 2) 学習指導に必要な基礎的技術（話法・板書・授業展開・学習形態・環境構成など）を実地に即して身に付けるとともに、適切な場面で情報機器を活用することができる。							○	○	○	○	○					
(3-1) 3) 学級担任の役割と職務内容を実地に即して理解している。					○	○	○	○	○	○	○					
(3-1) 4) 教科以外の様々な活動の意義を理解し、実地に即して実践している。				○	○	○	○	○	○	○	○	○	○		○	○
(3-2) 1) 幼稚園教育要領及び幼児の実態等を踏まえた適切な指導案を作成し、保育を実践することができる。			○													
(3-2) 2) 保育に必要な基礎的技術（話法・保育形態・環境構成など）を実地に即して身に付けるとともに、適切な場面で情報機器を活用することができる。						○										
(3-2) 3) 学級担任の役割と職務内容を実地に即して理解している。						○										
(3-2) 4) 様々な活動の場面と適切に幼児と関わることができる。			○													

v

第1章
教育実習とは何か

〈この章のポイント〉

　教育職員免許状を取得するためには，教育職員免許法および教育職員免許法施行規則により定められた単位を修得しなければならないが，教育実習は，それらの単位のなかの重要な一つの科目であると同時に，その単位の内容として実際の学校で行われることを意味する用語でもある。しかも，その教育実習の内容については，最近では，各大学の判断によって，「学校体験活動」を組み入れることが可能になっている。そのような改革の動きがみられる教育実習に関して，本章では，いくつかの視点から教育実習を位置づけたうえで，その意義と課題を確認する。

1　教育実習の位置づけ

1　諸外国の視点から

　日本の場合，学校や教育職員免許状などの種類によって，現地の学校に出向いて行う教育実習の期間が違っている。その期間は，概ね2週間から4週間である。単位数で言えば，3単位から5単位である。このような教育実習の期間について，欧州の先進諸国と詳細なところまで正確に比べて提示することは，簡単な作業ではない。なぜなら，まず，例えば養成年限の期間や教育実習の概念などが国によって異なるからである。つまり日本で言うところの教育実習と学校体験活動などとの境界線がどうしても曖昧になるからである。さらに，諸外国では，一つの国であっても，その地域によって教員養成のシステムや教育実習の期間が異なるだけでなく，諸外国やその諸地域によって，さまざまな改革が目まぐるしく推進されているからである。しかし，大枠において比べるならば，日本の教育実習の特徴は，明確に見えてくる。

　まず，欧州の先進諸国の一つであるイギリス（イングランド）を見てみよう。イギリスでは，正教員になるには複数のルートがあり，日本と比べる意味で大学の4年制養成課程を経るルートを取り上げれば，教育実習の期間は，初等学校教員および中等学校教員には32週間以上となっている。

　また，フランスでは学士号を取得した学生が修士号を取得する2年間のなかで養成されることになっており，教育実習の期間は，初等学校教員には12週

▷1 文化高権
教育を含めた文化の政策・行政の問題に関して，諸州が立法上および行政上の権限を有するという考え方である。

間，中等学校教員には週6時間36週間となっている。

その隣国のドイツでは，「文化高権」の原則に基づき，各州によって教員養成のシステムは異なり，例えば，バーデン・ヴュルテンベルク州の初等学校教員には7週間の長期実習と1週間当たり12単位時間の短期実習が課されている。

さらに，北欧諸国を見てみると，フィンランドでは，学科教員は9〜11単位分，クラス教員（小学校）は15単位分の教育実習となっている。また，デンマークでは，義務教育段階の初等・前期中等教員は，教員養成課程の4年間のコース履修と24週間の教育実習となっている。

最後に，戦後の日本の教員養成に最も大きな影響を及ぼしたアメリカを見てみると，ドイツと同様に連邦国家のために各州によって教員養成のシステムや教育実習の期間は異なっているが，基本的に教育実習は義務化されており，例えば大都市のシカゴを有するイリノイ州の中等理科教員は事前の観察実習を除いて16週間である。

このような各国における教育実習の期間は，教育改革の過程のなかで最新の状況と多少の違いがあるかもしれないが，大枠において見れば，日本の教育実習，すなわち現場で学ぶ体験実習の期間は，さまざまな歴史的経緯と社会的状況によって，先進諸国に比べて明らかに短くなっている。その意味では，日本の教育実習に関して大きな改革が必要である。しかし，そのような改革は，一朝一夕にできるものではない。なぜなら，教育実習には，法の改正だけでなく，各大学におけるカリキュラムとの関係，教育実習を受け入れる学校現場の状況など，改革のために乗り越えなければならない課題が複雑に山積しているからである。よって，今の状況は簡単には変更されないと考えるべきであろう。したがって，このような現状を踏まえて言うならば，教員を志す日本の学生は，取り急ぎ何よりも次のような意識を強くもって教育現場を体験してもらいたいものである。すなわち，学生は短い期間において質の高い学びを成し遂げられるよう，万全の準備をして教育実習に臨むことである。

2　歴史の視点から

▷2　ラ・サール
(Jean Baptiste de La Salle, 1651〜1719)
1684年にカトリック教会の修道会であるイエズス会を設立した司祭・教育家であり，カトリック教会の聖人として列せられている。

▷3　ヘルバルト (Johann Friedrich Herbart, 1776〜1841)
ドイツの教育学者。教育の目的を倫理学から，方法を心理学に求めて，教育学の体系を樹立した。

欧米の先進諸国における教育実習の源流に遡及するなら，フランスにおいて，1685年にフランスの司祭・教育者であるラ・サール (La Salle) が師範学校とその附属学校を設立し，教育実習を実施しているが，これが世界で最初の教育実習と言われている。ドイツでは1809年にヘルバルト (Herbart) がケーニヒスベルク大学に着任して，すぐに附属学校を設置して教育実習を学生に課している。アメリカでは，1838年にマサチューセッツ州に師範学校が設立されて以降，各地で州立師範学校が設置され，教育実習が実施されていた。

それに対して，日本における教育実習の源流に遡及するなら，その時代は明

治期の始めになる。1872年に中央集権的な近代学校教育制度の確立の契機となった「学制」が公布され，その同じ年に日本で最初の官立の教員養成機関としての師範学校が東京の湯島に設立された。その翌年には，その附属小学校が設立され，そこで行われた実地練習が教育実習の始まりと言われている。それ以降において，大阪と宮城，そして愛知，広島，長崎，新潟の師範学校とともに，教育実習のための附属小学校も設立されていったが，そこでも同じように実地授業と呼ばれるものが行われていた。これと前後して全国各地に，教員伝習学校，陶冶学校，教員養成所などの教員養成の教育機関が設置されることになる。これらが後に公立の師範学校として再編されることになるが，この時期の師範学校は概ね 2 年制の中等教育機関であり， 2 年次の後半すべては実地授業に当てられ，その実地授業は，およそ15週30時間となっていたと言われている。1886年には師範学校令が制定され，師範学校の修学期間は， 2 年制から 4 年制へと延長されるが，実地授業の期間は最終学年の半期（15週）であった。その実地授業の名称も1907年の師範学校規定および1910年の師範学校教授要目の改正によって，正式に教育実習と呼ばれるようになった。やがて，1925年に師範学校規定およびその教授要目の改正があり，教育実習の内容として，①附属学校参観，②師範教授による授業，③教授案の試作および教授の実習，④管理・訓練に関する指導および実習，⑤学校事務の指導および実習が掲げられていた。この頃に，現在の教育実習の原型が形成されたのである。その後，1943年には，師範学校が専門学校に昇格され，教育実習は最終学年において12週間行われることに定められたが，戦時中のために，そのように実施されることはなかったと言われている。

　第二次世界大戦後の教育改革において，戦前に子どもたちを結果的に戦場に送り出してしまった反省から，戦後は「大学における教員養成」と「開放性の原則」という教員養成の二大原則が重視され，戦前に軽視されがちであった「一般教養」と「専門教養」の習得が，「教職教養」を加えた「三重の教養」にとって不可欠なこととして見做され，大切にされた。それによって，教員養成を目的としない 4 年制の一般大学・学部の卒業時に標準レベルの教員免許状の取得を可能にしたシステムが構築されたのである。もちろん，その二大原則に基づいて民主的な教員養成を開始した点は大いに長所を有しているが，他方で一般大学・学部において教職課程（教職教養）を 4 年間で学修できるようにするために，コンパクトな教育課程が用意されることになり，結果的に日本の教育実習の期間は，前述したように，欧米の先進諸国の視点からだけでなく，また日本の近代史の視点から見ても，短く設定されることになった。

　もちろん，そのような短期間の教育実習の状況に対して，現在に至るまでに，さまざまな提案がなされてきた。例えば，1972年の教育職員養成審議会建

議「教員養成の改善方策について」では，教育実習期間の延長（幼稚園と小学校実習を8週間，中等学校の実習を6週間）が提言され，また1983年の教育職員養成審議会「教育職員免許制度の改善について」でも，教育実習期間の延長（幼稚園と小学校の実習を8週間，中等学校の実習を6週間）が提言され，さらに1987年の教育職員養成審議会「教員の資質向上について」では，教育実習期間の延長（幼稚園と小学校実習を5週間，中等学校の実習を3週間）が提言された。その翌年の1988年には，教育職員免許法が改正され，免許状の種類が一級，二級から，専修，一種，二種となるとともに，教育実習にかかわる事前指導および事後指導が1単位として必修となった。2000年には，教育職員免許法施行規則が改正され，教育実習の単位数と期間が変更された。具体的には，小学校一種と中学校一種は5単位で4週間（一部の地域では3週間），高等学校一種は3単位で2週間となった（ただし，この単位数のなかには，事前指導と事後指導が1単位含まれている）。その後も，法改正が行われ，教職課程も変更されてきたが，教育実習にかかわった変更が行われたのは，2016年の教育職員免許法および2017年の教育職員免許法施行規則の改正であり，2019年4月1日からその改正された教職課程のカリキュラムに従って教員養成が行われることになった。

③　教職課程の履修の視点から

　その新しい教職課程のカリキュラムでは，履修すべき総単位数について変化はなかったが，科目区分が大括り化されることになった。小学校と中学校の教員免許取得について言えば，教職課程の教育実習にかかわる履修科目に関しては，教育実習（5単位）と教職実践演習（2単位）というように，明確に二つの科目区分がそれまで存在していたが，改正後は「教育実践に関する科目」（7単位）という一つの科目区分に統一され，そのなかに教育実習（5単位）と教職実践演習（2単位）という科目が組み入れられた。また，高等学校の教員免許取得については，同様な科目区分の変更が行われ，「教育実践に関する科目」（5単位）という一つの科目区分に統一され，そのなかに教育実習（3単位）と教職実践演習（2単位）という科目が組み入れられた。どちらの場合も，教育実習という科目のなかに，事前指導および事後指導の1単位が含められていた。したがって，実際的には，教育実習の期間も従来と大きくは変更されることなく，小学校と中学校は5単位で概ね4週間または3週間，高等学校は3単位で概ね2週間である。その意味では，教職課程の教育実習にかかわる履修科目に関しては，実際的には大きな変更はなかったと言える。

　ただし，教育実習に関しては，その一部として，「学校体験活動」（学校における授業，部活動等の教育活動その他の校務に関する補助又は幼児，児童若しくは生徒に対して学校の授業の終了後若しくは休業日において学校その他適切な施設を利用して

行う学習その他の活動に関する補助を体験する活動にあって教育実習以外のもの）を単位数に加算すること（上限は，小学校および中学校は2単位まで，高等学校は1単位まで）が可能となった。それを単位数に組み入れるか否かは，各大学に委ねられているが，今後は教育実習を行う前の準備体験として，「学校体験活動」が教職課程の履修において，奨励されることになることは間違いないであろう。

4　教職課程コアカリキュラムの視点から

　教職課程コアカリキュラムは，各大学が教職課程カリキュラムを策定するに当たって参考となる指針であり，教職課程において共通的に身につけるべき最低限の学修内容を示したものである。このコアカリキュラムは，2019年度開設の教職課程認定の手引きに盛り込まれたために，現在では各大学の教職課程のカリキュラムに，具体的には各大学の教職課程のシラバスに顕現化されることになった。

　教職課程コアカリキュラムでは，教育実習の関連は，「教育実習（学校体験活動）」として「教育実践に関する科目」のなかに位置づけられている。そこでは，全体目標がまず提示されたうえで，「事前指導・事後指導に関する事項」，「観察及び参加並びに教育実習校の理解に関する事項」および「学習指導（保育内容の指導）及び学級経営に関する事項」（カッコ内は幼稚園）という三つの項目が挙げられ，それぞれについて一般目標と到達目標が示されている（「はじめに」において占めされている表を参照）。これを指針として参考にしつつも，大学・学部・学科の特色を生かしながら，各大学では，「教育実習（学校体験活動）」のシラバスが作成されている。

2　教育実習の意義と課題

1　教育実習の意義

　教育実習の意義は，従来から教育行政の審議会報告をはじめ，研究者の著作などを通して，その時代状況を反映しながら異口同音にわが国において語られてきた。これからの将来においても，さまざまな考え方が社会的変化によって登場することは想像に難くない。

　そこで，現時点において整理するならば，教育実習の意義については，1978年の教育職員養成審議会教育実習に関する専門委員会報告「教育実習の改善充実について」において示された記述が，端的にその意義を明示してくれている点で，今でも十分に有用な内容である。

　そこには，次のように述べられていた。すなわち，「教育実習は，現実の学

校環境における児童，生徒等との直接的な接触を通して，経験豊かな指導教員の下で教職的な経験を積み，教員になるための実践上，研究上の基礎的な能力と態度を養うところに，その本質的な意義が認められる」と。

　この記述内容を頭の隅に置きながら，前述した教職コアカリキュラムの「教育実習（学校体験活動）」の項目に記されている全体目標の記述内容を再確認してみよう。その全体目標は，二つの文言から成り立っていることに気づかされる。前半に記されている文言は，「教育実習は，観察・参加・実習という方法で教育実践にかかわることを通して，教育者としての愛情と使命感を深め，将来教員になるうえでの能力や適性を考えるとともに課題を自覚する機会である」となっている。また，後半の文言は，「一定の実践的指導力を有する指導教員のもとで体験を積み，学校教育の実際を体験的・総合的に理解し，教育実践ならびに教育実践研究の基礎的な能力と態度を身に付ける」となっている。

　この二つの文言のうち，後半の文言の内容は，学校現場の指導教員のもとに体験を積み，教育実践と教育実践研究の基礎的な能力と態度を養うことに言及している点で，先ほど頭の隅に置いてもらった，およそ50年前の報告文書の内容を基本的に受け継いでいると考えられる。その意味でも，教師を志す教育実習生の側から見れば，学校現場の指導教員のもとに体験を積み，教育実践と教育実践研究の基礎的な能力と態度を養うことは，教育実習の中心的な意義の一つであるといえる。その過程において，教育実習生は，これまで大学で学び研究してきたことを実践において統合していくのである。

　また，もう一つの教育実習の中心的な意義を挙げるとすれば，既述した前半の文言，すなわち「教育実習は，観察・参加・実習という方法で教育実践にかかわることを通して，教育者としての愛情と使命感を深め，将来教員になるうえでの能力や適性を考えるとともに課題を自覚する機会である」のなかから，導き出すことができると考えられる。

　まず，「観察・参加・実習という方法で教育実践にかかわることを通して」という記述は，いわば教育実習の方法（形態）の基本が明示されたものであって，教育実習の意義に直接的に関係するものではないために，この箇所はここでは一先ず除外されてよいであろう。そのうえで，その次に続く記述，すなわち「教育者としての愛情と使命感を深め，将来教員になるうえでの能力や適性を考えるとともに課題を自覚する機会である」という記述は，明らかに教育実習の意義に関係したものである。そこには，二つの内容，つまり「教育者としての愛情と使命感を深め」と「将来教員になるうえでの能力や適性を考えるとともに課題を自覚する」が含まれている。

　前者の内容は，教師の根幹となる人間性の涵養を求めたものである。そのような涵養は，そもそも教職課程全体で達成すべきものであるが，実地に即して

実感するところに特に大きな意味をもっている。また後者の内容は，教師になるために必要な能力や適性とは何かについて，実地に即して考えてみることで，自らの課題を把握し，課題解決のための手立てを考えさせるところに大きな意味をもっている。したがって，教職コアカリキュラムの「教育実習（学校体験活動）」の項目に記されている全体目標の前半の記述内容からは，もう一つの教育実習の意義を導き出すならば，教師としての愛情と使命感の涵養と，教師になるために必要な能力や適性についての課題の自覚を実地に即して促すことが，もう一つの大きな意義であると言える。

　以上述べたように，これらの二点が，現時点において，教育実習の意義の中心的なものとして挙げることができる。

②　教育実習の課題

　期間の限られた教育実習を有意義なものにすることは，教育実習生にとって容易なことではない。もちろん，教育実習の前には，大学等における事前の授業や指導，さらには実習校における打ち合わせなどのオリエンテーションは用意されているが，有意義なものにできるか否かは，やはり教育実習生になるそれぞれの学生自身の積極的な準備と努力にかかっている。

　そこで，教育実習を有意義なものにするためのポイントとして，次の三点を指摘しておきたい。

　まず，一点目は，設定した自分なりの教育的課題（例えば，授業の指導方法，教材の開発，生徒の理解，部活動への参加と指導など）について思考を巡らし，前もって明確にして臨むことである。その際に，いくつもの課題を自覚することも大切であるが，そのなかでも，教師を志す自分にとって特に重要な教育的課題をいくつかに絞って認識しておくことが肝要である。

　結果的に，教育実習のなかで課題の解決を見出すこともあれば，それを見出せないことも少なくない。仮に，解決が見つけられて安堵しても，直ちにまたそこから新しい教育的課題が自覚されるであろう。そのようになれば，その課題に対する解決がまた見つけられるかもしれない。このような繰り返しが，教師としての資質能力の向上，少し言い古された言葉を使えば「自己変革」が促進されることになる。また，それに対して，教育実習に入る前の最初の課題が解決されない，あるいは教育実習のなかで新たに生まれた課題が実習の最後まで解決されないということも，十分にあり得るであろう。その時には，実習終了後に，例えば教育実習の事後指導や教職実践演習の授業において，自分自身で実習における課題について振り返り，できる限り客観的に分析・評価することを通して，その課題の解決策を実際の教職に就く前に，つまり残された大学在学期間中に探究することが，とても重要な学びとなる。もちろん，そのよう

な探究の営みが，さらなる「自己変革」を促すことに他ならないのである。

　言うまでもないことであるが，教育実習は，単なる教員免許状を取得するための実地体験と捉えるのではなく，自分自身の絶えざる変革を促し，人間として成長を促す実地体験の一つであってもらいたいものである。なぜなら，成長の過程で「自己変革」を続ける子どもに一定期間にわたってかかわりあう教師が，自らを「自己変革」することなしに，子どもに「自己変革」を求めるべきではないからである。教育実習における教師の「自己変革」にとって重要な鍵は，自ら課題をつねに意識し続けることである。

　次に，二点目は，大学のおける専門的な講義・演習・実習を通しての学問や文化などを学ぶ姿勢とともに，日常的な対人関係や社会的な場面における人間としての基本的な習慣を正しく身に付けておくことである。なぜなら，教育実習を行う学校は，日ごろ生活している大学と異なり，未熟で敏感な子どもが学ぶ貴重な空間であり，子どもの人間性に悪影響を及ぼすような行為や態度を見せる場では決してないからである。したがって，自分を振り返って，もし自分が教師を目指すものとして望ましい能力や態度，さらには習慣を十分に身についていないと思うならば，教育実習に行く前に自分で直すように努力することが教師を志す者に求められる。とくに，努力や心がけだけでは直らないときには，そのための練習や訓練も自分自身に対して厳しく課して，他人を教育する前に自分をまず自己教育してほしいものである。

　なぜならば，そもそも，教育学部・大学の附属学校ではないような，普通一般の学校には，教育実習生を受け入れる義務はまったくないからである。教育実習生を受け入れる負担をわかりつつも，後継者養成のために協力しようとする学校という教育機関の厚意の下に，教育実習は実現できているのである。そのようなことに思いを巡らせるなら，教育実習生は，その厚意に応えられる行為や活動を学校現場において発揮できるように，教育実習前に十分に自分自身に言い聞かせて準備してもらいたい。

　また，三点目は，前述した二点目と特に関連することであるが，教育実習先の学校に携わる関係者の方々（子どもたちも含めて）に対して，とりわけ自分を担当してくれる指導教諭に対して，教育実習前および教育実習中においても感謝の気持ちを教育実習生として持ち続けてもらいたいものである。

　前述したように，一般の学校には，教育実習生を受け入れる義務はないないのであるから，その学校の教師たちも，当然のことながら教育実習生を受け入れる義務もない。後継者養成のために受け取ることにした学校の方針に協力して，教育実習生を任される教師たちは，通常の多忙な業務以外に，教育実習生の指導に伴う負担をわかりつつも，いわばボランティア精神と使命感から教育実習生の指導という職務を担ってくれるのである。しかも，教育実習生の受け

入れは，その教師がこれまで培ってきた学級や授業を，第一点目に言及した教育実習生の課題を解決させる訓練の場として貸してくれているということである。もちろん，教育実習生は自らの課題，そしてその教師から教育実習の場で与えられた課題に対して，解決するために努力するであろう。しかし，見習い段階の教育実習生は，培われてきた学級や授業を現所維持するだけで精一杯で，普通は壊す悪い方向に進めてしまうであろうし，実際にそうなっても，最後まで責任もとれず，学校現場から姿を消してしまうのである。それを元の状態に戻すのは，その教育実習生を担当した教師である。そのようなことに思いを到らせるときには，教育実習生は特に受け入れてくれた指導教諭に対して，教育実習前から教育実習を終えるまで感謝の気持ちを持ち続けながら，指導教諭の指導を観察し，指導教諭から真摯に指導を受けてもらいたい。また，その際には，自分の意志とは関係なく，結果として自分の一度きりの学校生活の一部を教育実習生の体験的な学びの対象者，もう少し厳しく言えば犠牲者にさせられてしまった子どもたちにも，感謝の気持ちを忘れないでもらいたい。

　以上，有意義のものにするためのポイントとして三点を挙げてみた。これらの三点は，いずれも少し説教臭い指摘ではあるが，教育実習生は，将来のために，まずは謙虚に見習い段階にいると思って，それらの諸注意を守ってほしい。なぜなら，茶道や武道などで盛んに使われる「守・破・離」という習得の段階で言えば，教育実習は，明らかに「守」の段階であり，師匠の教えを正確に守り，確実に身に付けることによって，大切な基礎を習得する段階である，と言えるからである。第一点目の認識は教育実習に行く際の基本的な認識であり，第二点目に挙げた姿勢や習慣，さらには行為や活動は，人間的な信頼関係を基盤に醸成された教育的雰囲気を教育の場に保持していく行動であり，そして第三点目の感覚（心のあり方）は，単なる能力や態度ではなく，第一点目の認識と第二点目の行動を欺瞞行為にしてしまわないための支柱となる感性ないしは人間性・道徳性である。これら三点すべてを教育実習の前およびその最中においても，有意義な実習にするために肝に銘じてほしい。そのためにも，本書の各章において述べられている内容を十分に理解し，来るべき教育実習に向けて，いわば知徳体のすべての面において備えてもらいたいものである。

Exercise

① 教育実習を有意義にするために，どのようなことを心がければよいのか自分で考え，みんなと意見を交換してみよう。

② 教育実習生が来ることに対して，指導教員と子どもたちはどのように思っているのだろうか。歓迎している点，および迷惑がっている点などについ

て，話し合ってみよう。

📖次への一冊

小林隆・森田真樹編著『教育実習・学校体験活動』ミネルヴァ書房，2018年。
　　新学習指導要領と教職課程コアカリキュラムに対応した教育実習の入門書であり，
　　その意味では本書と類似したものであるが，幼稚園，小学校，中学校，そして高等
　　学校というように教育段階別に教育実習の特質をまとめているところが特色である。
池田稔・酒井豊・野里房代・宇井次郎編著『教育実習総説　第三版』学文社，2011年。
　　教育実習の意義，事前指導から事後指導にいたる教育実習の全体の概要，教育実習
　　のための工夫や留意事項などについて概説するとともに，幼稚園から高等学校まで
　　の学習指導案の事例と作成上の留意点も掲載した優れた総説書である。
岩田康之編著『教育実習の日本的構造——東アジア諸地域との比較から』学文社，2021
　　年。
　　日本の教育実習のさまざまな課題について，近隣の東アジア諸地域との比較を通し
　　て検討したものであるが，グローバル化社会において日本の教育実習のあり様を相
　　対的な視点から明確化してくれている点で，注目すべき高著である。

引用・参考文献

池田稔・酒井豊・野里房代・宇井次郎編著『教育実習総説　第三版』学文社，2011年。
石橋裕子・梅澤実・林幸範編著『小学校教育実習ガイド』萌文書林，2011年。
岩田康之編著『教育実習の日本的構造——東アジア諸地域との比較から』学文社，2021
　　年。
小林隆・森田真樹編著『教育実習・学校体験活動』ミネルヴァ書房，2018年。
柴田義松・木内剛編著『教育実習ハンドブック　増補版』学文社，2012年。
山崎英則編著『教育実習完全ガイド』ミネルヴァ書房，2004年。
山崎英則・北川明・佐藤隆編著『教育実習ガイダンス』東信堂，2003年。
横須賀薫監修，渋谷治美・坂越正樹編著『概説　教職課程コアカリキュラム』ジダイ
　　社，2018年。
荒尾貞一・千葉昌弘「一般大学・学部における教職課程教育の課題と実践（第3報）
　　——「教育実習」に関する政策動向と実践的課題」（『北里大学一般教育紀要』第19
　　巻，2014年）。
尾上雅信・梶井一暁・河野将之・秋永沙穂・瀬良美璃亜・王運佳「教員養成制度の国際
　　比較研究」（『岡山大学教育学研究科研究収録』第171号，2019年）。
木戸裕「ヨーロッパにおける教師教育の動向——ドイツの事例を中心にして」（『日本教
　　師教育学会年報』第23巻，2014年）。
杉本均・隼瀬悠里「北欧諸国における教師教育の動向」（『京都大学大学院教育学研究科
　　紀要』第54号，2008年）。

第2章
教育実習前に学校現場を体験しよう

〈この章のポイント〉

　本章では，学校インターンシップの意義や制度について概説するとともに，教育実習にスムーズに移行していくためのさまざまな教育支援活動について紹介していく。いきなり，学生の身分から学校現場での教育実習へ参加すると，児童生徒の実態に戸惑いを感じたり，学校の1日の教育活動のサイクルに慣れるだけで精一杯であったりという状況にもなりかねない。教育実習前に，学校インターンシップ，さまざまな教育支援活動，学校ボランティア，部活動支援といった活動を通して学校現場の様子を事前に把握しておくことが大切である。

1　学校インターンシップの意義

1　学校インターンシップとは

　学校インターンシップとは，学校現場において教育活動や校務，部活動などに関する支援や補助業務など学校における諸活動を体験するためのものである。これは，「これからの学校教育を担う教員の資質能力の向上について　～学び合い，高め合う教員育成コミュニティの構築に向けて～（答申）」（2015）において示され，その後の検討を経て，教育職員免許法及び同施行規則（2019）においては，各大学の判断により，教育実習の単位のなかに含めることができるようになった。学校体験活動ともいわれる。

　答申において「教員養成系の学部や学科を中心に，教職課程の学生に，学校現場において教育活動や校務，部活動などに関する支援や補助業務など学校における諸活動を体験させるための学校インターンシップや学校ボランティアなどの取組が定着しつつある。」と示されているように，これまでもさまざまな名称や方法で学校現場に大学生が入って教育活動の支援が行われてきた。武田・村瀬（2009）は，スクールボランティアの活動内容について，次に示す6類型化を試みている。1）「学校行事参加型」：遠足引率や運動会の補助，2）授業実施型：理科実験，学生主体の課外学習活動，3）授業補佐型：「ティーチングアシスタント」としての授業補助や部活動支援型活動，4）特別支援教育補助型：特別支援を要する児童生徒に対する校内の適応指導教室，特別支援を

表2-1　学校インターシップと教育実習の比較

	学校インターンシップ	教育実習
内容	学校における教育活動や学校行事，部活動，学校事務などの学校における教育活動全般について支援や補助業務を行うことが中心	学校の教育活動について実際に教員としての職務の一部を実践させることが中心
実施期間	教育実習よりも長期間	4週間程度（2，3週間程度）
学校の役割	学生が行う支援，補助業務の指示	実習生への指導や評価表の作成

出所：中央教育審議会（2015）を基に作成。

要する児童生徒の学習支援担当者，および日本語を母国語としない児童生徒ならびに保護者の通訳などを含む　5) 校外支援型：教育委員会教育相談センターや教育 NPO 機関における不登校・ひきこもり支援活動　6) 地域社会連携型：高齢者施設訪問や少年自然の家におけるキャンプ活動などの活動補佐である。これらの活動に，単位を付与する大学も見られるようになり，実践的指導力の育成が叫ばれるなかで，一つの方策として教職課程のなかに位置づいてきたと言える。

　では，教育実習との違いは何処にあるのだろうか。表2-1に示すように，学校インターンシップと教育実習はそのねらいや活動に違いがある。学校インターンシップは，あくまで教育活動の支援活動を行うものであって，学校の教員の業務を補助する目的で行い，そのなかで児童生徒の実態を把握し，児童生徒へのかかわり方を学んだり，学校の教育活動の実際を知ったりすることができるようにするものである。大きな目的としては，実践的指導力の基礎の育成にあると言える。

　例えば，体育祭前のテント設営の手伝い，業間休みの児童との遊び，部活動の指導補助といった事が考えられる。また，教科指導であれば，各教科の教材・教具の準備，教諭の補助としてプリントの印刷・配付，単純な採点作業，学習内容が理解できない児童生徒へのサポート，グループ学習のサポート等などが考えられる。継続的な支援もあるが，学校の教育活動やそのニーズに合わせて単発や短期間で行える活動も多いので，教育実習の限られた期間だけではなく，長期にわたって，教職課程のなかに位置づけることも可能である。

　ただし，これらの活動をただ数多く行えばよいのかというと，そういうわけではない。学校へ行ったはいいものの，目的意識がしっかりしていないため，逆に学校現場に迷惑をかけてしまうケースも少なからず見受けられる。学生にはそれらの活動に携わる際に，ある視点を定めて学校や教師の仕事，児童生徒の実態を観てくる必要がある。

　図1-1のように，教職課程の4年間を通して学校インターンシップを行うと考えると，年次進行においてそれぞれの役割が違ってくる。まず，1年次は，「知る」段階と捉えることができる。これまでは，自分が児童生徒として

教わる立場であったが，教師の仕事や学校という組織を客観的な立場から観る視点をもつための，そして，学校とはどのような場所なのかを知るための入口だと言える。2年次は「慣れる」段階だと捉えることができる。教師とのかかわりや，児童生徒とのかかわりのなかで，学校で過ごす体験活動に慣れながら，少しずつ視野を広げていく段階である。3年次では，教育実習を控え，「備える」段階だと捉えることができる。後で述べるが，学校インターンシップでは，さまざまな教育支援活動が考えられる。3年次から4年次にかけて教育実習が行われることを考えると，体験活動を行うなかで，教師がどのような教え方で教育活動を行っているのか，児童生徒とどのようなかかわり方をしているのか，自分が教育実習を行う際のヒントを集めておくことが重要である。4年次は，「深める」段階だと捉えることができる。教育実習は，およそ2〜4週間という限られた期間で行われる。真摯に取り組むなかで，自分なりに試行錯誤しながらも一定の成果を得ることが期待できる。ただ，その期間は，明日の授業，目の前の児童生徒の対応に追われ，なかなか余裕をもてないことも考えられる。教育実習後に再度教育活動に携わることで，実習でうまくいかなかったのはなぜなのか，先生方はどのような動きや対応をしているのか，自分は教師に向いているのかをも含めて，客観的に教職について見つめ直し，考えを深めることが大切である。

1年次
学校インターンシップ

2年次
学校インターンシップ

3年次
学校インターンシップ

教育実習

4年次　　教職体験型
学校インターンシップ

図 2-1　学校インターンシップのイメージ

出所：答申（2015）を基に筆者作成。

2　教育活動の支援

1　学校行事等の教育活動の支援

　学校にはさまざまな行事があり，主には校務分掌の特別活動部に所属する教員が中心となり，児童会や生徒会といった児童生徒の自治的組織を指導・支援しながら企画・運営にあたっている。もちろん，各教員も，児童生徒に助言をしたり，決定事項に沿って学級で話し合いや準備を行ったりと，行事の成功のために児童生徒と一丸となって取り組んでいく教育活動である。大きなものとしては，体育祭や文化祭などが挙げられる。

　これらの学校行事の事前，当日，事後に関する一連の指導においては，普段の教室では見られない児童生徒の表情や，教師のさまざまな意図による支援，指導場面に遭遇することができる。それにより，教員としての児童生徒へのかかわり方を学ぶ絶好の機会と言ってもよいであろう。

　これらの支援に参加するには，各大学の教職課程の窓口や各教育委員会を通した窓口，または大学教員個人を通した窓口など，さまざまな経路により参加

が可能である。例えば，体育祭の準備において，テント設営やグランド整備等は学生の支援があれば，学校側の負担は大変軽減されることになり，歓迎される支援の一つである。

2 教科指導等の教育活動の支援

　小学校や中学校では朝の会が，高等学校ではショートホームルームが行われるのが一般的であるが，その前に，朝の読書タイムや朝自習（ドリルタイム）などを設定している学校も多く見られる。また，学習指導要領の改訂により，小学校の高学年に外国語が教科として位置づけられ，中学年に外国語活動を行う事となり，学校によっては低学年からそれにつながる活動を朝の時程に位置づけている所も見られる。

　外国語活動では，特に英語を扱うことになるが，短時間で行うのであれば，そこでは，英語に慣れることが大きな目的となるであろう。歌やゲーム等を取り入れ，英語を使いながら楽しく活動することが求められる。英語に自信がある学生にとっても，やや自信はないが楽しい雰囲気作りは得意といった学生にとっても，よい体験の場となると考える。

　読書タイムでは，小学校においては「読み聞かせ」を行うこともあり，保護者のボランティアが絵本の読み聞かせ活動を行ったりしている。そこを担当させていただくような支援も，教員を目指すにあたって有意義な活動になる。小学校や国語科の教員を目指すにあたっては，国語の物語文の範読にもつながるであろう。

　朝自習（ドリルタイム）においては，個別指導に当たる支援が考えられる。学習の定着がなかなか難しい児童生徒への対応，問題の解き方についての解説などを通して，児童生徒がどのようなつまずきをするのかについても知る経験となる。

　教科指導においては，教育実習とは異なるので，あくまでＴ２でのかかわりとなる。先述した朝自習と同じように，個別指導や採点，マル付けといった内容が考えられる。特に，学習課題に対する取り組みに問題があったり，全体指導ではなかなか理解が難しかったりする児童生徒に，個別指導を行うことが考えられる。そうした際に，どのように伝えれば理解してくれるのかを考え，易しい言葉に置き換えたり，例えを使ったりするなどして，試行錯誤することが後の教育実習の教科指導にも必ず生きてくる。他に，総合的な学習（探求）の時間があるが，これについては，各学校や学年でテーマが決まっていることが多い。高等学校になると個人研究のような，大学で行う卒論をまとめるような形態をとる学校も見られる。学習を進めていくうえで，地域に見学や調べ学習に出かけたり，課題研究をしたまとめの発表を行ったりする事が考えられるの

で，そういった際の補助的な役割も支援の一つとして考えられる。

③　長期休業中の教育活動の支援

　長期休業中は，基本的には家庭へ子どもを返すということになるが，学校においてもさまざまな教育活動が行われている。例えば，小学校であればプールの使用時期であるので水泳の補充指導が行われていたり，地域へのプール開放がなされていたりということがある。ある市においては，各小学校単位でプール解放を行っており，その監視員として高校生や大学生を採用する取り組みも行っている。もちろん，AED の使用や心肺蘇生法について一定の講習を受けることになるが，それらも教員となった際に必要な知識や技能であり，また，監視員として監視しながら児童の様子やプールのさまざまな管理についても事前に学ぶことができる。

　また，地域の祭りのパレードへ参加するために，金管バンド（マーチングバンド）の練習や踊りの練習などを行っている小学校もある。もちろん，すべてを学校の管理下で教員が指導している場合もあるが，地域の祭りの実行委員会や子供会の役員等が主になって指導している場合もある。そういった活動への支援も一つとして考えられる。

　他には，学習指導に関する支援が考えられる。特に小中学校では全国学力・学習状況調査の実施により，学校毎に，どういった力に課題があるかを分析し，学習指導に反映させている。都道府県や市町村独自にテストを作成して，実態把握に努めている自治体もみられる。それにより，日々の教科指導に重点をおいて指導を心がけたりするわけであるが，それだけでは補えない部分について，長期休業中に行う場合も見られる。例えば，茨城県つくば市においては，「つくば未来塾学習チューター」を学校現場に派遣し，夏期休業中に学習支援を行っている。これは，テキストやプリント等の教材が学校に用意されて

表2-2　つくば未来塾学習チューター募集要項

実施時期	・平日1日1時間程度 ・夏季休業日　1日1～3時間程度 ・派遣日等については，学習チューターの希望を聞いて調整する。
内　容	・5教科（国・社・数・理・英）について，中学校1年生～3年生（7～9年生）を対象に，問題の解き方や考え方等についてアドバイスを行う。具体的な教科や内容については，各学校で決定する。
募　集	・将来教職を希望していて，教えることに興味がある大学生・大学院生の方。
その他	・1時間の活動につき，1人2,000円の謝礼（交通費別途）を支払う。 ・ボランティア保険加入については，つくば市が負担する。 ・事前オリエンテーションを実施する。

出所：つくば市教育委員会「つくば未来塾事業学習チューター（有償ボランティア）募集」（抜粋のうえ要約）。

おり，Ｔ１である教諭の指導の下，Ｔ２として教室に入り主に個別指導を行うものである。児童生徒へ直接かかわり指導することで，どういった問題でつまずきが見られ，どういった説明をすれば理解につながるのか，教職希望の学生にとって「教える」経験を積む大変良い機会である。表２－２に示されている通り，謝礼や保険などの保障もあり，学生にとっても学校にとってもWinWinの関係で進められている例である。

④ 教育委員会が行う事業に参加しての支援

これは，前述した内容とも重なるが，各自治体が行うさまざまな事業に応募し，学校の教育活動にかかわるものである。各自治体では，教育活動の支援のための予算を確保し，さまざまな施策を行っており，そのなかで大学生をサポーターやボランティアとして募集し学校に派遣するような事業もある。

例えば，茨城県教育委員会は「学びの広場サポートプラン事業」，「体育授業サポーター派遣事業」を行っている。「学びの広場サポートプラン事業」の小学校にいては，算数への苦手意識を小学校４，５年生ごろから持ちはじめる傾向にあることから，すべての公立小学校において，４・５年生を対象に，年間を通して10時間の「学びの広場」を実施し四則計算などの確実な定着を図っている。中学校においては，中学１・２年生を対象に年間を通して15時間程度補充指導を実施し，基礎学力の定着に努めている。その際，教員志望の大学生を「学びの広場サポーター」として派遣している。「体育授業サポーター派遣事業」では，小学校の体育授業に指導教員の補助ができるサポーター（大学生等）を派遣し，体育授業や業間運動等における運動の実技示範及び補助を１校につき年間30時間行っている。

また，近年は子どもの貧困についてもその支援の必要性が叫ばれており，生活困窮者自立支援法（平成25年）に基づき，生活困窮者自立支援制度が構築され，各自治体が独自で，または民間に委託する形で子どもの学習支援活動が行われている。例えば，埼玉県教育委員会では，平成30年からモデル事業として困窮世帯の小学生向けの学習・生活支援事業（ジュニア・アスポート事業）を７市町で行っている。アスポートとは，「明日へのサポート」と「明日に向かって船出をする港」を組み合わせた造語であり，学習支援や生活支援を実施することで，貧困の連鎖解消を目指し取り組んでいる事業である。これについても，大学生ボランティアを募集している。

ここで紹介した例はほんの僅かであり，各自治体では，教職希望の大学生が児童生徒にかかわり学校について知る機会をさまざまな形で提供してくれている。さらに，こういった支援活動だけでなく，自治体独自の教師塾のような形態で学生の参加者を募り，学校へ体験活動に参加するようなプログラムの設定

も見られる。ぜひ，こういった諸々の活動に対してアンテナを高くし，積極的に参加することが教育実習にも，その後の教職生活にも役立つこととなる。

3　部活動の支援

1　部活動について

　部活動は，小学校で設置している学校は少ないが，中学校，高等学校ではほとんどの学校において設置されている。部活動は，教育課程外の活動ではあるが，学習指導要領の総則において，「教育課程外の学校教育活動と教育課程との関連」のなかで次のように示されている。

> 　教育課程外の学校教育活動と教育課程の関連が図られるように留意するものとする。特に，生徒の自主的，自発的な参加により行われる部活動については，スポーツや文化，科学等に親しませ，学習意欲の向上や責任感，連帯感の涵養等，学校教育が目指す資質・能力の育成に資するものであり，学校教育の一環として，教育課程との関連が図られるよう留意すること。その際，学校や地域の実態に応じ，地域の人々の協力，社会教育施設や社会教育関係団体等の各種団体との連携などの運営上の工夫を行い，持続可能な運営体制が整えられるようにするものとする。

　近年は，指導者の専門性の不足，教員の働き方改革に伴う業務改善等，部活動をめぐるさまざまな課題が生じており，地域移行も含めて持続可能な運営体制が求められていることから，学校現場においては，外部人材のニーズが高いと言える。例えば，運動部活動に関する日本スポーツ協会の調査では，中学校で26.9％，高等学校で25.3％の割合で，保健体育免許無しで競技経験無しの教員が部活動顧問を担当している実態について報告している。よって，もし，高等学校や大学での運動競技の経験があれば，その専門性を発揮して指導に当たれる場があるということが言える。これは，運動部に限ったことではない。吹奏楽部や書道といったような専門的な技能を要する文化部も多数存在する。

2　外部指導者としての支援

　部活動の外部指導者は，部活動の指導およびその補助のために登用される学校外の人材のことである。特に運動部活動においては，平成22年に策定されたスポーツ立国戦略において主な施策の一つとして「3．スポーツ界の連携・協働による『好循環』の創出」を示し，その目標の一つとして「学校と地域の連携を強化し，人材の好循環を図るため，学校体育・運動部活動で活用する地域のスポーツ人材の拡充を目指す。」としている。具体的には，「少子化に伴う教員数の減や専門的な指導を行うことができる運動部活動等の指導者の不足を補

い，体育の授業や運動部活動の充実を図るため，地域のスポーツクラブや関係団体等と連携し，地域のスポーツ指導者を外部指導者として学校に受け入れることを推進する。」と，学校においての外部指導者の受入に前向きな姿勢を示してきた。

また，「チームとしての学校の在り方と今後の改善方策について（答申）」（2015：中央教育審議会▷1）にも指摘されているように，専門スタッフや地域人材を活用しながら，学校を一つのチームとして捉え機能させていくことも求められている。

さらに，「新しい時代の教育に向けた持続可能な学校指導・運営体制の構築のための学校における働き方改革に関する総合的な方策について（答申）」（2019：中央教育審議会▷2）のなかでは，「学校の業務だが，必ずしも教師が担う必要のない業務」の一つとして部活動が挙げられており，外部指導者のニーズは高い。

加えて，運動部活動の地域移行に関する検討会議において，「運動部活動の地域移行に関する検討会議提言」（令和4年6月6日）が取りまとめられ，地域の持続可能で多様なスポーツ環境を一体的に整備し，子どもたちの多様な体験機会を確保するため，休日の運動部活動から段階的に地域移行していくことを基本とする方針も示されている。

部活動と聞くと，どうしても設置の割合から運動部をイメージしがちであるが，生徒の多様なニーズに応えるため，さまざまな文化部を設置している学校も少なくない。自分の経験や特技も生かしながら，指導経験を積む機会となるので，外部指導者としての支援も一つの方法として考えておくとよい。

[3] 部活動指導員としての支援

部活動指導員とは，中学校，高等学校等において，校長の監督を受け，部活動の技術指導や大会への引率等を行うことを職務とし，学校教育法施行規則に新たに規定された学校職員のことである。これは，「運動部活動顧問のうち，保健体育以外の教員で担当している部活動の競技経験がない者が中学校で約46％，高等学校で約41％となっている。（日本体育協会，平成26年）」「日本の中学校教員の勤務時間は参加国・地域中，最長となっている。（TALIS，2013・2018）」といった背景から位置づけられたものである。

同規則において，部活動指導員は，中学校（義務教育学校，中等教育学校，高等学校，特別支援学校）におけるスポーツ，文化，科学等に関する教育活動（教育課程として行われるものを除く。）に係る技術的な指導に従事する，とされており，運動部に限ったことではない。

特に教員免許が必要である等の細かい条件は付されておらず，任用にあたっ

表2-3　部活動指導員と外部指導者の比較

部活動指導員の任用	外部指導者の活用
部活動指導員は，部活動の顧問として技術的な指導を行うとともに，担当教諭等と日常的に指導内容や生徒の様子，事故が発生した場合の対応等について情報交換を行う等の連携を十分に図る。	外部指導者は，顧問の教諭と連携・協力しながら部活動のコーチ等として技術的な指導を行う。

ては，各教育委員会で身分規定するよう示されている。しかし，図に示すように外部指導者と違って，練習試合や大会に引率したり，生徒指導の情報等も学校教員と共有したりといった業務があることから，各都道府県や市町村教育委員会では独自の条件を付している事が多い。例えば，茨城県であれば，学校において指導経験を有していることを挙げている。この指導経験とは，教育実習相当以上とされ，15日〜20日程度を超える場合を指す。よって，教育実習後に部活動指導員という立場での教育活動支援も考えられる。

　その性質上，教育実習前というよりは，教育実習後の活動として行うことが現実的であるといえよう。

Exercise

① 「学校インターンシップ」の意義について説明してみよう。
② 「学校インターンシップ」と「教育実習」の違いについて，説明してみよう。
③ 学校の教育活動における支援について，どのような内容があるのか，具体例を挙げて説明してみよう。

📖次への一冊

小林隆・森田真樹編著『教育実習・学校体験活動』ミネルヴァ書房，2018年。
　教育実習と学校体験活動における内容について，具体的な例を用い紹介されている。
静岡大学教育学部　学校支援ボランティア研究会『学校現場体験の明日を拓く』静岡学

術出版，2017年。

　　教員養成系大学としての，学校現場体験の具体的内容について紹介されている。

引用・参考文献

武田明典・村瀬公胤「日本における大学生スクールボランティアの動向と課題」神田外
　　語大学紀要，21，2009年，309–330.

歌川光一・鈴木翔「教育実習と学校ボランティアの関連性をめぐる研究動向とその課題
　　――教職志望学生の予期的社会化の観点から」『秋田大学教養基礎教育研究年報』，
　　2016年，73–81.

厚労省「生活困窮者自立支援制度概要」
　　https://www.mhlw.go.jp/stf/seisakunitsuite/bunya/0000059382.html（参照日2022年
　　7月3日）

つくば市教育委員会「つくば未来塾事業学習チューター（有償ボランティア）募集」
　　https://www.city.tsukuba.lg.jp/kosodate/oshirase/1017284.html（参照日2022年7月3
　　日）

茨城県教育委員会「子どもの体力向上支援事業」
　　https://www.edu.pref.ibaraki.jp/board/gakkou/karada/taiiku/support/index.html（参
　　照日2022年7月3日）

埼玉県教育委員会「子どもの学習支援（ジュニア・アスポート事業）について」
　　https://www.pref.saitama.lg.jp/a0602/jiritsushien/gakusyu.html（参照日2022年7月
　　3日）

スポーツ庁「運動部活動の地域移行に関する検討会議提言について」
　　https://www.mext.go.jp/sports/b_menu/shingi/001_index/toushin/1420653_00005.
　　htm（参照日2022年7月3日）

中央教育審議会「チームとしての学校の在り方と今後の改善方策について（答申）」
　　2015年。

日本スポーツ協会「学校運動部活動指導者の実態に関する調査」
　　https://www.japan.sports.or.jp/coach/tabid1280.html（参照日2022年7月3日）

第3章
教育実習の前に準備しておくこと

〈この章のポイント〉

　教育実習は，幼稚園・小学校・中学校・高等学校・特別支援学校等の実習校で職務を遂行しながら教職の実際を実践的に学ぶ体験と言えるが，その体験が有意義なものになるかどうかは，事前の準備が十分になされていることによるところが大きい。ここでは，教育実習をより有益な体験とするために，いつごろから，どのような心構えで，どのようなことに取り組んでおくべきかという，教育実習の前に準備しておくことについて学んでいく。

1　教育実習に向けた心構え

1　教育実習不安

　教育実習は，教員養成を主たる目的とする大学であるかどうかといった大学の性格により，3年次に行われる場合もあれば，4年次に行われる場合もあるが，いずれにせよ，大学生活の後半になってから行われるものである。それまでに，大学生として，アルバイトやボランティア活動など社会とのつながりも持ちながらさまざまな経験を積み，同時に，系統的な教職に関する学びを経験しているとはいえ，未知の体験ともいうべき教育実習に臨もうとする大学生に，教育実習不安があることが報告されている。例えば，大野木・宮川（1996）は，うまく授業ができず，授業を聞いてもらえないのではないかという「授業実践力」に関する不安，子どもとうまくやっていけるかという「児童・生徒関係」に関する不安，実習期間中に体調を保てるかという「体調」に関する不安，どのような服装をしていけばよいのかという「服装」に関する不安などの要素があることを報告している。また，吉田（2008）は，教職員とうまくやっていけるかという「対応（教職員）」に対する不安，子どもとうまくかかわれるかという「対応（子ども）」に対する不安，ピアノや絵本の読み聞かせがうまくできるかという「技術」に対する不安，日誌を毎日きちんとかけるかという「日誌」に対する不安，実習中の行動や体調管理がうまく行えるかという「勤務態度」に対する不安，緊張したり，おどおどせずに実習に取り組めるかという「人前での緊張」に対する不安などの要素があることを報告している。こう

▷1　教育実習不安
教育実習に臨むに当たって大学生が感じる教育実習に対する不安。その背景には，それまでの学習者としての立場から，教師としての新しい役割を取ることや，最後まで取り組めるのかといったことへの不安があると考えられている。

した不安に対して，うまく対処することができればよいが，人によっては，どう対処してよいかわからず，不安を感じながらもなす術もなく時が過ぎていくという事態が生じる可能性もないとはいえないであろう。しかし，それでは，問題が解決することはないのであって，目の前の不安と付き合っていこうとすることが大切である。認知行動療法では，不安をはじめとする人間の感情は個人の生存に必要なものであり，アラーム（警報）としての役割をもつと考えている。すなわち，不安があることの背景には，これから自分が直面することや経験することに関して，何か起こりそうだが，何が起こるかわからない，それにうまく対処できるかどうかわからないという思いがあると考えられる。このことは，ある意味，これから自分が経験することに対して目を背けることなく心を向け，しっかり準備をしておきなさいという自分自身に対する警告であると考えることができる。そう考えれば，教育実習に臨むに当たっては，自分がそこでどのようなことを経験し，そのことに対して著しい不都合が生じないような対処ができるようになるために，どのような準備をしておけばよいかという見通しをもてることが大切であり，それができれば，こうした不安は軽減されることになると言えるだろう（同様の指摘は，例えば，清水ら，2010）。

▷2　認知行動療法
人の感情や行動は，その人が置かれた状況や受けた刺激に対する受け取り方（解釈）や意味付けによって規定されると考え，認知に働きかけて，問題解決に向かおうとする心理療法の一つ。

2　教育実習生という立場

　考えてみると，教育実習生であるということは，2つの立場を同時に生きるということでもあり，その使い分けが難しいと感じる人もいるかもしれない。教育実習に臨むにあたってよくいわれるのは，教育実習生は，それまでの学ぶ者という立場から教える者という新しい立場に変わること，換言すれば，教師という新しい役割を担うということである。ある意味では，教師に守られる立場でもあった学生という立場から，子どもを守り，教え導くという，それまであまり経験することのなかった役割を，責任をもって遂行していくことが求められることになる。教師に求められる職務や資質・能力を理解しながら，この大切な役割をしっかりと果たしていくことができるよう，準備を進めていきたいものである。その一方で，教育実習生は，指導教員から教師になるための指導を受けたり，自分が教える子どもたちとのかかわりのなかからたくさんのことを学ぶ立場にもある。このように，教育実習生は，教師としての役割を果たしていくことが求められるものの，まだ，実際の教師と同じだけの水準で職務を遂行することは難しく，また，同じだけ責任を取れるというわけではないのであって，指導教員からの指導や援助を受けながら，また，日々の実践の中から謙虚に学びつつ，教師という役割を取っていく必要がある。場面に応じて，自信をもって教える者という役割・立場と，謙虚に学ぶ者という2つの役割・立場を使い分け，とはいえ自分のなかでは両者を統合しながら，教育実習に取

り組んでいくことが求められている。

2　教育実習の目的や内容の把握

1　教育実習の目的

　先に述べた教育実習不安を乗り越えていくためにも，教育実習について，見通しをもっておくことが必要である。教育実習は，学生が，実習先として配当される学校という教育実践の場で，直接，職務の熟達者である教員の指導を受けながら，子どもと向き合い，学校教育の実際を実感的に理解し，教員としての基礎的な資質・能力を身につけていく啓発的な経験であると言えよう。併せて，教育実習は，自分の教職に対する適性や興味・関心を，現実経験を通して確認するよい機会ともなる。そういう意味で，教育実習は，OJT として理解することができるであろう。このことは，職務熟達者としての教師の仕事ぶりをよく観察し，その指導，援助を受けながら，また，自分も子どもとかかわることや必要な職務に取り組みながら，教職の実際を理解することや，教職を遂行するうえで必要な知識やスキルを学習することができるという点で，実践的でもあり，有効な教育の方法であると考えられる。実際，教育実習から帰ってきた学生から，現実の教育実践の場で，たくさんのことを体験的に学べたことに感銘を受けたという旨の感想を聞くことはよくあることである。その際，こうした OJT の機会を一層，有効なものにしていくためにも，それ以前の準備としての off-JT が重要な意味をもってくるということはいうまでもないであろう。教育実習に対する入念な準備をしておくことで，OJT としての教育実習を一層有益なものとすることができるはずである。すなわち，大学で実施される教育実習事前指導等の学びの機会（Off-JT）を生かして教育実習で求められる基本的な知識や技術，態度を養成し，教育実習の際には実際に体験しながら教職の実際を学び（OJT），それを教育実習事後指導（Off-JT）でまとめ上げるというプロセスは，教育実習の目的を達成するうえで，理論的，体系的な知識と実感的な経験を統合しながら行えるという点で，有効なプロセスであると言えよう。ここに，事前の準備の重要性があるのであり，事前の準備状況が教育実習の成否を左右するといっても過言ではなかろう。

2　教育実習の内容

　教育実習というと，授業を担当することを思い浮かべる人も多いと思うが，それ以外にも，学級担任の仕事や教科指導以外での子どもとのかかわりなどを学ぶよい機会でもある。そのことは，例えば，筆者の勤務する大学で，教育実

▷3　啓発的経験
単なる経験ではなく，より深い理解や認識をもたらすような経験のこと。

▷4　OJT
(On the Job Training)
実際に仕事をしながら行う訓練のこと。理論と照らし合わせながら，求められる職務遂行を進めるうえでの実践的な学びが可能になる。

▷5　off-JT
(Off the Job Training)
OJT とは逆に，業務を離れて行う訓練のことをいう。体系的に理論を学ぶことで，OJT で実践的に学ぶための理論的な土台を作ったり，自身の実践の省察を行う機会ともなる。

習生が受け取る教育実習評価票の評価項目に，「学習指導」（〈授業の設計〉，〈授業の実施〉，〈授業の評価〉）だけでなく，「生活指導」（〈個の理解〉，〈集団の理解〉，〈個と集団を高める働きかけ〉）や「実習勤務・教員資質」（〈勤務・実務能力〉，〈向上心〉，〈教育への関心と教職への自覚〉，〈社会性・対人関係能力〉）が含まれていることからもわかるであろう（尚，幼稚園からの評価票は，「保育指導」に関する6項目と「実習勤務・教員資質」に関する4項目からなり，高校からの評価票では，小・中の評価票の「学習指導」に〈専門的知識〉が加わり，「生活指導」の〈個と集団を高める働きかけ〉が外されている）。また，他の大学の場合でも，教育実習評価票の項目に〈教材研究〉，〈教科指導の技術〉といった「学習指導」に関する項目だけでなく，〈学級経営・生徒指導〉，〈生徒とのふれあい〉などの「学級経営・生徒指導」に関する項目，〈教職への関心〉，〈自己表現力〉，〈事務能力〉，〈実習態度〉といった「実習勤務・教員資質」に関する項目が含まれている（他に「総合評価」もある）ことが報告されている（佐藤・佐久間，2017）。こうしたことからも，教育実習が，授業（教科指導）を経験するためだけに行われるのではないことが了解されよう。すなわち，教育実習では，学習（教科）指導だけでなく，学級経営・生徒指導や，「実習勤務・教員資質」の項目に示されるような自己の適性の確認といったことも実習内容として想定されており，それらすべてに目を向け，準備をしておく必要があるということである。

3 教科指導

　とはいえ，教育実習においては，教科指導の準備や実践，事後処理等に費やされる時間が最も多くなるのが現実であろう。教育実習に行く前に大学で受講する「教育実習事前指導」等の学びにおいても，多くの大学で，授業作りや学習指導案の作成のための指導に一定時間が費やされており，模擬授業を実施している大学も一定数存在している。先に，教育実習不安の一つに「授業実践力」に関する不安があることを示したが，この不安に対処するためにも，教科指導に関する準備をしっかりしておくことが大切である。新学習指導要領では，子どもたちが学んだ結果，「何ができるようになるか」ということに目を向けることが求められている。そして，育成すべき資質・能力として，実際の社会のなかで生きて働く「知識・技能」（何を理解しているか，何ができるか），未知の状況にも対応できる「思考力・判断力・表現力等」（理解していること・できることをどう使うか），学んだことを人生や社会に生かそうとする「学びに向かう人間性等」（どのように社会・世界とかかわり，よりよい人生を送れるか）の三つの柱を総合的に育んでいくことの重要性が指摘されている。したがって，具体的に教科指導の進め方を考えていく際にも，こうした資質・能力を身に付けた子ども像を念頭に置いておくことが必要になってこよう。また，こうした

資質・能力を育むためにどのように学ぶかという点に関して、「主体的・対話的で深い学び（「アクティブ・ラーニング」）」の視点から学習過程を改善することの重要性が提案されている。学習の過程がアクティブであるという点に関しても、ただ単に、子どもにグループ学習をさせたり、プレゼンテーションをする機会をたくさん用意したりすればよいというものではなく、本質的には、子どもの学びがアクティブで意味のあるものになることが大切である。例えば、一つ一つの知識が構造化されたものになり、「わかった」、「面白い」と思える授業にすることや、周りの人とともに考え、学び、新しい発見や豊かな発想が生まれる協働的な授業、自分の学びを振り返り、次の学びや生活に生かす力を育む授業となるようにしていくこと等の重要性が指摘されている。これからの社会を生きていく子どもたちに求められる力を確実につけさせていくためにも、こうしたねらいを理解しながら、その実現を目指して教材研究を深め、学習評価を工夫した授業デザインを考えることが大切になってくる。子どもにとっても、1時間1時間の授業は、かけがえのない学びの時間であることを心に留め、よい教科指導ができるような準備を早くからしておきたいものである。

４　教材研究及び学習指導案の作成

　教育実習中の教科指導を円滑に進めていくためには、授業の設計図であり、進行表といってもよい学習指導案を書くことに慣れておく必要がある。何度も書いて練習しておくことで、教材の理解や解釈が深まる面もある。その際には、予め、学習指導要領や学習指導要領解説に目を通しておくことが大切である。学習指導要領は、国が定める教育課程編成の基準（方針）だが、そこには、子どもの発達段階に応じて、どのような教育内容（スコープ）を、どのような順番で教えていくか（子どもに経験させるか）という配列（シークエンス）が示されている。例えば、小学校の国語では、「赤」や「青」、「白」や「金」という漢字は1年生で習い、「黄」や「黒」は2年生、「銀」や「緑」は3年生、「銅」は5年生で習うこととされている。また、学習指導要領には、そうした各学年で取り扱うべき内容とともに、各教科の目標が示されている。従って、学習指導案を書くに当たっては、各教科の目標を達成できるよう、その学年で取り扱う内容を取り上げながら、また、それとともに、どのような方法を取るのかということについては、主体的で対話的であることといった今日的な要請も盛り込みながら、授業者の裁量で書き上げていければよい。

　他の章でも取り上げられているが、学習指導案の構成要素として、①対象学級・日時・場所（誰を対象にして、いつどこで行われるか）、②単元（題材）名・教材名（どのような学習活動を、何を介して行うか）、③単元設定の理由（含児童観）（子どもの実態を踏まえつつ、なぜその学習活動を行うのか）、④単元の目標（どのよ

▷6　スコープ
教育課程を編成する際、どのような教育内容を選択するのかという、学習の範囲あるいは領域のこと。スコープ scope は「範囲」や「領域」を意味する語。

▷7　シークエンス
教育課程編成をするとき、教育内容をどのような順番で配列するかということ。シークエンス sequence は「順序」や「連続」を意味する語。

▷8　単元（題材）
単元（題材）とは、いくつかの教材や活動で構成された一まとまりの学習活動をいう。

▷9　教材
教育目的を達成するために用いられる素材のこと。教科書に記述されている内容のような知識教材が代表的だが、観察や実験で用いられる実物なども、教材と考えられている。

	指導内容	学習活動	指導形態	指導上の留意点	教材・教具	評価の観点と方法
導入						
展開						
まとめ						

図3-1　学習指導案「本時の展開」（例）

▷10　評価規準
例えば，「逆上がりができる」，「パソコンで文字を入力できる」といった，評価する際の質的判断枠組みのことをいう。子どもに付けたい力を具体的に示したものとも言える。それに対して，「逆上がりが何回できるか」，「1分間に50文字以上入力できるか」といった量的枠組みを評価基準という。

うな力をどのような学習活動を通して身につけさせるか），⑤単元の評価規準[10]（子どもがどうなれば単元目標が達成できたと判断するのか），⑥単元指導計画（単元目標を達成するための，単元全体の学習指導計画），⑦本時の目標（対象となる授業が本時。本時の学習活動と身につけさせる力），⑧本時の展開（子どもの学習活動と教師の指導の過程），⑨評価の観点（本時の教育目標が達成できたかどうかを判断する着眼点）などを念頭に置きながら，書いていくことになる。なお，「⑧本時の展開」の形式は，都道府県・市町村教育委員会から指定されていることが多いので，形式については，実習校の指示に従えばよい。イメージをもってもらうため，その一例（概略）を図3-1に示す。

5　学級経営や教科指導場面以外での子どもとのかかわり

　教育実習では，授業以外でも，学級・HR活動をはじめ，学校行事，給食，掃除，休憩時間，放課後等，たくさんの場面で子どもとかかわることになる。従って，子どもたち一人一人を理解する力，集団を理解する力，また，個と集団を高める働きかけ方などについて，自分なりの考えをもっておくことが必要である。そのためにも，生徒指導や学級経営に関する実践報告や書物，論文等に目を通したり，実習校での観察や参加の機会を生かしたり，教育実習体験者の話を聞くなどしながら，子どもとのかかわりに関する手掛かりをたくさん学んでおきたいものである。対人関係を良好にするという点からは，社会心理学等の知見も参考になる。例えば，教師のリーダーシップについて考えるならば，リーダーとしての教師には，生活や学習における訓練・しつけをしっかり行うP（Performance）機能と子どもに対する配慮ができるM（Maintenance）機能の両方が備わっている時，子どもの学級連帯感や学習意欲，規律遵守の意識が高く，学校不満は低いということを示したPM理論（三隅ら，1977）が参考になる。また，教師の指導力を考える際には，専門的力量や人間性，罰などが子どもを教師の指導に従わせる要因となるという教師の勢力資源論（例えば，古川，1985；塚本，1998）が参考になるであろう。また，子どもの学級満足度には，子どもが承認されることや侵害（いじわるや攻撃）されないことが関係しているといった知見（河村，1999；河村，2006）なども，学級経営を考えるうえで参考になる。

　このように，生徒理解や学級経営，生徒指導，教育相談，キャリア教育，特別支援教育といった教科指導以外の分野に関する勉強も幅広く進めておきたいものである。

3　実習に向けた具体的準備

1　準備の機会

　前述した通り，教育実習は，ただ単に授業をしに行くというものではなく，そこでは，子どもとの全人的なかかわりが求められていると言えよう。そういう意味で，実習生には，授業や学級経営に関する理論や知識，技能を習得しているだけではなく，人格的にも成熟していることが求められている。例えば，教師の「受容・親近的な態度」が学級の「意欲的な雰囲気」に影響しているという報告（狩野・田崎，1990）があるが，このことも，教師の在り方がいかに大事かということを物語る一例となろう。こうした教師の態度や在り方は，教育愛や使命感という枠組みとして捉え直すこともできると思われる。こうした教師の態度要件に目を向ければ，教育実習に向けた準備は，教員免許状の取得を考え始めた時から，日々の生活のなかでも行われるべきであると考えられる。すなわち，教え導く者として，また，生き方のモデルとなるべき者として，子どもの前に立つことができるよう，日々，自らの人格を練り上げておくことが大切である。とはいえ，教育実習生が人格的に練られていることは，教育実習の必要条件だとしても，十分条件とは言い切れないと考えられ，教科指導や，学級・HR 活動，生徒指導のための準備が必要であることは言うまでもない。

　教育実習に先立ち，その準備を行う機会として，教育実習事前指導がいずれの大学でも用意されており，この授業での学びを上手に生かして，教育実習に向けた準備に取り掛かれるとよい。教育実習事前指導は，3 年次（9 月）に教育実習が組まれている大学では 3 年次前期までに，4 年次前期に教育実習が組まれている大学では 3 年次後期に開講される場合が多いであろう。その機会に，教育実習の意義や心構え，教科指導や学級経営，生徒指導に関する事項が指導されることが多いので，そこでの学びを一つの手がかりとして，教育実習に向けた準備を一歩一歩進めていければよい。また，こうした授業だけでなく，学校でのボランティア活動に取り組むことを推奨している大学も少なくない。こうした機会は，実際に子どもとかかわりながら，教師の仕事の実際を理解するうえでも貴重な機会となる。その形態も，一定期間，学級に入って，学習支援をはじめとする子どもたちの学校生活全般の支援をする場合もあれば，担任の補助，部活動の補助，特別な教育支援が必要な子どもへの補助を行う場

合などがある。また，単発的に，学校行事（遠足，修学旅行，スキー体験等）の支援をする場合もある。こうした機会を積極的に活用することで，授業の進め方や学級運営の仕方，子どもへの声掛けの実際や意欲を引き出す工夫等，教師の指導技術を直接目にすることもできるし，子どもとふれあうなかで，子どもが頑張る姿や逆に意欲をなくしてしまう姿にふれながら，少しでもその実態に関する理解を深めることや，かかわり方を考える手がかりをつかむよい機会ともなり，子どもとかかわる力を育ててくれると言えるだろう。

［2］ 教育実習参加要件の充足

　教育実習に参加するに当たっては，それぞれの大学が設定している教育実習参加要件を満たしていることが必要である。多くの場合，誓約書の提出や，健康診断の受診といった手続きに加え，教育実習に先立って開講されている，教育実習事前指導を含む教職課程に関する指定科目の単位修得が一定以上行われていることを求められる場合が多いであろう。従って，計画的に学習を進め，単位を取りこぼすことなく，必要な科目の履修を進めておくことが必要である。その際，単位が習得できればよいといった消極的な姿勢ではなく，教員免許状を取得することの重みを感じ取りながら，積極的に学習を進めていけるとよい。例えば，幼稚園，小学校，中学校，高等学校といった発達段階によって，子どもはどのような認知・感情・行動上の特徴を示すのか，また，特別な支援を必要とする子どもの特徴はいかなるものなのか，といった子どもの姿や，実際の教職遂行場面を具体的にイメージしながら，子どもの特徴や実態に応じて，どのように授業を展開していくか，特別活動や道徳，総合的な学習（探究）の時間を生かしながら，子どもに何をどう教えたらよいのか，体験させていったらよいのかといったことを考えながら学ぶことが大切になってくる。

［3］ 教育実習校の確保

　教員養成を目的とした大学の場合，取得希望免許状の学校種に適（かな）う附属学校があれば，教育実習は，その附属学校で行うことになる。その場合には，学生個人が教育実習校を確保するための手続きは不要となるが，教員養成を主目的としない大学の学生や，教員養成大学であっても，取得希望免許状の学校種に適う附属学校がなければ，教育実習校を確保しておく必要がある。多くの大学では，自己開拓を基本としており，学生は母校に受け入れを依頼することが多い。その際，先ずは，教育実習生として自分を受け入れてくれるよう，学校に依頼する必要がある。また，母校で実習することを考えていても，教育委員会が実習校を配当する場合もあるので，自分の実習校がどこになるのか，大学の

教育実習担当者から情報を得ておくことが必要である。依頼時期は，教育実習生が実習を行う年度に入ってからでは遅く，前年度中には内諾を戴いておく必要があり，多くの大学では，教育実習を行う年度の前年度の初め頃（4-5月）から，実習希望校とコンタクトを取ることが求められることが多い。その際，母校であっても，受け入れるかどうか判断するため，教育実習を志望する理由書等の提出を求められる場合もあるので，自分のなかで，教員免許状を取得する目的や意志をしっかりと持っておくとともに，実習校での自分の学びの姿を思い描いておくことも必要になってくる。

Exercise

① 教師の職務について整理するとともに，教師が出勤してから退勤するまでの1日の勤務状況をイメージできるようにしておこう。
② 自分の担当する科目の学習指導案を作成するとともに，模擬授業を行い，授業者としての自分のよさや課題について把握しておこう。
③ 学級・HRを担当する際，或いは，授業場面以外で子どもを指導する際に気がかりな点を話し合い，一定の対応策を考えておこう。

次への一冊

浅田匡・生田孝至・藤岡完治編著『成長する教師』金子書房，1998年。
　教師の「教える人」という側面に焦点が当てた議論が行われており，第1部「授業の力量をつける」，第2部「授業が見える」，第3部「自分の授業から学ぶ」等，授業のデザイン，実施，評価等について考えるうえで示唆に富む。
長谷川栄『教育方法学』共同出版，2008年。
　子ども理解や生徒指導にもふれながら，学習指導を中心とした教育実践をよりよいものにしていくための教育方法の理論についてより広い視野で学ぶための視点や手掛かりを提供してくれる。
河合隼雄・谷川俊太郎『こころに届く授業』小学館，2002年。
　河合隼雄が行う算数の授業，谷川俊太郎が行う国語の授業，それらの授業を踏まえた対談から構成されているが，具体的な授業の事例にふれ，授業についての意見交換を読むことで，授業に対する見方を広げてくれる。
岡田敬司『かかわりの教育学　増補版』ミネルヴァ書房，2006年。
　人と人との出会いを，縦のかかわりと横のかかわり，安定・調和的かかわりと対立・葛藤的かかわりという二軸で整理し，「権力的」，「権威的」，「認知葛藤的」，「受容的・呼応的」な4つのかかわりとして整理する本書は，教師が子どもにかかわる際の在り方を考えるうえで大きな手掛かりを与えてくれる。
田村学『深い学び』東洋館出版社，2018年。

小中学校における実践事例も取り上げながら，今日求められている，主体的・対話的で深い学びを実現するための授業をデザインしていく際の基本的な考え方や，実現に向けた有益な手がかりを与えてくれる。

引用・参考文献

古川雅文「教師の勢力資源に関する認知と教師の影響性」日本教育心理学会第27回総会発表論文集，1985年，560～561ページ。

狩野素朗・田崎敏昭『学級集団理解の社会心理学』ナカニシヤ出版，1990年。

河村茂雄『Q-U 実施・解釈ハンドブック中学校用』図書文化社，1999年。

河村茂雄『学級経営に生かすカウンセリングワークブック』金子書房，2006年。

三隅二不二・吉崎静夫・篠原しのぶ「教師のリーダーシップ行動測定尺度の作成とその妥当性の研究」教育心理学研究，25（3），1977年，157～166ページ。

大野木裕明・宮川充司「教育実習不安の構造と変化」教育心理学研究，44（4）1996年，454～462ページ。

佐藤典子・佐久間邦友「教育実習における評価票の検討——実習校からの評価と学生の自己評価の比較を踏まえて」郡山女子大学紀要，53，2017年，317～334ページ。

清水秀夫・大濱孝子・熊谷崇久・植木文貴・吉井健人「教育実習生がもつ本実習中の不安に関する考察」群馬大学教育実践研究，28，2011年，301～308ページ。

塚本伸一「教師の勢力資源が中学生のモラールと学級雰囲気に及ぼす影響」上越教育大学研究紀要，17（2），1998年，551～562ページ。

吉田康成「実習不安の内容と変化（Ⅱ）」夙川学院短期大学教育実践研究紀要，1，2008年，31～38ページ。

第4章
介護等体験の前に心得ておくこと

〈この章のポイント〉

　介護等体験は，義務教育の教員志望者が，個人の尊厳及び社会連帯の理念に関する認識を深めるために義務づけられている体験活動である。社会福祉施設と特別支援学校における体験活動をとおして，インクルーシブな社会を実現するためのインクルーシブ教育の実践者としての自覚を深めることが重要である。また，体験先の社会福祉施設や特別支援学校の目的や役割を知り，施設・学校の利用者・児童生徒とかかわるうえで大切な態度や配慮を確認する。

1　介護等体験の意義

［1］　個人の尊厳及び社会連帯の理念に関する認識を深める介護等体験

　介護等体験は，1998年4月に施行された「小学校及び中学校教諭の普通免許状授与に係る教育職員免許法の特例等に関する法律」（以下，介護等体験特例法）により，小学校・中学校の教諭の普通免許状を取得しようとする者に義務づけられた体験活動である。介護等体験は，大学の授業として単位が認定されるものではない。しかしながら，教員免許状授与申請に際して，体験活動を行った施設や学校から発行される証明書の原本を提出しないと，教員免許状の取得に必要な単位がすべてそろっていたとしても，小・中学校の教員免許状が交付されないのである。

　さて，このように教員免許状に必須の介護等体験は，いかなる趣旨のもとに，どのような体験を行うこととされているのであろうか。介護等体験特例法の第1条では，介護等体験は，義務教育に従事する教員が，その体験活動を通して，個人の尊厳及び社会連帯の理念に関する認識を深め，教員としての資質の向上を図るために行われるものであることが述べられている。ここでは，介護等体験を経て，個人の尊厳及び社会連帯の理念に関する認識を深めた教員によって，義務教育が一層充実して実施されることが期待されているのである。

　介護等体験は，「障害者，高齢者等に対する介護，介助，これらの者との交流等の体験」とされている。「介護・介助・交流等の体験」とあるように，実際には，介護や介助のような直接援助活動だけでなく，障害のある人や高齢者

等の話し相手になったり，散歩の付き添いを行ったりするような触れ合い体験や，清掃や洗濯，環境整備などの施設や学校で行われている多種多様な業務活動等の体験が含まれる。介護等体験を行う者の知識・技能の程度と，体験活動を提供する受け入れ施設の種類・業務内容・状況等に応じて，幅広い活動が想定できる。

小・中学校の教員志望者は，施設や学校から提供されたいかなる体験活動を行うにしても，介護等体験が「個人の尊厳」と「社会連帯の理念」に対する思考を深める機会となるように，積極的にその活動に取り組むことが望まれる。

2 インクルーシブ社会を実現する手段としての学校教育

① 「障害者の権利に関する条約」とインクルーシブ教育システム

わが国は，2014年1月に「障害者の権利に関する条約」を批准した。この条約の第24条では，障害者を包容するあらゆる段階のインクルーシブ教育システム及び生涯学習を確保することが，締結国に求められている。「インクルーシブ教育システム」とは，人間の多様性の尊重等の強化，障害者が精神的及び身体的な能力等を可能な最大限度まで発達させ，自由な社会に効果的に参加することを可能とするとの目的の下，障害のある者と障害のない者が共に学ぶ仕組みであり，障害のある者が教育制度一般から排除されないこと，自己の生活する地域において初等中等教育の機会が与えられること，個人に必要な「合理的配慮」が提供される等が必要とされている。

表4-1　特別支援学校の就学基準

区　分	程　　度
視覚障害者	両眼の視力がおおむね0.3未満のもの又は視力以外の視機能障害が高度のもののうち，拡大鏡等の使用によっても通常の文字，図形等の視覚による認識が不可能又は著しく困難な程度のもの
聴覚障害者	両耳の聴力レベルがおおむね60デシベル以上のもののうち，補聴器等の使用によっても通常の話声を解することが不可能又は著しく困難な程度のもの
知的障害者	1．知的発達の遅滞があり，他人との意思疎通が困難で日常生活を営むのに頻繁に援助を必要とする程度のもの 2．知的発達の遅滞の程度が前号に掲げる程度に達しないもののうち，社会生活への適応が著しく困難なもの
肢体不自由者	1．肢体不自由の状態が補装具の使用によっても歩行，筆記等日常生活における基本的な動作が不可能又は困難な程度のもの 2．肢体不自由の状態が前号が掲げる程度に達しないもののうち，常時の医学的観察指導を必要とする程度のもの
病弱者	1．慢性の呼吸器疾患，腎臓疾患及び神経疾患，悪性新生物その他の疾患の状態が継続して医療又は生活規制を必要とする程度のもの 2．身体虚弱の状態が継続して生活規制を必要とする程度のもの

出所：学校教育法施行令第22条3。

障害のある人の「教育に関する権利」として，地域の小・中学校等で学ぶこととを保障するために，2013年9月に「学校教育法施行令の一部を改正する政令」が施行され，就学基準（表4-1）に該当する障害のある子どもは原則として特別支援学校に就学するという考え方が改められ，市町村の教育委員会が，個々の児童生徒について障害の状態等を踏まえた十分な検討を行ったうえで，小中学校又は特別支援学校のいずれかを判断し決定する仕組みになった。

これまで，受け入れ態勢が整っているなど「特別の事情」のある場合は，就学基準に該当する障害のある子どもが，「認定就学者」として地域の小・中学校に就学できる制度が設けられていたが，この制度が廃止され，特別支援学校に就学する子どもが，特別に特別支援学校への就学を認められる「認定特別支援学校就学者」の制度へと変更された。すなわち，障害の有無にかかわらず，子どもたちは，原則として，地域の小・中学校に就学するという仕組みに改められたわけである。

2019年度小学校・特別支援学校就学予定者（新第1学年）として，2018年度に市区町村教育支援委員会等において，学校教育法施行令第22条の3（特別支援学校の就学基準）に該当すると判断された者のうち，26.0％の子どもたちが，公立小学校への就学を選択している。適切な情報提供と環境調整を前提にして，本人・保護者の意見が最大限尊重されるようになったことから，小・中学校を就学先として選択する障害のある子どもたちが，今後も増えていくだろう。障害のある子どもの特別支援教育は，特別な学びの場を担当する教員に限らず，小学校・中学校・高等学校のすべての教員が，直接携わる教育であるという認識をもつ必要がある。

② インクルーシブ社会の創出と特別支援教育

2007年4月より，わが国では，障害のある幼児児童生徒の自立や社会参加に向けた主体的な取り組みを支援するという視点に立ち，幼児児童生徒一人一人の教育的ニーズを把握し，その持てる力を高め，生活や学習上の困難を改善又は克服するため，適切な指導及び必要な支援を行う「特別支援教育」が行われてきた。特別支援教育は，①知的な遅れのない発達障害も含めて，特別な支援を必要とする幼児児童生徒が在籍するすべての学校において実施されるものであり，②障害のある幼児児童生徒への教育にとどまらず，障害の有無やその他の個々の違いを認識しつつさまざまな人々が生き生きと活躍できる共生社会の形成の基礎となるものである。

インクルーシブ教育とは，排除のない社会を実現する手段であり，すべての子どもには何らかのニーズがあることを前提として，その多様なニーズに対応できる教育システムを作るプロセスであるとされていることから（UNESCO, 2005），排除のないインクルーシブな社会を実現するために，特別支援教育が

うまく機能するインクルーシブ教育システムを作り上げていくことが，教師一人ひとりに求められているのである。

2　介護等体験の基礎・基本

［1］　介護等体験の期間と体験施設

　介護等体験は，社会福祉施設や特別支援学校などにおいて最低7日間の体験を行うものとされている（介護等体験特例法第2条）。7日間の内訳は，社会福祉施設等での5日間の体験と特別支援学校での2日間の体験が望ましいとされている（文部事務次官通達　平成9年11月26日　文教教第230号）。

［2］　社会福祉施設での介護等体験

① 　社会福祉制度における社会福祉施設サービスの位置づけと役割

　わが国の社会福祉の制度は，日本国憲法の「基本的人権」（第11条）や「幸福追求権」（第13条），「生存権」（第25条）等の理念を実現し，国民に基本的な生活を保障するために整備されている。社会福祉施設は，この制度に位置付けられている福祉サービスの一つである。

　1998年ごろからはじめられた社会福祉基礎構造改革によって，2000年には社会福祉事業法が社会福祉法に改められ，社会福祉サービスを利用する方式が，行政の権限で利用できるサービスが決められていた「措置制度」から，利用者がサービス提供者（事業所）と対等な関係で利用するサービスを選択することができる「利用者契約制度」へと変更された。主に高齢者や障害のある利用者が，利用者契約制度により，サービス提供事業者から不利益を被ることがないように，福祉サービス利用援助事業や苦情解決事業といった利用者保護制度が設けられている。現在の社会福祉法では，福祉サービス事業者はサービスの質の向上に取り組む責任を負っている。

　現代の社会福祉の理念は，性別や年齢，障害の有無にかかわらず，住み慣れた地域で尊厳と生きがいをもって自分らしく生活することを支援することを目指すものであり，社会福祉施設も地域の社会資源としての役割を果たすためさまざまな形態でさまざまなサービスを展開している。

　体験活動ができる社会福祉施設は介護等体験特例法の施行規則で定められている。その主なものを示せば表4-2の通りである。

　それぞれの社会福祉施設は，誰を対象としたどのような目的の施設であるのかによって，提供するサービスの内容などがさまざまに異なる。体験先の社会福祉施設の特徴をよく理解する必要がある。

表4−2　介護等体験の受け入れ先となる主な社会福祉施設　注1

施設の種類		施設の目的及び対象者
児童福祉施設等	乳児院（児童福祉法）	乳児（保健上その他の理由により特に必要のある場合には，おおむね2歳未満の幼児を含む。）を入院させて，これを養育することを目的とする。
	児童養護施設（児童福祉法）	乳児を除いて，保護者のいない児童，虐待されている児童その他環境上養護を要する児童を入所させて，これを養護し，あわせてその自立を支援することを目的とする。
	児童自立支援施設（児童福祉法）	不良行為をなし，又はなすおそれのある児童及び家庭環境その他の環境上の理由により生活指導等を要する児童を入所させ，又は保護者の下から通わせて，個々の児童の状況に応じて必要な指導を行い，その自立を支援することを目的とする。
	母子生活支援施設（児童福祉法）	配偶者のない女子又はこれに準ずる事情にある女子及びその者の監護すべき児童を入所させて，これらの者を保護するとともに，自立の促進のためにその生活を支援することを目的とする。
	障害児入所施設（福祉型）（児童福祉法）	障害児を入所させて保護するとともに日常生活の指導及び独立自活に必要な知識技能を与えることを目的とする。
	児童発達支援センター（児童福祉法）	障害児を通所させて，日常生活における基本的な動作の指導，知識技能の付与，集団生活への適応訓練等を行う。
保護施設	救護施設（生活保護法）	身体上又は精神上著しい障害があるために独立して日常生活が営めない要保護者を入所させ，生活扶助を行う。
老人福祉施設等	養護老人ホーム（老人福祉法）	65歳以上で，環境上の理由及び経済的な理由により，居宅での生活が困難な方が入所し，自立的な日常生活の援助等を行う施設。
	特別養護老人ホーム（介護老人福祉施設）（老人福祉法・介護保険法）	要介護の高齢者等が入所し，介護その他の日常生活上の世話，機能訓練，健康管理及び療養上の世話を行う施設。
	介護老人保健施設（介護保険法）	要介護者に対し，看護，医学的管理の下における介護及び機能訓練その他必要な医療並びに日常生活上の世話を行う施設。
	老人短期入所施設（ショートステイ）（老人福祉法・介護保険法）	介護者の疾病その他の理由により，家庭において適切な介護を受けることが困難な方が一時的に入所し，日常生活上必要な介護を短期間受けることができる施設。
	老人デイサービスセンター（老人福祉法・介護保険法）	居宅要介護者等に対し，入浴・食事の提供，機能訓練，介護方法の指導，その他のサービスを提供する施設。
障害福祉サービス事業所等	生活介護▷2（障害者総合支援法）	常時介護を要する障害者につき，主として昼間，施設において入浴，排せつ又は食事の介護，創作的活動又は生産活動の機会の提供を行う。
	自立訓練（機能訓練）（障害者総合支援法）	身体障害者が，自立した日常生活又は社会生活を営むことができるよう，一定期間，身体機能の向上のために必要な訓練等を行う。
	自立訓練（生活訓練）（障害者総合支援法）	知的障害者・精神障害者が，自立した日常生活又は社会生活を営むことができるよう，一定期間，生活能力の向上のために必要な訓練等を行う。
	就労移行支援（障害者総合支援法）	一般企業等への就労を希望する障害者に，生産活動その他の活動の機会の提供を通じて，一定期間，就労に必要な知識及び能力の向上のために必要な訓練等を行う。
	就労継続支援（A型）（障害者総合支援法）	通常の事業所に雇用されることが困難であって，雇用契約に基づく就労が可能である者に対して行う雇用契約の締結等による就労の機会の提供及び生産活動の機会の提供その他就労に必要な知識及び能力の向上のために必要な訓練等を行う。
	就労継続支援（B型）	通常の事業所に雇用されることが困難であって，雇用契約に基づく就労が困難である者に対して行う就労の機会の提供及び生産活動の機会の提供その他就労に必要な知識及び能力の向上のために必要な訓練等を行う。
	障害者支援施設	施設に入所する障害者に，夜間や休日，入浴，排せつ又は食事の介護等を行う。
	地域活動支援センター	創作的活動又は生産活動の機会の提供，社会との交流等を行う。

注1：新潟県の社会福祉施設等の名簿・名称に基づいており，あくまでも主な施設の目的等を示しているに過ぎない。社会福祉施設における介護等体験の情報は，各都道府県社会福祉協議会で確認できる。

出所：新潟県社会福祉協議会『教育職員免許法の特例に伴う「介護等の体験」社会福祉施設等の受入調整実施要綱　平成31年度』2019年，31〜32ページ。

正式には「障害者の日常生活及び社会生活を総合的に支援するための法律」という。

▷3 特殊教育（障害児教育）から特別支援教育への制度転換
2007年4月1日，「学校教育法等の一部を改正する法律」の施行により，日本の障害児教育は特別支援教育へと制度転換した。盲・聾・養護学校は，特別支援学校に統一され，従来の盲・聾・養護学校種別だった教員免許も特別支援学校教員免許に総合化された。さらに，小中学校等通常学校において特別支援教育を推進するための規定も明確に位置づけられた。
障害児教育から特別支援教育への転換は，障害種別の教育サービスから個別のニーズに基づく教育サービスへのパラダイムの転換である。このパラダイムの転換は，主に，①盲・聾・養護学校在籍児童生徒の障害の重度・重複化への教育的対応の必要性，②通常学校・学級において学習上，生活上の困難を有している児童生徒への教育的対応の必要性，③教育的対応を担う特別支援教育担当教員の専門性を担保する教員免許制度の必要性，の3つの理由から必要となった。
従来の学校制度では，盲学校は視覚障害児童生徒に対する学校，聾学校は聴覚障害児童生徒に対する学校というように障害と学校とが対応して位置づけられており，教員の免許資格要件も，障害種別の学校に対応してその内容等が規定されていた。各地域で子どもの障害の状態に応じた柔軟な学校を設置し，障害のある児童

人（利用者）の生活を支援する人（職員）によるサービス提供の現場である福祉施設では，利用者が主役である。利用者が何を必要としているのか，利用者の立場に立って，一人ひとりの問題解決に向けた支援を行うのが施設職員の役割である。施設職員には「個人の尊厳」を守ることや「人権感覚」が強く求められる。家族や地域社会の人たち・関係機関と連携・協力しながら，利用者を包み込む地域社会づくりの担い手の一人としての社会福祉施設職員の仕事に触れて，教員としての自分にできることを考える機会にしてもらいたい。

② 学校と社会福祉との密接な関係

インクルーシブ教育の進展のなかで，近年，学校は，貧困やその他の家庭の問題等から生じる児童生徒の学習上・生活上の困難などに対する積極的な対応を求められるようになってきている。

児童生徒の将来が，その生まれ育った家庭の事情等に左右されてしまう場合が少なくない。「子どもの貧困対策の推進に関する法律」や「子供の貧困対策に関する大綱」では，学校が，子どもの貧困対策のプラットフォームと位置付けられている。ここでは，「子どもの居場所を保障し，子どもを包摂する学校」や「子どもと保護者が，教育支援に限らず，生活支援や経済的支援と出会うための窓口としての学校」などの役割が期待されている。

また，学校及び教職員は，児童の福祉に関係する業務を行う他の機関や職と同様，児童虐待を発見しやすい立場にあることから，(1)児童虐待の早期発見等に努めるべき努力義務，(2)虐待が疑われるケースに遭遇した場合，しかるべき機関にその旨を通告する義務（虐待と思われる場合は直ちに通告して，関係機関による安全確認に協力していくこと），(3)児童相談所等の関係機関が，虐待を受けた子どもの保護や自立支援のための施策を行うに当たっても，これに協力する努力義務があることが，児童虐待防止法で定められている。

このように教師は，児童生徒の福祉の増進に直接的な役割を果たすことが期待されている。社会福祉施設における体験活動を通して，「個人の尊厳」や「人権」について深く考えることが大切である。

［2］ 特別支援学校での介護等体験

① 特別支援学校の目的・役割

特別支援学校は，表4-1に示した5つの障害の一つ，または二つ以上をあわせもつ児童生徒の教育をになう学校とされている。特別支援学校には，通常の幼・小・中・高のそれぞれの学校教育に対応する学部として，幼稚部・小学部・中学部・高等部が置かれる。義務教育段階である小学部・中学部は必置であるが，特別な場合には，幼・小・中・高のうち一つの学部のみの特別支援学校も認められている。特別支援学校の制度化は，児童生徒の障害の重複化への

適切な対応のための制度の弾力化であり，各特別支援学校が，どの教育領域に対応し，どのような学部を置く学校となるかは，地域の実情等にあわせて，設置者（多くは都道府県）により判断される。

特別支援学校の目的は，学校教育法の第6章「特別支援教育」に示されている。特別支援学校は，表4-1の就学基準に該当する障害のある幼児児童生徒に対して，幼稚園，小学校，中学校または高等学校に準ずる教育を施すとともに，障害による学習上又は生活上の困難を克服し自立を図るために，必要な知識技能を授けることとされている（第71条）。例えば，特別支援学校の小学部であれば，小学校の目的・目標に加えて，対象児の障害に応じて必要になる知識技能を指導することが目的となる。

つまり，特別支援学校の教育は，対象児の障害によるさまざまな教育的ニーズに対応しながら，その子の「自立」と「自己実現」を図るという教育の本質的目的の実現を図る営みである。この目的の実現のために，特別支援教育における教育内容の組織化は，小中高等学校の「各教科」（ただし，知的障害者を教育する特別支援学校は，知的障害者のための各教科が設定されている^{◁4}）と「特別活動」「総合的な学習の時間」等の各指導領域に加えて，「自立活動」^{◁5}という特別支援教育独自の指導領域を加えた形で行われている。小中高等学校の教育課程に自立活動が加えられたものが，特別支援学校の教育課程である。

また，特別支援学校は，その教育上の高い専門性を生かしながら，地域の特別支援教育の中核的な役割（センター的機能^{◁6}）を担っている。

② 対象別の特別支援学校教育の特徴

視覚障害：幼稚部では，遊びやさまざまな体験活動を通して物の触り方や見分け方が上手にできるように援助している。また，3歳未満の乳幼児やその保護者への教育相談も行われている。小・中学部では，小・中学校と同じ教科等を視覚障害に配慮しながら学習している。見えない子どもたちは，よく触って物の形や大きさなどを理解したり，音やにおいなども手がかりとして周りの様子を予測したり確かめたりする学習や点字の読み書きなどの学習を行っている。弱視の子どもたちは，見えの状態に合わせて拡大したり，白黒反転したりした教材を用いて学習している。また，視覚を最大限活用し，見やすい環境のもとで，事物をしっかりと確かめる学習や弱視レンズの使用やコンピュータ操作の習得も行っている。高等部では，普通科の教育のほか，あん摩マッサージ指圧師，はり師，きゅう師，理学療法士などの国家資格の取得を目指した職業教育が行われている。

聴覚障害：聴覚障害の子どもたちには，できるだけ早期から適切な対応を行い，その可能性を最大限に伸ばすことが大切である。このため，3歳未満の乳幼児やその保護者に対する教育相談等が行われている。幼稚部では，補聴器等

生徒一人ひとりの教育的ニーズに対応した教育が効果的かつ弾力的に行えるようになるために，障害種別を超えた「特別支援学校」制度への転換がなされたのである。

▷4　**知的障害教育の各教科**

知的障害者を教育する特別支援学校の各教科（以下，知的障害教育教科）は，小・中・高等学校等の各教科とは異なり，発達期における知的機能の障害を踏まえ，児童生徒が自立し社会参加するために必要な内容をみにつけることを重視し，特別支援学校学習指導要領において，各教科等の目標と内容等が示されている。知的障害教育教科は，発達段階1歳前後の発達の未分化（かつ未分科）なの児童生徒にも適用できるようになっている。知的障害教育教科は，小学校等で設定されている「教科」以前の指導内容を含み，生活に活用するための「教科」以後の内容も含むものである点が特徴と言える。

また，内容の示し方にも特徴がある。知的障害教育教科では，基本的には，知的発達，身体発育，運動発達，生活行動，社会性，職業能力，情緒面での発達等の状態を考慮して，その目標や内容が，学年ではなく段階別に，小学部3段階，中学部2段階，高等部2段階で示されている。

▷5　**自立活動**

自立活動の指導は，個々の幼児児童生徒が自立を目指し，障害による学習上又は生活上の困難を主体的に改善・克服しようとする取り組みを促す教育活動である。個々の幼児児童生徒の

を活用して子ども同士のコミュニケーション活動を活発にし，話し言葉の習得を促すなどして言語力の向上を図るとともに，幼稚園と同様に，子どもの全人的な育成に努めている。小・中学部では，小・中学校に準じた教科指導等を行い，基礎学力の定着を図るとともに，書き言葉の習得や抽象的な言葉の理解に努めたり，さらに，発達段階等に応じて指文字や手話等を活用したり，自己の障害理解を促したりするなど自立活動の指導にも力を注いでいる。高等部には，普通科のほかに産業工芸や機械，印刷，被服，情報デザイン等の多様な職業学科が設置され，生徒の適性や希望等に応じた職業教育が行われている。

知的障害：知的障害教育教科の内容を中心にした教育課程を編成し，一人一人の言語面，運動面，知識面などの発達の状態や社会性などを十分把握した上で，生活に役立つ内容を実際の体験を重視しながら，個に応じた指導や少人数の集団で指導を行っている。小学部では基本的な生活習慣や日常生活に必要な言葉の指導など，中学部ではそれらを一層発展させるとともに，集団生活や円滑な対人関係，職業生活についての基礎的な事柄の指導などが行われている。高等部においては，家庭生活，職業生活，社会生活に必要な知識，技能，態度などの指導を中心とし，例えば，木工，農園芸，食品加工，ビルクリーニングなどの作業学習を実施し，特に職業教育の充実を図っている。

肢体不自由：肢体不自由のある子ども一人一人の障害の状態や発達段階を十分に把握したうえで，幼稚園，小学校，中学校，高等学校に準じた教育を行うとともに，障害に基づく困難を改善・克服するための指導である自立活動に力を入れている。自立活動の指導においては，身体の動きの改善を図ることやコミュニケーションの力を育てる指導などを行っている。また，たんの吸引などの医療的ケアを必要とする子どもが多いことから，医療との連携を大切にした教育を進めている。高等部では，進路指導を重視し，企業や社会福祉施設と連携し，卒業後の生活を具体的に体験できるような実習を積極的に取り入れている。

病弱：病気等により，継続して医療や生活上の管理が必要な子どもに対して，必要な配慮を行いながら教育を行っている。特に病院に入院したり，退院後もさまざまな理由により小・中学校等に通学することが難しかったりする場合は，学習が遅れることのない様に，病院に併設した特別支援学校やその分校，又は病院内にある学級に通学して学習する。授業では，小・中学校等とほぼ同じ教科学習を行い，必要に応じて入院前の学校の教科書を使用して指導が行われる。自立活動の時間では，身体面の健康維持とともに，病気に対する不安感や自信の喪失などに対するメンタル面の健康維持のための学習を行っている。治療等で学習空白のある場合は，グループ学習や個別指導による授業が行われる。病気との関係で長時間の学習が困難な子どもについては，学習時間を

障害の状態や特性及び心身の発達の段階等に即して指導を行うことが基本であるため，自立活動の指導に当たっては，個々の幼児児童生徒の的確な実態把握に基づき，指導すべき課題を明確にすることによって，個別に指導目標（ねらい）や具体的な指導内容を定めた個別の指導計画が作成されることが必要である。

▷6　特別支援学校のセンター的機能
特別支援学校が担うべき地域の特別支援教育センターとしての機能には，①小・中学校等の教員への支援機能，②特別支援教育等に関する相談・情報提供機能，③障害のある幼児児童生徒への指導・支援機能，④福祉，医療，労働などの関係機関等との連絡・調整機能，⑤小・中学校等の教員に対する研修協力機能，⑥障害のある幼児児童生徒への施設設備等の提供機能が挙げられる。

短くするなどして柔軟に学習できるように配慮されている。通学が困難な子どもに対しては，必要に応じて病院や自宅等への訪問教育も行われている。

③　共に学ぶ機会の保障と効果的な「交流及び共同学習」実践のために

インクルーシブ教育システムにおいては，同じ場で共に学ぶことを追求するとともに，個別の教育的ニーズのある子どもに対して，自立と社会参加を見据えて，その時点で教育的ニーズに最も的確に応える指導を提供できる，多様で柔軟な仕組みを整備することが重要である。このため，特別支援教育では，小・中学校等における通常の学級，通級による指導，特別支援学級，特別支援学校といった，連続性のある「多様な学びの場」が用意されている。

特に，特別支援学校は，一般的には別の敷地にある別の学校であり，しかも障害のある児童生徒のみが就学する学校である。したがって，特別支援学校の児童生徒が，障害のない児童生徒とともに学ぶことを保障するための仕組みとして，「交流及び共同学習」が重要になる。文部科学省（2019）は，交流及び共同学習の意義を「障害のある子供と障害のない子供，あるいは地域の障害のある人とが触れ合い，共に活動する交流及び共同学習は，障害のある子供にとっても，障害のない子供にとっても，経験を深め，社会性を養い，豊かな人間性を育むとともに，お互いを尊重し合う大切さを学ぶ機会となるなど，大きな意義を有するもの」（文部科学省，2019年，1ページ）と述べている。

特別支援学校における教育活動の実際に触れることは，将来，小・中学校等の教師となり，「交流及び共同学習」を行う際に，大いに役立つであろう。

3　支援の必要な方への対応

介護等体験の受け入れ施設・学校で出会う利用者や児童生徒は，さまざまな支援ニーズを有している。介護が必要な高齢者や障害のある人には，生活上のさまざまな制限や制約がある。そうした違いを知ることは，正しい理解をするうえで重要である。しかし，それ以上に大切なことは，同じところを知り，同じ人間として，尊敬の念をもってお互いに交流することである。

車いす利用者やベッドに寝たきりの利用者と話をするときには，可能な限り，腰を下ろして相手と同じ目の高さになるようにすることや，利用者の年齢に応じた言葉遣いや態度で接することが大切である。例えば「おじいちゃん」という呼びかけではなく，名前を確認し，「○○さん」と呼びかけるなどである。年長者や成人に対して，幼児言葉を使ってしまうことに気をつけるだけでなく，児童に対して威圧的な言葉を使うことも，相手の人格を尊重し，個人を敬うという観点から，好ましくない接し方であることは自明であろう。同じ地平に立ち同じ目線で語り合うことが重要である。

また，例えば，ベッドから起こすときや車いすを移動するときなど，相手に何かしようとするときには，必ず言葉かけをして，準備をしてもらうこと，相手の意に反することであれば，行わないようにすることなど，相手の意思を確認しまた共感的に理解しようとすることが大切である。

　ここでは，『交流及び共同学習ガイド』の記述から，具体的に，障害のある児童生徒に必要となる配慮例を示す（文部科学省，2019年，11～13ページ）。配慮の提供にあたっては，それぞれの障害の状態や特性等に応じて，以下の例に限らず，支援を必要としている人が，ある行為を遂行し，活動に参加できるように，柔軟に対応することが必要である。障害から生じる困難を補う配慮は，相手に対する共感的理解から，導き出されるものでもある。これは，介護等体験で出会うどの利用者・児童生徒との間ででも，同様であろう。

1　視覚障害

① 教材等を提示する場合，言葉での説明を添えるとともに，手で触って観察できるようにする。

②「そこ」，「あそこ」などの指示代名詞は避け，「右手前」「○時の方向（時計の文字盤になぞらえて説明）」などと具体的に指示する。

③ 慣れない場所に行ったり，初めて体験したりするときには，最初に周囲の状況や活動内容を説明したり，一緒に歩きながら案内したりする。

④ 文字カード等を提示する際には，輪郭やコントラストをはっきりさせたり，文字を大きく書いたりするとともに，照明等に配慮して見やすくする。

⑤ 視野が狭い場合には，横から近付いてくるものに気が付かなかったりすることがあるので，衝突による事故等が起こらないよう十分注意する。

2　聴覚障害

① 子どもが話し手の方を向いているときに，話し手は自分の顔全体，特に口元がはっきりと見えるようにして話しかける。

② 補聴器や人工内耳等で聞き取りやすいように，必ず声を出して話す。唇だけを動かしたり，大声を張り上げたりしないようにする。

③ 話が通じにくい場合には，紙に書いたり，空書きしたり，子どもの手のひらに指でゆっくりと文字を書いたりして確認するようにする。子どもによっては，手指の形でかな文字を表す指文字や手話を活用した会話に努める。

④ 活動の流れを確認したり，話し手の方を見たりするために，子どもが横や後ろを見たりする場合があるので，それを認めるようにする。

⑤　できるだけ板書や実物，指文字，手話等を利用するなどして，視覚的な
　　手がかりをもとに活動の流れを把握できるようにする。

［3］　知的障害

①　興味・関心をもつことのできる活動を工夫する。

②　言葉による指示だけでなく，絵や写真等を用いたり，モデルを示したり
　　することによって，子どもたちが活動内容を理解しやすくする。

③　繰り返しできる活動にしたり，活動の手順を少なくしたり，絵や写真等
　　を用いて手順がわかりやすくなるようにしたりして，見通しをもちやす
　　くする。

④　得意とする活動や普段の授業で学習していること，慣れている活動を行
　　うようにして，自信をもって活躍できる場を多くする。

⑤　子どもの行動の意味や心情，その背景等を必要に応じて適切に説明する
　　などして，子ども同士が理解し合い友達になれるようにする。

［4］　肢体不自由

①　歩行を妨げたり，ぶつかったりしないよう注意する。

②　車いすや杖等を使用する子どもが階段や段差のあるところで困っている
　　場合には，どうしたらよいかを尋ね，それぞれの子どもに合った方法で
　　援助する。また，必要に応じて周囲の人たちの協力を求め，安全な方法
　　で介助するようにする。

③　車いすを押す場合には，ゆっくり押すように心がける。また，前方に段
　　差や坂道がないかをよく確かめ，急な下り坂では後ろ向きに進むなど，
　　状況に応じた安全な押し方をする。

④　話をするときは，それぞれの子どもの目の高さに合わせるように努め，
　　気持ちを伝えるようにする。

⑤　身体の動きやコミュニケーションの状態に応じて，筆記やコンピュータ
　　への入力等を助けるための補助用具を活用したやりとりを行うようにす
　　る。

［5］　病弱・身体虚弱

①　活動に当たっては，保護者，担当医，教師の間で，また，場合によって
　　は子ども本人も含めて，個々の子どもの病状や活動する際の注意事項を
　　確認する。

②　てんかんや気管支ぜん息等の子どもは，発作がないときには他の子ども
　　と同じ程度の活動が可能な場合があるので，子どもの病気の状態等を考

慮し，学習活動を必要以上に制限することがないように留意する。

③ 病気によっては急に不調になることもあるので，活動中も体調の変化に十分に注意するとともに，個々の病状や体力に応じた活動を工夫する。

④ 筋力低下や骨折等を伴うことが多い疾患のある子どもについては，無理な運動にならないように留意し，主体的な活動ができるように工夫する。

⑤ 感染症にかかっていたり，体力や免疫力が低下していたりする場合は，ICT を活用したテレビ会議を行うなどの活動を積極的に取り入れるようにする。

⑥ 子どもの病気や状況によっては，入院や手術，病状や治療の継続，人とのかかわり等に不安を抱くことがあるので，子どもの気持ちを尊重しつつ，活動を広げていくようにする。

▷7　自閉症
「1．対人関係の障害」
「2．コミュニケーションの障害」「3．パターン化した興味や活動」（想像力の障害）の3つの特徴をもつ障害。近年は症状が軽い人たちまで含めて自閉スペクトラム症と捉えられている。特別支援学校（知的障害）の対象には，知的障害のある自閉症の児童生徒が多くみられることから，ここで，配慮について取り上げた。

▷8　児童虐待防止法
正式には「児童虐待の防止等に関する法律」という。

▷9　高齢者虐待防止法
正式には「高齢者虐待の防止，高齢者の養護者に対する支援等に関する法律」という。

▷10　障害者虐待防止法
正式には「障害者虐待の防止，障害者の養護者に対する支援等に関する法律」という。

6　自閉症

① 見通しがもてるように，計画された活動内容を，簡潔な言葉，絵や写真等の視覚的な情報を活用して事前に知らせるとともに，急激な変化を苦手とする場合が多いことから，計画された活動を急に変更することがないようにする。

② 相手の感情や考えを察したり，理解したりすることが苦手である場合もあることから，適切に子ども同士の関係を調整し，誤解による揉め事等が起こらないよう留意する。

③ 言動の意味を理解することが困難な場合でも，子どもは他者に自らの意思や考えなどを伝えようとしていることが多いことに留意する。

④ 集団活動に参加することが苦手な子どもが多いことから，少人数による活動から徐々に人数を増やしていったり，子ども同士の相性や関係性を考慮したりするなど工夫をする。

⑤ 騒がしい場所や蛍光灯の光，人との接触等を苦手とする場合もあることから，聴覚や視覚，触覚等の過敏さを踏まえて，環境を整備する。

Exercise

① 認知症の高齢者の介護の原則について，調べてみよう。

② 児童虐待防止法・高齢者虐待防止法・障害者虐待防止法の概要を調べて比較してみよう。

📖次への一冊

小林秀之・米田宏樹・安藤隆男編著『特別支援教育——共生社会の実現に向けて』ミネルヴァ書房，2018年。
　　特別支援教育の実際について，障害別，学びの場別などでわかりやすく概説されている。
山縣文治・岡田忠克編『よくわかる社会福祉　第11版』ミネルヴァ書房，2016年。
　　障害者福祉，高齢者福祉，子ども家庭福祉など，社会福祉に関する諸分野の内容がわかりやすく解説されている。

引用・参考文献

安藤隆男・中村満紀男編著『特別支援教育を創造するための教育学』明石書店，2009年。
現代教師養成研究会編『四訂版　教師をめざす人の介護等体験ハンドブック』大修館書店，2014年。
小林秀之・米田宏樹・安藤隆男編著『特別支援教育——共生社会の実現に向けて』ミネルヴァ書房，2018年。
増田雅暢・柿本貴之・平田浩・宮里祐史・守家敬子『第5版よくわかる社会福祉施設——教員免許志願者のためのガイドブック』全国社会福祉協議会，2018年。
文部科学省『特別支援学校幼稚部教育要領・小学部・中学部学習指導要領　平成29年4月告示』，2018年。
文部科学省『交流及び共同学習ガイド』，2019年。
　　https://www.mext.go.jp/a_menu/shotou/tokubetu/__icsFiles/afieldfile/2019/04/11/1413898_01.pdf)
文部科学省『特別支援教育について　4．それぞれの障害に配慮した教育』Webページ
　　https://www.mext.go.jp/a_menu/shotou/tokubetu/mext_00800.html
新潟県社会福祉協議会『教育職員免許法の特例に伴う「介護等の体験」社会福祉施設等の受入調整実施要綱　平成31年度』，2019年。
　　http://www.fukushiniigata.or.jp/wp352/wp-content/uploads/2018/08/%E5%B9%B3%E6%88%9031%E5%B9%B4%E5%BA%A6%E4%BB%8B%E8%AD%B7%E7%AD%89%E4%BD%93%E9%A8%93%E5%AE%9F%E6%96%BD%E8%A6%81%E7%B6%B1%EF%BC%88PDF%EF%BC%89.pdf
庄司和史『介護等体験安心ハンドブック』学事出版，2018年。
米田宏樹・川合紀宗編著『特別支援教育』協同出版，2022年。
全国特別支援学校長会編著『特別支援学校における介護等体験ガイドブック　フィリア　新学習指導要領（平成29年公示）版』ジアース教育新社，2018年。

第5章
教育実習の直前に準備しておくこと

〈この章のポイント〉

　教育実習は，幼稚園・小学校・中学校・高等学校・特別支援学校等の実習校の協力に基づいて行われるものである。大学での学生生活から教育実習に円滑に移行し，そこで有意義な学びの時間を過ごしていくためにも，その直前の段階で，自分が行う教育実習について正確なイメージをもっていることや，準備が万端整っていることが必要である。ここでは，教育実習を開始する直前に確認しておくべき，服装，言葉遣い，健康管理，個人情報保護などの心構えについて，また，収集しておくべき情報や学校種による実習校の特徴について学んでいく。

1　教育実習生の心構え

1　教育実習に臨む態度

　まもなく教育実習が始まるという直前の時期に差しかかったら，いつでも教育実習校での実習に取り組めるくらいの万全の準備をしておく必要がある。先ずは，教育実習生として，どのような姿勢，態度で臨むべきであるかを改めて確認しておこう。教育実習生は，まだ大学生ではあるとはいえ，子どもたちの前では，「先生」なのであり，子どものお手本となるべき立場である。また，実習校の指導教員から指導を受ける立場でもある。学生気分で教育実習に参加することは慎まねばならず，良識ある社会人としての心構えをもって臨むことが求められている。大学生活では許容されていることでも，実社会や学校では許容されない行動様式やルールがあることをわきまえて，日々を過ごすことが大切である。実際に教育に携わることを思えば，教師としての役割，すなわち，公教育を担う教育者としての使命感や責任感を自覚することが必要であり，教師に求められる振る舞いができるよう心がけなければならない。学生気分が抜けきらず，子どもと個人的に親しくなろうとして，メールアドレスや電話番号の交換をすることなどはもってのほかのことである。また，本当はそんなにやる気もないのだけど，教員免許を取るため仕方なく来ているといった態度は相手に伝わりやすく，信頼関係も作りにくい。自分勝手な動機で行動することは許されないが，指示を待つだけでなく，自分から主体的に動くことや，

誠実に職務に取り組む覚悟も必要である。遅刻，欠席はしない，さわやかな挨拶を心掛ける，説明されている時にはメモを取りながら真剣に聞く，報告，連絡，相談，確認を常に心がけ自分一人の判断で勝手に動かない，指導案や日誌等の書類の提出期限を守る，お世話になった方にお礼の気持ちをきちんと伝える等，社会人としての最低限のルールやマナーを忘れないようにしたいものである。また，公務員に職務専念義務が求められるように，教育実習期間中は教育実習に専念できるよう，自分の所属する部活動やサークル活動，或いは，就職活動，アルバイト等の日程調整をしておくことも必要である。実習期間中は，土曜日，日曜日といえども，実習の準備や突発的な出来事への対応ができるよう，私的な予定は入れておかない方が無難である。

▷1　職務専念義務
教員の多くを占める公立学校の教員は，身分上は公務員であり，公務員には，地方公務員法で，その職務を遂行するにあたり，全力をあげてこれに専念する義務があることが定められている。

［2］　服装や身なり

　教育実習不安の一つに，どのような服装をしていけばよいのかという「服装」に関する不安があることが報告されている（大野木・宮川，1996）。実習に行く前に，実習期間中に着る洋服や校内で履く上靴を準備しておくことが必要である。服装は目に見えるその人となりの表現とも言える。社会人としての自覚をもち，子どものモデルとなるよう，清潔感の感じられる服装や頭髪，化粧を心掛けることや，子どもの安全を確保するためにも，装身具等は身に付けないことが原則となる。教師は，立ちっぱなしでいる時間も多いので，疲れにくいということも一つの選択基準になる。こっちの方がおしゃれだからといって洋服を着崩したり，靴のかかとを踏みつぶしたり，上靴を忘れて学校のスリッパを借りたりということはあってはならないことであるし，髪を明るく染めたり，化粧を濃くしたりということも避けたいことである。実習校によっては，学校内では動きやすい服装でよいとされる場合もあり，その学校の許容範囲のなかで着替えて過ごすこともあり得るが，通勤時は，フォーマルな服装を心掛けたい。学校ごとにルールや許容度の違いがあるので，迷ったら，実習校の担当教員に相談することが大切である。

［3］　言 葉 遣 い

　言葉は大切なコミュニケーションのツールであり，他者に対する態度や配慮が反映されるものである。学生生活では許容されていても，目上に当たる指導教員や教え子とかかわる実習の場においては，若者言葉や友達言葉，流行語などの使用は控え，正しい日本語の使用を心掛ける必要がある。また，子どもを相手にする場合には，その子どもが理解できる，誤解しないということを考慮して，発達段階を考慮した言葉を選びながら，丁寧な言葉がけを行いたいものである。時には，子どもの方が，教育実習生との距離を縮めようとして友達言

葉で話しかけてくることもあり得る。そんな時，それに対して同じような友達言葉で応じていると，いつの間にか距離が近くなりすぎて教師と子どもの境界があいまいになり，収拾がつかなくなって指導が通りにくくなるということもよく聞く話である。たとえ子どもの方から友達言葉で話しかけてきたとしても，教育実習生が，授業場面をはじめとする指導場面で改まった言葉遣いや丁寧な言葉遣いを心掛けていると，自ずと一定の距離感が生じて，子どもの方も，友達感覚でなれなれしく接するような態度をとりにくくなるものである。また，相手とかかわる際には，丁寧な言葉遣いで挨拶をすることや，指導担当の教員に相談事や話したいことがある時も，相手の状況も見ながら，「今，よろしいでしょうか」といった言葉がけを忘れないようにしたいものである。

4 健康管理

　教育実習不安の一つに，実習期間中に体調を保てるかという「体調」に関する不安があることが報告されている（大野木・宮川，1996）。教育実習に臨むにあたっては，朝食をはじめとして，きちんと食事をとることや，十分な睡眠時間を確保し，規則正しい生活を送って体調を整えておくことが大切である。また，身体面での体調管理はもちろんのこと，精神面での不安や不調があれば，早めに相談するなどして，その解消を心掛けることがよいであろう。教育実習に参加する少し前から実習期間を通じて自分の健康状態をチェックしておくことが大切である。また，健康診断書の提出が求められるので，健康診断を受診しておくことも必要になる。教育実習期間中に，実習校で，自分の接する相手に，学校感染症[2]に感染させることがないよう，予防接種をしておくとか，日頃から，うがい，手洗い，マスク着用などの自衛策をとっておくことも必要である。自分のこれまでの罹患履歴や感染症に対するワクチンの接種状況，抗体ができているかどうかの確認もしておきたい。体調を崩してしまい，実習に参加することが困難な場合には，何はさておいても，実習校や大学の担当者にきちんと連絡を入れることが必要である。

5 個人情報保護

　教育実習に参加していると，嬉しいことや感動すること，驚くことなどもたくさんあって，そのことを誰かと分かち合いたいという気持ちになることもある。しかし，そうした実習中に知り得た学校や教員，子どもに関する情報，或いは，自分が実習に取り組んでいる様子を軽々しく口外したり，SNS 等を利用して公開したりすることは，個人情報の保護という点から見て極めて危険な行為であり，取り返しのつかないことにならないよう，絶対にしてはならない。例えば，実習が終わって帰りのバスのなかで何の気なしに，実習生仲間と

▷2　学校感染症
学校保健安全法施行規則に定められた学校において予防すべき感染症のこと。例えば，結核，インフルエンザ，麻疹（はしか），流行性耳下腺炎（おたふくかぜ）等が挙げられる。感染症にかかっている，またはかかっている疑いがある，或いはかかる恐れがある児童生徒がいる時，学校長はこれを出席停止にすることができる。

実習校の話をしていたところ，その内容が第三者の耳に入り，その学校に対する誤解から，その第三者が実習先の学校に苦情の連絡を行った事例があったという。また，子どもと一緒に撮った写真を公開することで学校やその子どもが特定されることも十分に起こり得ることである。自分としては，仲間内だけに公開したつもりでも，結果として世界中に情報が拡散する危険性があるのである。なかには，そのようにして特定された子どもに接近してこようとする人が現れて，その子どもが危険にさらされる可能性が生じることがないともいえないのが現代の社会の現実でもある。学校に集う子どもや教員の安全を守るためにも，個人情報の保護や守秘義務が必要であるという意識をしっかりと持ち，軽率な行動はとらないということを日頃から肝に銘じておく必要がある。

2　実習校の情報収集

［1］　実習校での事前打ち合わせ

　教育実習に臨むに当たり，その少し前の時期に教育実習校に赴き，改めて，管理職，教育実習の担当教員や指導教員と顔を合わせ，打ち合わせをする事前打ち合わせの機会をもつことになる。一般的には，教育実習が始まる1〜3か月程度前にそうした機会が設けられることが多いようであるが，その時だけでなく，必要があれば，実習校の迷惑にならない範囲で，それ以外の日にも実習校を訪問することは可能であると考えてよい。学校によっては，積極的であると喜ばれる例もある。とはいえ，その場合には，必ず事前に実習校の都合を確認し，訪問日を相談しておくことが必要である。実習校との事前打ち合わせの際には，実習生が直接実習校に出向いて，学校の雰囲気や子どもの様子などにもふれながら，実習に必要な情報提供を受けることになる。従って，その際には，不明な点については積極的に質問もしたりして，自分にとって必要な情報を漏れなく収集したり，必要な事項を正確に確認しておくことが必要である。

［2］　実習校での生活や職務に関する情報収集

　まずは，1日のスケジュールを確認しておきたい。出退勤時間や自分が担当する授業や学級会・HRの時間割，実習校での指導担当教員や他の実習生の授業等を参観できる時間，参加する活動（朝の会，帰りの会，給食，掃除，部活動等）が展開される時間等，時間軸に沿って1日のスケジュールを確認しておくことが必要である。実習中は，原則的には，公共交通機関を利用して通勤することが多いが，許可されている通勤手段を確認し，公共交通機関を利用する場合には，通勤経路や所要時間なども確認しておく必要がある。また，出勤簿が

置かれている場所，朝の集合場所，職員室，実習生控室，教室，保健室，教育相談室，印刷室，トイレ等の，実際に利用する，或いは，利用する可能性のある施設などの校舎内の空間配置も確認しておくとよい。他にも，使用する教科書，昼食（給食のある学校もあるが，そうでない場合どうするか），欠勤，遅刻，早退の場合の連絡・手続き方法，火災や台風，事故等の緊急時の対応や連絡方法などの安全管理に関する情報等も確認し，平常時，緊急時の際，どこで，どう過ごすのかという1日を過ごす学校空間に関するイメージを掴んでおくことが必要である。更に，教育実習期間全体のスケジュールも把握しておくことも必要である。実習開始日や終了の日，自分が担当する授業の時間割や最初に担当する日はいつからか，研究授業はいつになるのか，その期間中に何か学校行事等はないか，といったことも確認しておく必要がある。

③　学校や学校種ごとの情報収集

　竹村ら（2018）は，中学校と高校における教育実習生に対する評価を検討し，ともに，学習指導に対して期待するところが大きいが，高校に比べ，中学校の方が，学級経営や生徒指導に力を入れて取り組むことに対する期待が大きいことを報告している。このように，実習生が実習に行く学校によって，子どもの発達段階や学校種の違いによる教育活動の重点の置かれ方に違いがあるので，実習校に関する基本的事項（例えば，学校規模や地域の特徴等）や教育活動の特色（育てたい子ども像や特色ある取り組み等）などについて理解を深めておくことが，円滑な教育実習を進めていくうえでは欠かせないと言えよう。幼稚園でいえば，環境構成が重要になるが，園庭の状況（面積や舗装されているか，砂場の有無，等）や教材・教具（絵本，積み木，玩具等）の準備状況などを把握しておくことが必要である。幼稚園実習参加者に保育技能（ピアノ，歌，手遊び，絵本等）に関する心配があることが報告されているが（市原，2017），保育内容や1日のスケジュールについても十分に把握し，準備をしておくことが求められる。また，小学校，中学校では，給食の指導をする機会があったり，中学校，高校では部活動の指導をする機会があったりと，学校種，或いは，同じ学校種でも学校によって取り組む実習内容がすべて同じというわけではないので，学校要覧やホームページ，また，事前指導，直前指導の機会などを通して，求められている，あるいは体験が可能な実習内容を確認しておくとよい。

3　授業の準備

1　授業担当範囲の把握

　実習校訪問の際，指導教員との打ち合わせがある。それ以前に指示される場合もあり得るが，授業の進度との兼ね合い等から，多くの場合，事前打ち合わせの際に，授業の担当範囲が明らかになることが多いであろう。授業の担当範囲がわかり次第，なるべく早く，使用している教科書を入手し，教育実習で担当する予定の範囲が含まれる単元全体に目を通し，担当範囲の位置付けを把握しながら，授業デザインを構想することが必要になる。同じ単元を担当するにしても，ある単元全体を担当するのか，単元の導入部分を担当するのか，指導教員が単元の導入的な個所を終えたところを引き継いで展開していくのか，といったことを理解して臨むことが出来るとよい。

▷3　単元
単元とは，いくつかの教材や活動で構成された一連の学習活動をいう。

2　学習指導案の作成

　実習が始まるまでに，少なくとも第1回目の授業の指導案を作成しておくこが大切である。可能であれば，担当する箇所全体の授業デザインを考えておけるとよい。実習前に指導案の書き方の練習は積んでいると思うので，担当個所が明らかになった時点で，指導案の作成に取り組むことは可能なはずであり，是非とも完成させておく必要がある。というのも，作成された指導案が完璧で，それ以上改良の余地がない状態に仕上がっているということは現実的には稀なことであり，指導教員から何らかの指導が入るはずだからである。その時に，指導案が出来ておらず，口頭だけで説明されたとしたら，指導担当教員は，実習生が行いたい授業について十分なイメージをもちにくく，また，指導方法に関しても具体的なアドバイスをしにくいことになる。指導教員とやり取りを繰り返し，そこでのアドバイスを生かしながら，よく練り直されたものが，一定水準を満たした指導案となり，それが，よりよい授業につながっていくと考えておいた方がよい。指導教員のアドバイスを受けながら指導案は練り直されていくものではあるが，アドバイスが戴けるのだからと手を抜いた指導案を作成し，あとはお任せするのでよろしく，というようなことは許されないのは当然のことである。今ある知恵を振り絞って真剣に取り組んでほしい。授業は実習校でしかできないが，指導案の作成は，実習前に，担当箇所がわかっていれば作成できるはずのものである。実習期間中は，実際に子どもとともに過ごす時間が大事であるし，授業の結果を踏まえた指導案の練り直しなどに時間を取られることも多くなるので，すべての担当授業の指導案を作成しておく

にこしたことはない（学習指導案の構成要素については，第3章を参照のこと）。事前打ち合わせの時に，担当する学級・HRや子どもの学習状況に関する情報を確認できていれば，既習事項や授業への取り組みの姿勢等といった子どもの実態などがより明確になっている状態で指導案を作成することができる。その子どもたちが，目を輝かせて，知りたいこと，疑問に思うことを探究できるような時間を作り出していくためにも，実習生自身が教科内容について幅広い知識をもち，理解を深めておくことや，子どもの実態を踏まえながら，子どもに身に付けさせたい力を明確にし，どのような教材を用いて，どのような方法で（例えば，対話を重視して）学習を進めていくのか，しっかりとしたデザインをすることが求められる。指導案は，そのデザインを具現化したものとも考えられ，その作成は容易な作業ではないが，真剣に取り組んでいくことが，よい授業実践への第一歩であると信じて取り組んでいってほしい。

4　板書計画

指導案作成と併せて，板書計画も作っておくとよい。具体的には，指導の流れ（導入─展開─まとめ）や子どもの思考の流れを意識しながら，子どもの発達段階を考慮しつつ，どの順番で（いつ），どんな内容を，どの程度（分量），どの位置に，どう書くか（文字の大きさや色，記号や図の利用による構造化等）ということを考え，作成できるとよい。指導案に基づく授業の流れに即して板書計画を考えることが多いと思われるが，板書計画を作成していく過程で，1時間の授業の流れをイメージすることや，子どもと共有したい情報は何か，強調したい内容は何かといったことがより明らかになってくることもよくあり，指導の計画をよりよいものにしていくうえでも役に立つ。また，よい板書ができると，子どもにとっても，学習の流れがわかる，概念等の構造がわかる，視覚的なイメージで理解が深まるといったことが生じて，子どもの思考が整理され，思考の深化を促すうえでも有効であるとされているので（大坪・東畑，2012），事前に板書計画を練っておくことも大切なポイントになる。

5　教材・教具の用意

教科指導の担当個所が確認でき，教材研究や指導案の作成に取り組むに当たっては，教科書も入手しておく必要がある。学校教育法で「文部科学大臣の検定を経た教科用図書又は文部科学省が著作の名義を有する教科用図書を使用しなければならない」ことが定められている通り，教科書は，授業をするうえで欠かせない教材である。教科書の担当箇所にはよく目を通し，指導案の作成

等に活用するとよい。また，指導目標を達成するために，どのような教具があればより効果的に教えることができるのかということをよく考え，指導案や板書計画の作成に合わせて，黒板に掲示する資料等や実物，模型，配布プリントなども予め用意しておくことが役に立つ。すなわち，子どもに興味をもたせたり，理解を深めさせたりするうえで有効に働くような教具等を準備することが大切である。教具を準備する際には，それがどんなものか（形や材料，大きさ，文字情報を含むか，図形的かキャラクター的か等），誰が使うか（教師か子どもか），どう使うか（主役になるのか補助的に使うのか等），いつ使うか（どのタイミングで提示するか），なぜ使うのか（動機付けとして，視覚的理解を深めるため），どこで使うか（黒板に貼るのか，さわらせたり子どもたちの間を巡回させたりするのか）といった５Ｗ１Ｈを踏まえておくことが大切である。

6　学級経営や授業場面以外での指導

1　自己紹介

　教育実習生は，指導教員や自分が担当する子どもたちに向かって，自己紹介をする機会が必ずある。自己紹介は，自己に関する情報を相手に開示するという点で，自己開示[4]の一種と考えられるが，これまで，自己開示をしながら授業を行うことで授業がネガティブな方向に変化することが抑制されたという報告（市川・田中，2000）や，適切なエピソードによる自己開示が子どもの心を開きコミュニケーションを促進するという報告（細川・本間，2014），自己開示する教師と子どもの心理的距離が近いといった報告（山口，1994）がなされてきた。こうしたことから，自己開示の一種と考えてよい自己紹介は，他者との良好な関係性を築くうえで一定の有効性をもっていると考えられるので，何を話すかよく考えて準備をしておき，当日に備えておくとよい。自己紹介の機会としては，学校訪問時や実習初日の職員室等での顔合わせの時などの教師に対して行われるものと，実習初日の全校集会での顔合わせの時や初めてクラスで授業をする時など子どもに対して行われるものがある。自分を知って戴くという点から考えると，相手によって多少の違いはあるだろうが，自己の属性（名前，出身校や学部，卒業生かどうか）や担当教科・担当クラス，教育実習に対する自分の思い等は伝えておきたいところである。また，相手との良好な関係を築くことを考えれば，笑顔で，聞き取りやすいよう（声の大きさ，話す速度等），簡潔に話す練習をしておくとよいであろう。その他にも，子どもが自分の生き方を考えるうえで参考となるような学校時代のエピソード，また，自分の人となりを理解してもらえるような趣味や取り組んでいる活動などを伝えることもでき

▷4　自己開示
自分に関する情報，例えば，感情や考え，生い立ちや現況を，言葉を介して表明すること。

ればいいだろう。また，ある意味では，相手と接するすべての時間が自己紹介となっていることも覚えておくとよい。実習生が見せるちょっとしたしぐさや何気ない一言に，実習生の人間としての温かみを感じることもあれば，上から目線の嫌な感じを覚えることもあり得るわけで，自分の一挙手一投足がすべて，自分のことを紹介（開示）していると考えておくとよい。

2　子どもとのかかわり

　実習校訪問の折には，担当教員との顔合わせの他，担当学級参観などの機会が設けられていることも少なくない。そうした直接的な観察の機会を利用するとともに，指導担当教員に尋ねるなどして，実習校の子どもたちの実態や学校全体の雰囲気をつかんでおくことが大切である。朝食を食べて来ない子どもはどれくらいいるのか，学級のまとまり具合やトラブルの発生状況はどうか等，個々の子どもの状況や学級集団の状況を頭に入れておくことで，より円滑に子どもたちとのコミュニケーションを図ったり，集団にかかわっていけるようになると考えられる。その際，自分のコミュケーションの取り方の特徴を再確認しながら，子どもとのコミュニケーションを図る工夫を考えておけるとよい。例えば，叱ることが苦手だったら，その分褒めようとか，厳しい言い方ではなくても「ダメなことはダメだよ」と伝える努力をしようといったことである。また，学級の1日のスケジュールも確認し，自分の動き方や取るべき役割の心づもりができているとよい。例えば，朝の会や帰りの会（SHR）ではどのようなことが行われているか（出欠確認，連絡事項の伝達，配布物の配布等），給食や昼食の指導はどのようになされているか（準備や片付けのルール，アレルギー食材の配慮や食べ残しへの対処等），清掃指導はどうなされてきたか（担任も一緒に掃除をするのか，コミュニケーションの機会として生かす等），休み時間や放課後の子どもの状況や子どもとのかかわりはどうか（教師とも一緒に遊んだり話しをしたりしてコミュニケーションを深める，個別相談の機会をもつ，勉強の苦手な子どもの補習をする等）といったことを確認し，それぞれの場面で，自分がどのように子どもとかかわっていけるのか，どんな準備をしておけばよいのかといったことを考えておけるとよいであろう。

Exercise

① 学校要覧やホームページを参考にしながら，自分の実習先の学校の教育目標や教育方針，特色ある取り組みなどを確認しておこう。

② 教育実習初日のスケジュールや，実習期間中に教育実習生に求められる行動，服装，言葉遣い等について話し合い，具体的イメージをもっておこう。

③　授業や学級・HR経営，子どもとのかかわりなど実習期間中に取り組む職
務を遂行するうえで，気になることや心配なことを話し合い，一定の対応策
を考えておこう。

📖次への一冊

東山紘久『プロカウンセラーの聞く技術』創元社，2000年。
　　学校で出会うさまざまな人たちとよい関係を作るうえで，相手の話をきちんと聞く
　　ことが重要な役割を果たす。具体的に，相手の話を上手に聞くための具体的な手掛
　　かりをたくさん提供してくれる。
東山紘久『プロカウンセラーのコミュニケーション術』創元社，2005年。
　　学校で出会うさまざまな人たちとよい関係を作るための，コミュニケーションの取
　　り方について，具体例を豊富に上げながら，手掛かりを提供してくれる。
河村茂『学級経営に生かすカウンセリングワークブック』金子書房，2006年。
　　学級を担任する時や，子どもや保護者，同僚教師とかかわる際に確認しておくべき
　　視点，実際に仕事を進めていく際に生じやすい困難事例の理解や対応等がわかりや
　　すく示され，教師が周囲の人たちと上手にかかわっていくための手掛かりをわかり
　　やすく提供してくれる。
田村学『授業を磨く』東洋館出版，2015年。
　　さまざまな学習活動の例を示しながら，知識や技能の習得にとどまらず，子どもた
　　ちが意欲的に取り組みながら思考力・判断力・表現力等の能力を育成できるような
　　授業を作っていくための手掛かりを与えてくれる。

引用・参考文献

細川裕司・本間芳樹「教育実習生の力量形成のための話法の研究──コミュニケーショ
　　ンの向上のための工夫について」工学教育研究講演会講演論文集，第62回年次大会，
　　2014年，450〜451ページ。
市川公雄・田中雄三「教師の自己開示が生徒との人間関係の意及ぼす影響」鳴門生徒指
　　導研究，10，2000年，18〜31ページ。
大野木裕明・宮川充司「教育実習不安の構造と変化」教育心理学研究，44（4）1996
　　年，454〜462ページ。
大坪治彦・東畑貴昭「教師の板書計画とノート指導に関する一考察」鹿児島大学教育学
　　部研究紀要．教育科学編，63，2012年，107〜119ページ。
竹村精治・菅井悟・高橋伯也「教育実習生の現状と課題──教育実習校による評価を通
　　して」東京理科大学教職教育研究，3，2018年，107〜114ページ。
山口正二「教師の自己開示生徒心理的距離に関する研究」カウンセリング研究，37，
　　1994年，126〜131ページ。

第6章
教育実習の実際

〈この章のポイント〉

　教育実習が始まり学生ではなく教師という立場で実践の場に臨むことは，教師を目指していく者にとって楽しみなことであろう。しかし，一方で自分にどれだけできるのだろうかという不安も抱えているに違いない。少しでも実習全体に見通しが持てるようにするために，実習の流れや特に配慮するべきことなどについて知っておくことが大事である。そこで本章では，実際の教育実習が一般的にはどのような流れで実施されるのかを示していく。また，実習校の教職員とのコミュニケーションの取り方，実習日誌の記入についても述べていく。

1　3週間の教育実習の流れ

　教育実習は取得する教員免許状の種類によって必要な単位数が異なる。そのため，必要な単位数に応じて実習期間はおよそ2週間から4週間までの間で設定されることになる。ここでは3週間（15日間）の場合を想定して，その一般的な教育実習の流れについて述べていきたい。

　3週間の一般的な流れを示すと表6-1（茨城大学教育学部教育実習委員会編「教育実習の手引き2019」をもとにして著者が作成）のようになる。

1　第1週の実習

　第1週は，学校での教育活動が日々どのように行われているのかを観察することが実習の中心となる。教育実習前にも事前指導や他の学修で学校を訪問し，教育活動の様子を参観する機会はあるかもしれない。しかし，自分が「教師」であるという意識をもって臨む教育実習で，本格的に学校現場に入っていく経験は初めてになるだろう。学修してきた理論的な内容が実際の現場でどのように行われているのか，学修してきたことがどのように生かせるのかなどを実践のなかで学んでいくうえで，学校現場の実態を知ることはたいへん重要である。それらを知るための観察が第1週の課題である。

　それではいったい何を観察すればよいのだろうか。

　その答えは，朝登校してくる児童生徒を迎えるところから，1日の活動が終了し下校するところまでのすべてである。1日の学校生活を見てみると，授業

表6-1　3週間の教育実習の流れ

週	実習の目標	日	実習内容
第1週	○実習の目標・計画・方法を理解し，実習への心構えをかためる。 ○学級経営者としての心構えを持ち，児童生徒との人間関係づくりに努める。 ○基本的な授業の流れ，学習指導案作成の意義と方法がわかる。	1	・教育実習開始式 ・講話（学校経営，学級経営など） ・実習計画の作成
		2	・授業観察 ・生徒指導，学習指導について ・授業実習教科の授業内容打ち合わせ
		3	・授業参観 ・各教科，道徳科（小・中学校）の指導について
		4・5	・授業参観 ・学習指導案の作成について ・教材研究
第2週	○各教科や道徳科の学習指導案を作成し，授業を実践する。 ○授業を実践するために必要な基本的な指導技術を身に付ける。 ○児童生徒との関係を深め，必要に応じて適切に指導する。	6〜8	・教科の授業実習 ・授業参観 ・授業実習の反省と指導（指導技術・指導方法についてなど） ・教材研究
		9・10	・道徳科及び教科の授業実習 ・授業参観 ・道徳科授業の反省と指導 ・研究授業についての打ち合わせと教材研究
第3週	○学習指導案を自立的に作成し，それに基づいて授業を進める。 ○学級経営者としての職務を理解し，実践する。 ○3週間の実習を振り返り，成果と課題を整理し，教育者としての使命感を高める。	11・12	・授業実習 ・授業参観 ・研究授業学習指導案の作成と準備
		13	・研究授業 ・研究授業反省会（研究協議・指導）
		14	・「一日学級経営」の実施 ・「一日学級経営」の反省と指導
		15	・教育実習終了式 ・教育実習全体の振り返り

が学校の教育活動の中心であることは間違いないが，それ以外にも朝や帰りの学級活動（SHR），給食（昼食）の時間，清掃の時間，休み時間などさまざまな時間がある。授業以外の時間で見せる児童生徒の姿からその実態を把握しておくことは，やがて授業を自分が行う際にも必ず生きてくる。また，学級担任がどのような考えに基づいてどのように学級を経営しているのかを観察することも重要である。具体的に言えば，どのように児童生徒理解を進めているか，どのような学級集団をつくろうとしているか，そのためにどのような環境づくりに取り組んでいるかなどである。さらに，学級担任としての事務的な仕事について知ることも大事である。

　次に，どのように観察すればよいのだろうか。まず大切なのは観察する対象である。例えば，授業を観察するときに，教師のことばかりを見て，教師の発

話ばかりを記録して，児童生徒のことをほとんど見ていない人がいる。教師が授業でどのように発問するか，児童生徒の発言をどのように取り上げ話合いをコーディネートするかなども大事である。しかし，学習者である児童生徒がどこに興味を示し，どこでつまずき，どのように学んでいるかを見なければ，教師の手立ての何がよかったのかはわからない。重要なのは児童生徒を観察することである。児童生徒の行動，発言，つぶやき，表情，態度を細かく観察し，それらの要因となる心の内面まで探ろうとして見ることが大事なのである。

　授業以外の部分については，単なる傍観者として観察するのではなく，児童生徒と共に活動しながら観察するようにしたい。休み時間には積極的に児童生徒との交流を深め，人間関係づくりに努める。師弟協働，率先垂範という言葉があるが，給食（昼食）や清掃の時間には，教育実習生も共に汗を流して人間的なふれ合いを深めながら，そのなかで児童生徒を観察し必要に応じて指導・支援していく姿勢が求められる。

２　第２週の実習

　第２週になると，観察だけではなく参加することが実習の中心になっていく。第１週にインプットしたことを，少しずつアウトプットしていくのである。授業を観察するだけでなく，補助の形でT.Tとして児童生徒にかかわっていくこともある。学習指導案を作成して授業実習を行うことも始まる。小学校であれば，通常は複数の教科の授業実習を行うことになる。中学校や高等学校では，専門とする教科にはなるが複数の学級で授業実習を行うことになるだろう。実践した授業についてはその都度自分で振り返り，さらに指導教員からの助言や指導を受けることになる。指摘された問題点を修正し改善しながら，第３週目に行う研究授業に向けての実践を重ねていくのである。それと同時に，第１週目から行ってきた授業観察も続けていくことになる。自分で授業をしたからこそ授業観察の視点が明確になり，児童生徒や教師の見え方が変わることで，より深い授業づくりにつながっていくのである。

　授業以外の活動においても，児童生徒一人ひとりに対する理解や交流が深まり，その実態についてもかなり理解が深まるようになる。第２週目においては，さらに観察を中心としたものから積極的に参加し実習生自身が実践するものに移行していく。朝の会や帰りの会（SHR）で児童生徒の前に立って話をしたり，給食（昼食）の時間や清掃の時間には，学級担任に頼らずに児童生徒を指導したりしていかなければならない。第１週から続けてきた，児童生徒と共に活動し交流を深めながら観察，実態把握に努めることを意識しつつ，教師という指導者としての意識を高めて実習に取り組んでいく時期でもある。

　第3週は，そこまで重ねてきた実践を通した学びを生かして，授業実践やそれ以外の教師の業務に主体的に取り組んでいけるようにするためのまとめの週である。

　まず，授業実習の集大成として研究授業が行われる。教育実習における研究授業は，「参観者となる学校内の先生方の目で，教育実習期間を通して行ってきた授業実習の成果を確認・評価しながら，今後改善すべき課題等を明らかにし，なおいっそうの学びの深化を促すものとしてとらえなくてはならない」（昌子，2019，24ページ）と言われている。 2 でも述べたように，授業実習を重ねるなかで一つ一つ問題点を修正・改善してきたことを生かして，研究授業では自立して授業を行うようにしていかなければならない。つまり，それまでは指導教員の力を借りて学習指導案を作成し指導方法の細部にわたって計画段階から助言をいただいて授業を行っていたことを，研究授業では，自分が学んできたことを総動員して授業を立案し実践するということである。さらに，研究授業をすることで終わるのではなく，またそこから課題を見つけ教育実習後の学修や研究につなげていくことが重要なのである。

　次に実習のまとめとして多くの実習校で行われることが，「一日学級経営」である。「一日学級経営」とは，教育実習生が，担当する学級の担任という立場で朝から帰りまでの1日の業務にあたることである。小学校では，1日の授業をすべて行うのはもちろんのこと，朝の会における健康観察や諸連絡，宿題や提出物の確認，給食指導や清掃指導，休み時間の指導，配付物の確認と配付，次の日に向けての諸連絡など，学級担任としての職務のすべてを行う。中学・高等学校においても，授業は教科担当となるが，朝の会から帰りの会（SHR）までの間を一人の学級担任としての業務に当たる。学校での1日が予定通りに何事もなく過ぎるとは限らない。友達とのトラブル，けがや病気などの体調不良などの不測の事態が起きた場合，教育実習生とはいえある程度対応していかなければならない。教育実習で学んできたことすべてを実践につなげていくことが求められる。まさに教育実習の学びの総括と言えよう。教師としての1日を本当の意味で体験し，職務のたいへんさや責任の重さと同時にそのやりがいを改めて実感する機会になるだろう。

2　教育実習の1日の流れ

　学校生活というものは1日たりとも同じ日はなく，児童生徒にとっても教師にとっても毎日が新鮮で新しい発見の連続である。それは教育実習の3週間も

表6-2　1日の指導の場と方法

時　間	児童の活動	教育実習生
始業前	・登校 ・荷物の整理 ・連絡帳，宿題等の提出 ・係活動や自由遊び	・余裕をもって出勤し，児童を迎えて挨拶 ・窓を開けるなど環境を整える ・児童の観察と指導 ・教育実習日誌の提出
朝の会	・日直が朝の会を進行	・全体の観察と指導 ・日直の児童への指導 ・一人一人を見ながら健康観察 ・諸連絡と話
1，2校時の授業	・学習準備（教室移動） ・1校時の授業 ・授業間の休憩 （トイレ，教室移動，学習準備） ・2校時の授業	・学習準備や教室移動の指導 ・授業観察 　（児童の活動，発言，つぶやき，反応，表情など。教師の発問，行動，板書 　事項など） ・休憩時間の指導
中休み	・晴天時は外遊び ・雨天時は室内で過ごす	・児童とともに遊ぶ ・児童の観察 ・安全への配慮
3，4校時の授業	・1，2校時と同様	・1，2校時と同様
給食	・給食の準備 ・食事 ・後片付け ・歯磨き	・身支度を整え，当番の児童の手伝いと指導 ・当番以外の児童への指導 ・グループに加わって食事 ・食事中のマナーの指導 ・全体及び当番の片付けの指導 ・歯磨きの指導
昼休み	・自由遊び	・中休みと同様
清掃活動	・清掃場所への移動 ・清掃活動	・自ら働くことによって指導 ・児童の手のとどかない所や危険を伴う所の清掃 ・働かない児童への指導 ・後始末の点検
5，6校時の授業	・1，2校時と同様	・1，2校時と同様
帰りの会	・日直が帰りの会を進行 ・連絡帳の記入	・全体の観察と指導 ・話（よい行為へのほめ言葉，明日の連絡，下校時の注意など）
放課後	・係活動 ・補充学習 ・日直は教室の整頓	・児童とのふれ合いと指導 ・日直の児童への指導 ・児童の見送り ・1日の反省 ・授業実習の振り返りと指導教員からの指導 ・教材研究 ・教育実習日誌の作成

同様で，予定していたことだけではなく想定外の出来事も含めて毎日さまざま
なことが起こるものである。教育実習生の立場から1日を見たときに，どのよ
うな時間や場面でどのような指導が必要になるのだろうか。1日の流れは小学
校や中学校，高等学校などの学校種によって，また同じ学校種であってもそれ

ぞれの学校によって異なってくるのは当然のことであるが，ここでは，ある小学校の例を表6-2（茨城大学教育学部教育実習委員会編「教育実習の手引き2019」をもとにして著者が作成）に示すこととする。

3 実習校の先生方とのコミュニケーション

　教師の仕事は，児童生徒，保護者，同じ学校の同僚，学校関係機関の方，地域の方など多種多様な人とかかわる場面が多いことが，ひとつの特徴として挙げられる。したがって，教師には人とのコミュニケーションを円滑に進めていく能力が求められるのである。教育実習においても，自ら進んでコミュニケーションをとりながら情報共有を図ったり人間関係を深めたりすることが，実習を通した学びを深めるうえでも重要になってくる。教育実習中に保護者や地域の方，学校外の関係者などと接する機会はほとんどないだろうが，児童生徒はもちろん，実習を行う学校の先生方とは積極的にコミュニケーションをとっていきたいものである。

　それでは，実習校の先生方とどのようにコミュニケーションをとっていけばよいか，配慮すべき点は何か，以下述べていきたい。

　1　コミュニケーションは挨拶から

　どのようにすれば先生方と円滑にコミュニケーションをとれるのだろうか。まずは，自分から挨拶をするように心がけることである。コミュニケーションのスタートは挨拶である。挨拶なしでは会話は生まれない。まずは朝出勤した時や帰りの退勤時に，明るさと元気のある挨拶をしていきたい。

　また，直接指導していただく配属学級の指導教員，教科担当の指導教員だけでなく，実習校のすべての先生方に進んで挨拶することを忘れてはいけない。校長先生をはじめとして実習校のすべての先生方に，何らかの形でかかわっていただきお世話になっているのである。心を込めた挨拶を通して，感謝の気持ちを伝えることが大切である。授業を参観させていただいた時，講話をいただいた時，助言や指導を受けた時など，感謝を伝える挨拶を欠かしてはならない。

　2　報連相確（ホウ・レン・ソウ・カク）

　学校教育の現場では，以前から報告，連絡，相談，確認（報連相確）の重要性が叫ばれている。最近では，「チーム学校」という考え方も浸透してきており，学校の教職員が全員で一丸となって物事に取り組んでいくことのみならず，保護者，地域の方，教育関係の専門家，教育関係機関など学校外の方々と

も連携・協力して学校を運営していくことが強く求められている。「チーム学校」実現のためにも，報連相確の徹底は必要である。

　実習生としては，実習の内容に関すること，実習の予定に関すること，児童生徒の情報に関することなどについて，担当の指導教員と密に連絡を取り，できる限り早く相談をするなどして，報連相確の徹底に努める必要がある。実習内容に関する相談や確認を怠れば，十分な指導を受けることはできず次の実践に生かすこともできなくなる。予定の確認が十分でなければ，授業実習などへの準備も不十分になってしまう。また，児童生徒の情報に関する報告や相談を忘れたり遅れたりしてしまうと，それが原因でトラブルに発展してしまう恐れもある。自立的に自分の力で授業実習や生徒指導に取り組むことは大事なことではある。しかし，自分の力だけで解決しようと思い込みすぎて，一人で悩んでいたり相談せずにいたりすることは，マイナスの結果になることも多く，自分の成長にもつながらない場合が多い。報連相確をしっかりと意識し，一人だけで抱え込まないようにすることが大事である。

3 　積極的に助言，指導を受ける姿勢

　現在，教師の長すぎる勤務時間が問題視されている。指導教員にとって実習生を指導することは，通常の職務に加えて取り組んでいかなければならない部分になる。教育実習期間であっても出張や会議などもある。まさに，指導教員が多忙な状況のなかで，いかにして実習生を指導する時間を確保していくかは大きな課題なのである。そういった状況を踏まえつつ，短い時間を有効に活用して十分な指導を受け，充実した教育実習にしていくためには，実習生のほうから積極的に助言や指導を求めていかなければならない。報連相確を発揮して指導教員の予定を把握し，可能な時間に合わせて自分から指導を受けに足を運ぶ姿勢が大事である。さらに，指導されたことを自分でもう一度整理し，問題点を少しでも次の実践で改善することができるように研究を深めることが大切である。こういった姿勢があるかないかが，教育実習を通して自分を成長させることができるかどうかにかかわってくるのである。

4 　教育実習日誌

　教育実習期間は毎日，教育実習日誌への記録を行う。教育実習日誌を書く教育的な意義は何か，何をどのように書けばよいのかについて述べていきたい。

1 　何のために書くのか

　教育実習日誌は，教師という意識で教育実習に臨み教師としての第一歩を歩

み始めた記録を残し，指導教員からの助言をいただきながら教師になるための成長につなげていくもととなる大切なものである。そのために，その日の実習で取り組んだことを振り返り，自らを反省し教育活動に対する感想や研究的な考察を記していくのである。書くことを通して日々の学びを整理し，自らの課題を発見し次の学びへとつなげていくという重要な意味をもっていると言える。改めてその意義を整理すると，以下のようなことが考えられる。

- ・教師として必要な気付きや課題を明らかにする。
- ・実習の1日1日を大切に過ごし，自分の成長を確かめる。
- ・実践したことを省察し，学んできた理論を再構築する。
- ・日々の実習への取り組み，感想や考察について，指導教員からの助言，指導をいただく。
- ・大学の担当教員に教育実習の様子や成果，課題等を伝える。

2 何を書くのか

何を書くのかは大学ごとに定められており，日誌そのものの名称もさまざまである。一般的な例として以下のような内容が考えられる。

① 実習生の情報
- ・氏名，所属，担当教科，自己紹介等
- ・実習の抱負や目標

② 日々の実習日誌
- ・時間に沿った1日の具体的な実習内容
- ・1日の振り返り，反省と省察，課題等

③ 授業観察記録
- ・参観した授業における授業者の発問等と学習者の反応
- ・授業の感想や疑問等

④ 児童生徒の観察記録
- ・個人及び集団としての観察記録
- ・観察した事実についての感想と疑問等

⑤ 講話の記録
- ・受けた講話の内容と感想

⑥ 学習指導案と授業実習の記録
- ・授業実習で作成した学習指導案
- ・指導教員からの助言，指導
- ・授業実習の成果と課題等

⑦ 総括的な成果と省察
- ・実習全体を通じての反省，成果等

・今後の学修に向けての課題

[3]　どのように書くのか

　教育実習日誌は，実習生が自分だけのために書き留めておく単なるメモではない。[1]でも述べたように，指導教員や大学の担当教員にも読んでいただき，自分自身の成長につなげていくためのものである。したがって，相手意識をもって書くことが求められる。具体的には，以下のような点に留意して書くようにしたい。

・実習ノートを用意し，観察，実践したことや指導教員から助言，指導していただいたことをメモしておき，その内容をもとにして記述する。
・観察したことや授業実習などの具体的な事実に基づいて気付いたこと，考えたこと，悩んだことなどを記述する。
・個人的な考えに偏りすぎないように，指導教員からの助言，指導はもちろん他の実習生の考えにも耳を傾け，謙虚に多様な捉え方や考え方を取り入れて記述する。
・正しい丁寧な文字で書く。

　やがて教師となってから課題や難問にぶつかったときなどに，教育実習日誌を改めて読み直し，教師を目指して初めて児童生徒の前に立ったときの新鮮な感動や熱い気持ちに戻る。そのような足跡となる教育実習日誌を作成していきたいものである。

Exercise

①　自分自身の教育実習の目標を，週ごとに分けて考えよう。
②　短期間で児童生徒との関係をつくるために，どのように取り組めばよいか考えよう。

📖次への一冊

和歌山大学教職大学院『教師になる「教科書」』小学館，2018年。
　授業づくりや学級づくりに関する理論と具体的な実践について，わかりやすく書かれている。若手教員を対象にしているが，教師を目指す学生にとっても大変参考になる一冊である。
澤井陽介『学級経営は「問い」が9割』東洋館出版社，2016年。
　教材研究にどれだけ力を注いでも授業がうまくいかないことはある。授業の基盤となる教師と児童生徒の，また児童生徒同士の関係づくりが重要であることを実感で

きる一冊である。

引用・参考文献

土井進『テキスト中等教育実習「事前・事後指導」』ジダイ社，2017年。
福岡教育大学教育総合研究所教育実践ハンドブック編集委員会「教育実践ハンドブック
　　──教育実習の手引き──」2013年。
茨城大学教育学部教育実習委員会編「教育実習の手引き2019」2019年。
昌子佳広「教育実習で何をするのか」小川哲哉編『学校現場の理解が深まる教育実習』
　　あいり出版，2019年，24ページ。

第7章
学級経営に参加するために

〈この章のポイント〉

　本章では，学級経営に参加する際に必要となる児童生徒理解とコミュニケーションや個人情報保護について解説する。「学級経営」が指す内容は教員や研究者によって意見の相違があるため，その捉え方について複数の観点を提示し解説する。そして，学級経営の基盤となる多様な側面からの児童生徒理解の必要性について学ぶ。加えて，学校現場に入るうえで避けることのできない個人情報保護の観点を学び，学級に入るうえでの基礎知識について理解したい。

1　児童生徒理解とコミュニケーション

1　学級経営とは

　日本の学校教育において，学級という単位は非常に大きな位置を占めてきた。児童生徒は学校において大半の時間を学級で過ごしている。教科指導も教科外の指導も学級単位で受けることから，「学習集団」としての学級を見て取れる。一方で，児童生徒同士が人間関係を構築し，心理社会的な成長を得る場という「共同体」としての学級もまた見て取れる。こうした両側面が，日本における「学級」という場の特徴である（河村，2010，12〜16ページ）。

　このような学級における教育活動を指す言葉として，「学級経営」は用いられる。しかし，教育活動のうちどの範囲を指すのかについての捉え方は，教員や研究者によって見解がさまざまであり，学級づくりなどの類語もある。そこで，まずは「学級経営」ということばが指す意味内容について捉えてみよう。

　学級における指導を教科指導と教科外指導に大別したとき，これらの力点の違いによって，学級経営の意味内容は下記のように整理されてきた（下村，1990，91〜93ページ）。

① 教科指導の効果を上げるための条件整備（学級経営・機能論）
② 教科指導を除いた学級における教育活動（学級経営＝経営主体活動論）
③ 教科指導も教科外指導もすべて含んだ学級における教育活動の総体（学級教育＝学級経営論）

▷1　学級づくり
一人ひとりの子どもたちの生活現実に即した指導を目指す生活指導を重視する立場で用いられる語であり，自治的な人間関係や協働活動の成立を目指すものである。集団づくり論としては二つに大別できる。一つは大西忠治の「班・核・討議づくり」に代表される，全国生活指導研究協議会（全生研）における「学習集団づくり」である。もう一つは，「支持的風土」などを鍵概念にした，集団主義教育批判としての片岡徳雄らの「個を生かす集団づくり」である。

```
                                   1年間
```

```
┌─────────────────────────────────────────────────────────────┐
│ 4月                                                      3月 │
│                                                              │
│        【偶発的領域】                                         │
│        問題解決と学校文化の創造                               │
│        (児童生徒の自主的実践的活動，自律や自治へ)             │
│        問題解決：児童生徒による解決                           │
│        学校文化の創造：児童生徒の創り出す文化・学校の風土     │
│                                                              │
│        【計画的領域】                                         │
│        学校・学校経営 (教師による計画的な指導・援助)          │
│        Routine：学習や生活のきまりごとの習慣化                │
│        Procedure：授業や教育活動における学習・作業手順の見える化 │
│                                                              │
│        【必然的領域】                                         │
│        一貫して毅然とした指導：人権に関する問題               │
│        Respect：自分と他人に敬意を持った言動と行動へ          │
└─────────────────────────────────────────────────────────────┘
```

図7-1　学級経営の三領域

出所：白松，2017，21ページ。

　すなわち，学級経営を語る際には，授業におけるルーティンや約束事にかかわるような指導を重視するのか，児童生徒の人間関係や自治的な活動を重視するのか，あるいは双方かといったような形で立場の違いが現れるのである。学級経営にかかわる指導を受けたときに，どのような立場からの指導であったのかを自覚的に整理しておく必要があるだろう。本章では③のように，「教師が学級集団のもつ学習集団と生活集団の2つの側面を統合し，児童生徒が，学校教育のカリキュラムを通して獲得される教育課題と，人間としての発達上の課題である発達課題を，統合的に達成できるように計画・運営すること」(河村，2010，23ページ) として学級経営ということばを理解することにする。

　それでは「学級経営」を教師はどのように行っているのだろうか。学級経営で行われる事項を領域として整理すると，図7-1のように整理できる (白松，2017)。基盤としての【必然的領域】は，すべての教師がどの児童生徒に対しても行う指導であり，自己と他者の人権を尊重するものである。【計画的領域】は，教室や授業における秩序をつくる条件整備の領域であり，児童生徒ができることを増やすように計画的に指導・援助を行うものである。【偶発的領域】は，トラブルへの対応やインフォーマルな場面への働きかけであり，児童生徒の自律・自治を目指し，必然的領域や計画的領域の指導を統合・深化させるものである。教師は，時期によりこれら3領域の指導の重み付けを変えながら学級を経営していくのである。

　こうした学級経営は，主として学級担任が行うものと考えられている。しかしながら，中学校や高等学校における教科担任制や，小学校高学年などで取り入れられる専科教員や部分的教科担任制からも明らかなように，実際には複数

の教師がそこに関与することになる。自分の担任学級以外においてもどのような学級経営をしていくのかの意識が必要であり，反対に担任学級に対して自分だけが学級経営をしているのではないという意識が必要なのである。

このような意識は，学級経営と，学年経営・学校経営を関連付けることにつながる。独りよがりな「学級王国」に陥らないように，言い換えれば，多様な教員の協働で児童生徒を指導していけるように，学校目標・学年目標と関連付いた学級の目標を立てながら，より良い学級経営を追究する必要がある。

さて，学級経営は，時には教科指導のなかで，時には教科外指導のなかで随時行われていくものであるが，その基盤には教師による児童生徒理解があり，児童生徒・学級集団の状態に応じて取るべき行動を判断している。それでは，学級経営の基盤となる児童生徒理解とはどのようなものであるだろうか。

［2］　多様な側面からの児童生徒理解

あらゆる教育活動を行ううえで，児童生徒理解は欠かせない。特に，学級における教育活動の総体としての学級経営ではなおさらである。ここでは，(1)理解の在り方，(2)理解の対象，(3)理解の単位について考えてみよう。

第一の理解の在り方について，児童生徒理解を大きく分けると「一般性（法則性）理解」と「独自性（個性）理解」の二つの側面があると考えることができる（梶田，1972，6〜8ページ）。

「一般性（法則性）理解」は，児童生徒の一般像についての理解である。例えば，それぞれの学年・発達段階において児童生徒がどのような特徴を有するのか，また一般にはどのような学習過程で知識を得るのかといった理解である。これらは，各種の研究によって明らかにされる内容であり，教職課程の科目等で学んできた内容でもある。あるいは，多くの児童生徒と接するなかで帰納的に理解が進む内容でもあるだろう。

「独自性（個性）理解」は，個々の児童生徒についての理解である。児童生徒一人ひとりについて情報を収集し，見取った内容を蓄積して得る理解であって，例えばAくんの性格や得意不得意であったり家庭環境であったりがその内容となる。それは，実際に指導する際の基礎になる内容である。

なお，両者は全く別々のものではない。ある児童生徒の独自性を理解するには児童生徒の一般像がわかっていなければ難しく，逆に児童生徒の法則性を理解するにも個別具体的な児童生徒の理解がなければ抽象的なものに留まってしまう。それゆえに，これらを総合した理解が必要なのである。

第二の理解の対象について，児童生徒について理解すべき内容にはどのような事項があるだろうか。文部科学省による『生徒指導提要（改訂版）』を参照すると，心理面，学習面，社会面，健康面，進路面，家庭面の総合的な理解が挙

▷2　**小学校における教科担任制**
古くは1960〜70年代に，吉本二郎らが神奈川県等にてその導入を試みていた。2000年代以降は，中1ギャップの解消等を狙う小中一貫教育の文脈のなかで小学校高学年の一部教科で教科担任制を導入する事例が見られた。なお，音楽や理科などにおける専科教員の配置のみの場合は，専科担任制などと呼び，教科担任制と区別する場合がある。2020年には，中央教育審議会の「『令和の日本型学校教育』の構築を目指して（答申）」で2022年度をめどに小学校高学年への教科担任制の本格導入が必要とされた。2022年4月からは，2021年7月の義務教育9年間を見通した指導体制の在り方等に関する検討会議の報告を踏まえつつ，特定教科における教科担任制のための教員増員が進められるなど，一層の推進がなされる見込みである。

▷3　**学級王国**
閉鎖的で，他学級・他の教員と連携しないような学級観を指す言葉として理解されている。ただし，これを主張した手塚岸衛のもともとの考え方は，国家の教育思想を背景にした校長による教育統制に対抗すべく学級単位での裁量を認め，児童の自主性と主体性を前提とした集団的な自治を基本とする学級観であって，その意味で教室外の一切の干渉を排すものであった。

げられている（文部科学省，2022，23〜24ページ）。この他にも，生育歴や能力・適性，興味・関心，感情，人間関係，年間通じた成長など，細かく区切れば枚挙にいとまがないが，このような多様な側面からの理解が求められる。

　これら多くの内容は，場面によって力点が変わるものである。教科指導であれば，学習にかかわる諸能力（知的な能力，学力など）の理解がより必要であるだろうし，教科外指導，特に生徒指導にかかわるような場面では，人間関係や家庭環境の理解が必要だろう。そのため，教師にとって日ごろからの見取りや情報収集は欠かせない。

　第三の理解の単位について，例えば，児童生徒個々人，児童生徒間，学級集団の三つが考えられる。特に，児童生徒理解を個々人に限定するのではなく，児童生徒間や学級集団全体の理解が重要である。

　児童生徒間の理解とは，「教師─児童生徒」の二者関係での理解ではなく，児童生徒における個対個，個対複数，個対集団の関係性の理解である。児童生徒間への着目によって学級経営にもたらされる効果としては，(1)個々人の理解を相対化し，視野を広げ，学級の水平構造・階層構造の理解を促すこと，(2)個人への対処療法的な指導に限定されるのを抑制し児童生徒を見守る，待つ，任せる姿勢への転換を促すこと，(3)複数の教員による情報共有がしやすくなることが挙げられている（中村，2016，18ページ）。

　児童生徒間の理解に関連して，学級集団の理解もまた重要である。教科担任として他学級の教科指導を担当する経験をすることもあるだろうが，学級によってその雰囲気は大きく異なる。学校によっては，「楽しい学校生活を送るためのアンケート Q-U（QUESTIONNAIRE-UTILITIES）[44]」等の心理検査を実施して，状況を把握するところもあるだろう。上記検査を用いた研究では，学級集団における規律や，親和的で支持的な人間関係がどの程度確立されているのかによって，学力やいじめの発生率が異なることが報告されている（河村，2010，58〜73ページ）。そこで学級集団の在り様を理解し，適切な対処を行っていくことが必要である。

　このように，児童生徒個々人を理解するだけではなく，児童生徒間の関係性や学級集団としても理解することが，効果的な教育実践につながるのである。

［3］　児童生徒理解を生かした学級の指導に向けて

　上記のような児童生徒理解をもとに，教科指導・教科外指導の双方を通して教師は学級経営を行うが，教育実習ではどのように参加すればよいだろうか。ここでは教育実習前と教育実習中に分けて考えていこう。

　教育実習前に何よりも求められるのが，学級担任（指導教員）との綿密な打ち合わせである。学級担任は，年度のはじめに学級経営案を作成し，年間を通

▷4　楽しい学校生活を送るためのアンケート Q-U（QUESTIONNAIRE-UTILITIES）
河村茂雄が開発した質問紙であり，学級満足度尺度，学校生活意欲尺度，ソーシャルスキル尺度（hyper-QU のみ）から構成される。一人ひとりの結果からは，不登校やいじめを受けている兆候が見られる生徒や，学習意欲が低下気味になっている生徒の早期発見に。学級全体の結果からは，学級集団の状態の推測に役立てることが狙われている。

した指導計画を立てている。どのような学級経営の方針が立てられているのか，自分が教育実習生として携わる時期がどのような時期なのかを学級担任と確認しておく必要がある。こうした確認が，突発的な出来事への対処（【偶発的領域】）における適切な指導につながる。これに併せて，第一節で解説した【計画的領域】にあたる，学級における学習・生活にかかわるルーティン等についても，学級担任や必要に応じて教科（専科）担任と確認することが求められる。また，学級経営は学年経営や学校経営と切り離せないものであるので，より大きな視点での方針にも則って教育実習に臨みたい。

　さらに学級担任との確認が必要であるのが，その学級（学年）における主な出来事や指導歴，そして特別な配慮が必要な児童生徒のことである。学級での出来事や指導歴を知っておくことで，学級全体や児童生徒間の関係性を予め理解することができ，ひいては個々人を理解する手助けになるはずである。また，特別な配慮が必要な児童生徒については，無理解のまま不用意な対応をしてしまう危険を避ける必要がある。特別支援教育の文脈だけではなく，いじめや不登校，あるいは児童生徒を取り巻く環境など，配慮が求められる背景や理由はさまざまである。学校としては，学級担任のみならず，他の教職員や学校外の専門職も加わったチームとしての対応がなされる事項であるため，そのような体制を含めて理解しておきたい。このほか，教育実習前に一人でもできることとして，当該学年の発達段階や特性に関する一般的な理解も深めておこう。

　教育実習中には，機会を見つけてできるだけ児童生徒とかかわりをもち，理解に努めるようにしたい。教科指導における姿と教科外指導における姿，あるいは休み時間や部活動における姿など，場面によって児童生徒が見せる姿はさまざまである。児童生徒の多様な側面を，多様な場面から見取っていくことが求められる。無論，児童生徒の模範となるような挨拶や言葉遣い，清掃時の姿勢など，こちらが教師として見せる姿についても意識したい。その際，特に留意すべきなのが，教育実習生に対して消極的な態度を取る児童生徒である。あくまでも，児童生徒の成長のための理解とかかわりであることに留意し，公平な態度や行動を示すことが重要である。学級担任がどのようにして児童生徒と接しているのかをよく観察し，疑問に思った際には，その意図についても尋ねて学んでいこう。

　このような学級経営の参加のなかで強調したいのは，児童生徒・学級に対するステレオタイプ的な理解や固定的な理解を避けるということである。児童生徒は日々成長し，彼ら彼女らを取り巻く状況も多様に変化しうる。そうした変化の理解が時宜を得た指導にとって必要である。また，教師の児童生徒理解には，少なからずバイアスがかかる（例：ハロー効果）。加えて，児童生徒への理

▷5　ハロー効果
人物や事物などある対象を評価するとき，それが顕著に持つ特徴によって他の特徴の評価が歪んでしまう傾向のこと。ソーンダイクが提唱。目立って優れた点があればすべて優れているように感じ（例：成績が顕著に良ければ，人間的にもすばらしい），目立って劣った点があればすべて劣るように感じるなど，肯定的にも否定的にも現れる。

▷6　ピグマリオン効果，
ゴーレム効果
ローゼンタールが提唱。ピグマリオン効果は，教師期待効果とも呼ばれ，教師が期待をかけた生徒は，教師によって期待をかけられていない生徒よりも学習成果において優れた結果を残したとする実験結果に由来するものである。期待がかけられて成績が伸びる方向をピグマリオン効果と呼び，ゴーレム効果はその逆をいう。ただし，この実験の方法や結果については議論がある。

▷7　職務上知り得た秘密
公的な秘密と私的な秘密がある。公的な秘密には，入試問題やその合否結果などがあり，私的な秘密には指導要録や健康診断の記録，入学者選抜の記録，生徒指導上必要な児童生徒や家庭の情報などがある。

解の在り様が無自覚にも教師の行動に表れて，児童生徒に影響を与えるものである（例：ピグマリオン効果，ゴーレム効果[6]）。自分自身の児童生徒理解の在り様に自覚的であるように努めよう。

2　個人情報の保護

1　学校現場における個人情報

　教員は教育公務員として法令を遵守しなければならない（第13章も参照）。そのなかでも代表的なものに，守秘義務がある。地方公務員法第34条第1項では「職務上知り得た秘密を漏らしてはならない。その職を退いた後も，また，同様とする。」と規定されている。ここで，教育実習生にとって「職務上知り得た秘密[7]」となるのが本節で扱う個人情報である。学校現場における個人情報について学び，教育実習生として留意すべき点を考えよう。

　ところで，個人情報と聞けば，個人情報の保護に関する法律（以下，個人情報保護法）を思い浮かべることも多いだろう。こうした個人情報保護法制は2021年のデジタル社会の形成を図るための関係法律の整備に関する法律の公布を受けて大きな変革が行われた。従前は民間と行政機関，独立行政法人で分けられていた個人情報保護法制が一本化されたのである。そのため，これまで私立学校は個人情報保護法で，公立学校は自治体の個人情報保護条例で規制されてきた状況が，ある程度一本化される点を知っておきたい（図7-2）。

　では，まず「個人情報」とはどのようなものを指すのだろうか。個人情報保護法第2条第1項では，①「当該情報に含まれる氏名，生年月日その他の記述等（中略）により特定の個人を識別することができるもの」，②「個人識別符号が含まれるもの」が挙げられる。①のなかには，学籍番号や電話番号など，それ単独では誰かわからないが，それと名簿等を照らし合わせることにより特定の個人を識別できるものも含まれる。②の「個人識別符号」は，身体の一部をデータ化した情報（顔認証や指紋認証など）や，パスポートの番号やマイナンバーなど政令で指定されたものが該当する。学校は，これらの多くを収集しており，教育実習中においても，特に①について触れる機会が多いだろう。

　例えば，児童生徒の氏名，学籍番号，生年月日，電話番号やメールアドレスなどの連絡先，成績，家族構成や保護者の勤務先，個人の属性や関係する事実（生活歴や学習歴，人物評価，いじめや不登校等の生徒指導上の情報など）のほか，さまざまなものが挙げられる。教育実習生として知りうる児童生徒の情報のほとんどが，個人情報であることがわかるだろう。さらにこれらの情報が記載される可能性のある具体物としては，児童生徒の名簿や座席表・出席票，写真，テ

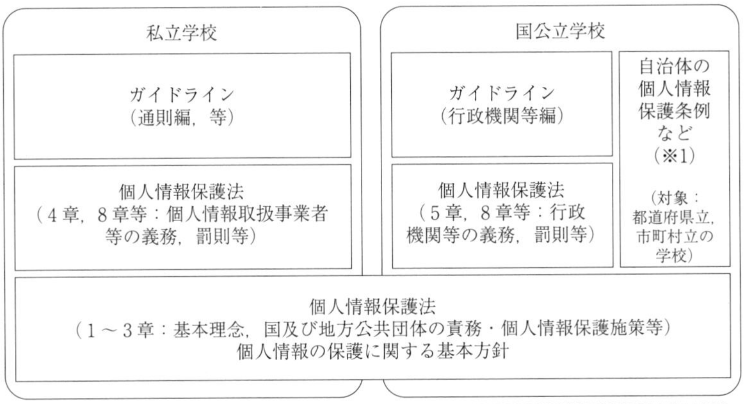

（※1）2021年の個人情報保護法改正により，現在，各条例で規定される地方公共団体の個人情報保護制度についても個人情報保護法第5章等において全国的な共通ルールを規定し，全体の所管が個人情報保護委員会に一元化される（2023年春施行予定）。

図7-2　学校における個人情報保護に関する法律・ガイドラインの体系
出所：個人情報保護委員会「個人情報保護に関する法律・ガイドラインの体系イメージ」
（https://www.ppc.go.jp/files/pdf/personal_framework.pdf　2023年1月10日閲覧　より筆者改変）。

スト・小テスト・宿題，授業の成果物（作品やワークシート），学校・学年・学級だより，教育実習の際に作成した参観メモ，児童生徒からの手紙・色紙など，これまた多岐にわたるので留意したい。

　また，厳密には「個人情報」と同一ではないが，児童生徒のプライバシー[8]にも配慮する必要がある。プライバシーは私的な領域にかかわるもので，特に，児童生徒が他人に知られたくないと思っている秘密などが該当する。内容は思想信条や趣味嗜好，病歴などのほかに，児童生徒の場合は成績や指導歴，進路希望，発育の状況なども該当する可能性がある。個人情報とプライバシーに属するものが重なることも少なくないだろう。これらの管理に，学校は細心の注意を払っており，同様の注意が教育実習生にも求められる。

　その一方，報道で「児童生徒の名簿が入ったUSBを紛失した／PCが盗難にあった」というような形での学校における個人情報の漏洩を耳にすることも少なくない。多くの場合，学校における個人情報を自宅等に持ち出すことは禁じられているため，それを遵守する必要がある。また2019年10月に，熊本県で，いじめ等に関する内容と児童の氏名などが記載されたアンケートの集計結果のコピーが，図画工作の工作用紙として児童に配布され，流出するという事件が発生している。これはまさに個人情報とプライバシーの双方にかかわるものであり，このような事態はあってはならない。

　個人情報やプライバシーにかかわる情報の漏洩は，被害者となった児童生徒を深く傷つけるものであり，児童生徒や保護者，地域からの当該学校の信頼を損なうことになる。そのため，それらの管理には一層留意せねばならない。情報の収集（事前の目的等の説明），管理・保管，廃棄（いつまで保管せねばならない

▷8　プライバシー
プライバシーは私秘性に関するさまざまな事象を指す用語である。特にプライバシーの保護を考えるとき，それは単なる守秘義務とは異なることが指摘される。宮下紘によれば，デジタル空間では，些細なデータからも個人像を浮かび上がらせることができ，その個人を対象に特定の広告を配信するなどして，心理的圧迫を与え行動に影響を及ぼすことができてしまう。ここにおいて，プライバシーは秘密を隠すこと以上に，人格の自由な発展に関する情報を自らの管理下に置くことを意味することになる。したがって，プライバシーの保護は，情報管理を通じて他者との布置関係を本人に構築させる契機を与えるものであると考えられている（宮下，2021，9〜16ページ）。

71

かの確認を含む）の各段階で心がけたい。特に廃棄する際は，第三者が読むことができないようにシュレッダー等での処分が必要である。また，学級だより等，外部に出る可能性があるものでは，個人が特定されないよう，画像や氏名の表示に配慮するか，本人や保護者の了解を予め得ておくことが必要だ。

２ 教育実習生として留意すべき個人情報の扱い方

こうした児童生徒にかかわる個人情報やプライバシーにかかわる情報は，あくまでも教師として，教育活動を行うために収集するものである。そのため，私的利用は決して行ってはならず，守秘義務の観点から教育実習が終わったあとであっても，その管理には十分留意しなければならない。

例えば，何度も指導されることだが，児童生徒と連絡先（電話番号やメールアドレスのみならず，ソーシャルネットワーキングサービス（SNS）のアカウントを含む）を交換することは厳禁である。仮に児童生徒から交換をせがまれても，「規則だから」と断る必要がある。トラブルの回避という観点のほかに，児童生徒の個人情報を私的利用しないという観点を忘れてはならない。

また，教育実習中や教育実習後には，自分の手元に，児童生徒の名簿や写真，作品等の成果物，参観メモ，生徒指導上の記録，児童生徒からの手紙等が残ることになる。それらを外部に漏らさないように，管理に十分留意する必要がある。通常であれば，学校の外に出ない個人情報が自分自身の手元にあることを自覚しよう。そして，外部への流出は些細なことで起こってしまう可能性がある。指導教員等とメールなどでやり取りをする場合には，宛先間違いや，CcとBccの使い分けなどに十分に注意したい。併せて，児童生徒について実習生同士や友人等と話す際には，個人名を控えるなどの配慮も必要である。

関連して，特に憂慮すべき事態であるが，教育実習を終えた達成感からか，不用意に児童生徒との集合写真や，学級が特定できる黒板に書かれたメッセージ，名前入りの色紙の画像をSNS上にアップロードすることが散見される。これらは教師としての守秘義務に反する行為である。仮に画像にモザイク等をかけていたとしても，画像の背景や時期等から，学校や学級，個人が特定される場合すらある。自分自身が処分されるだけではなく，実習校や大学等にも迷惑をかける恐れがある行為であるため，絶対に行ってはならない。

ここまで児童生徒の個人情報の留意点について触れたが，これらは，教員や教育実習生の個人情報についても同様である。当然だが，学校に在籍する教員の個人情報や事情等についてみだりに外部に明かしてはならない。また，自分自身の個人情報の扱いも十分留意してほしい。特に，教育実習生に大きな関心を寄せて，住所や最寄り駅，家族構成，年齢，恋人の有無，所属大学や学部など，何でも尋ねてくる児童生徒もいる。パソコンの背景画像やオンライン授業

時の背景映像に注目する児童生徒もいるだろう。これらの安易な開示は，教育実習中や教育実習後のトラブルに発展する可能性がある。意図せぬ個人情報の漏洩に留意したうえで，そのような話題を避け，自分自身の関心や目標・経験であったり，児童生徒自身のことに話題を変えたりするなどの対処も必要である。

Exercise

① 学級経営にかかわる三つの立場を踏まえながら，自らの願う学級集団像を整理し，教育実習生としてできることを考えてみよう。

② 教育実習で担当予定の学年段階について，自らの一般的な児童生徒理解を振り返り，特に留意すべき事項は何かを考えてみよう。

③ 学校における個人情報にかかわるトラブルについての事例を調べ，とるべき対策について考えてみよう。

📖次への一冊

蓮尾直美・安藤知子編『学級の社会学——これからの組織経営のために』ナカニシヤ出版，2013年。
　　教育社会学の立場にたつ編者らによって，特に教師の役割に焦点があてられながら，学級経営に関する基礎知識から今日的な課題，組織経営のための今後の視座にいたるまで提示されている。

河村茂雄『日本の学級集団と学級経営——集団の教育力を生かす学校システムの原理と展望』図書文化，2010年。
　　「楽しい学校生活を送るためのアンケート Q-U」を開発した著者が，日本における学級集団の特性を明らかにしながら，その形成の困難性と，今後の改善案について考察している。

児島邦弘『学校と学級の間——学級経営の創造』ぎょうせい，1990年。
　　教育組織としての学級を，経営組織としても捉え直す著者によって，学級にまつわるさまざまな論点が提示される。なかでも，今日的な議論になっている小学校教科担任制等の教授組織と学級のかかわりを論ずる点が興味深い。

近藤邦夫『子どもと教師のもつれ——教育相談から』岩波書店，1995年。
　　教師用 RCRT という，教師の児童生徒の捉え方に関するテストが本書で紹介される。教師の視点の偏りが事例から明らかになり，自己の児童生徒理解を振り返るにあたって示唆に富む。

引用・参考文献

宇賀克也編著・宍戸常寿・髙野祥一『法改正に対応すべき実務がわかる！自治体職員のための個人情報保護法解説』第一法規，2021年。

梶田叡一『児童・生徒理解と教育の過程』金子書房，1972年。

河村茂雄『日本の学級集団と学級経営――集団の教育力を生かす学校システムの原理と展望』図書文化，2010年。

個人情報保護委員会「個人情報保護に関する法律・ガイドラインの体系イメージ」（https://www.ppc.go.jp/files/pdf/personal_framework.pdf　2023年1月10日閲覧）。

下村哲夫「学級経営の理論」下村哲夫・天笠茂・成田國英編著『学級経営の基礎・基本』ぎょうせい，1994年，89～116ページ。

白松賢『学級経営の教科書』東洋館出版，2017年。

角替晃・成田喜一郎編『必携！教師のための個人情報保護実践マニュアル』教育出版，2005年。

中村映子「『個』から『関係』の学級・学年づくり――『教師による児童間理解』への着目」末松裕基・林寛平編著『未来をつかむ学級経営――学級のリアル・ロマン・キボウ』学文社，2016年，17～29ページ。

福本みちよ「学級担任が知っておきたい教育法規」北村文夫編著『学級経営読本』玉川大学出版部，2012年。

宮下紘『プライバシーという権利――個人情報はなぜ守られるべきか』岩波新書，2021年。

文部科学省『生徒指導提要（改訂版）』文部科学省，2022年（http://www.mext.go.jp/content/20221206-mxt_jidou02-000024699-001.pdf　2023年1月10日閲覧）。

「いじめ調査用紙，図工に使われ流出　熊本市立小，児童持ち帰る」『朝日新聞』2019年10月4日，朝刊，社会面，朝日新聞クロスサーチ（https://xsearch.asahi.com/top/　2023年1月10日閲覧）。

第8章
教科指導の体験のために

〈この章のポイント〉

　教育実習における体験は多岐にわたるが，その中心となるのはやはり実習生自らが教壇に立って授業実践を行う体験であろう。とりわけ教科指導については実習の締めくくりに研究授業として行われることも多く，授業実践の体験のなかでも大きなウエイトを占めていると言えよう。本章では，実習生にとって教科指導の体験を実りあるものとすることができるよう，授業参観・授業観察から授業計画・学習指導案作成，そして研究授業までの流れとポイントについて解説する。

1　授業参観・授業観察の視点と方法

1　授業参観・観察の視点

　実習が始まっていきなり実習生が何らかの実践を行うということはほぼないと言って良いだろう。通常は，学校における教員の業務や児童生徒の様子を知るために，学校組織や校務分掌，生徒指導等についての講話や学年・学級経営や学習指導の観察などから始まって，少しずつ実習生の参加度を高めていくスケジュールになっていることが多い。本章で取り扱う教科指導においても，始めは授業参観・観察から始められることになる。大学での学びを基礎としつつ，実習校での参観・観察の成果を踏まえて，実習の中盤あたりから実習生が授業実践を行うという流れが一般的である。つまり授業参観・観察は，それによって授業とは何か，そこにおける児童生徒の様子はどうかを知ること自体が目的であるのと同時に，いずれ実習生自らが授業を行うための準備となっていることも忘れてはならない。したがって，授業参観・観察にあたっては，ただ漫然と，受身的に参観・観察するのではなく，いずれ自分が授業をする際に，どのようなことを把握しておくべきか考えながら臨むべきである。

　授業を行うためには，指導する内容について授業者自身が十分に理解しておくことや，より効果的な指導が展開できるような材料を用意しておくことなどはもちろん必要であるが，教科指導にかかわる児童生徒の実態を把握しておくことも同じく必要である。児童生徒と教材とがマッチしてはじめて授業が授業として成立するからである。特に児童生徒の実態把握は学校現場にいなければ

▷1　校務分掌
学校を管理運営するうえで必要とされる校務について教職員が分担し，遂行すること。またはそのための仕組みや組織図のことを指す場合もある。

▷2　机間指導
机間巡視ともいい，教師が机の間を移動しながら児童生徒一人ひとりの学習状況を確認したり，必要に応じて指導助言などの個別指導を行ったりすること。実習生の場合，自らが授業者として机間指導を行うこともあるが，指導教員の授業の際に補助教員あるいはティームティーチングのT2的な位置付けで机間指導を行うこともある。

▷3　専科教員
小学校では学級担任が全教科を担当する学級担任制が原則であるので，それに対して特定の1教科を担当する教員のことを専科教員あるいは専科担任という。したがって中学校や高等学校では専科教員という用語は使われない。

▷4　習熟度別指導
児童生徒の学習の習熟度に応じてクラスを編成し指導すること。小学校では算数で，中学校では数学や英語で習熟度別指導が行われることが多く，また教師の側でクラス編成を行うのではなく，児童生徒自身にどのクラスに行くかを選ばせ，途中でクラスを変えることもできるようにしているケースも多くみられる。

できないことである。したがって，指導教員や他の教員の授業を参観・観察させていただく際にも，その教員が授業に際して行っていることだけでなく，それに対する児童生徒の反応も含めて観察する必要がある。また，児童生徒が個別に，ペアで，あるいはグループ（班）で課題に取り組んだり作業をしたりする際には，必要に応じて机間指導②を行い，一人ひとりの個性や特徴を把握することも大切である。なお，机間指導は，児童生徒との関係づくりをする良い機会にもなる。授業担当教員と相談しながら，積極的に児童生徒とかかわるとよい。

　教科指導に関して，小学校では学級担任が全教科を担当する学級担任制が原則である。そのため，小学校での実習では，指導教員が担任をしている学級の授業の参観・観察が中心になるだろう。ただし，学校によっては理科や家庭科，体育，音楽など一部の教科について学級担任ではなく専科教員③が授業を行うこともある。また，学校によっては算数などの教科で習熟度別指導④が行われていることもあるが，その際学級を児童の習熟度別に再編して授業を行うこともある。これらの機会には，いつもと違った児童の様子が見られるだろう。この他，指導教員の学級と同じ学年の他学級の授業や，配属された学年以外の学級の授業など，参観・観察の機会は多岐にわたる。出来る限り多くの教科指導に触れておくことが大切である。

　これに対して中学校・高等学校では，各学級に担任がおかれるものの，各教科・科目の授業はそれを専門とする教員が行うという教科担任制になっている。そのため，中学校・高等学校での実習では，基本的には指導教員が担当する当該教科・科目の授業の参観・観察が中心になるだろう。小学校の場合に比べてより多くの生徒の姿を見ることができる反面，一つの学級の生徒をじっくりと観察することは難しくなる。教科・科目ごと，あるいはその教科・科目の授業を担当する教員ごとに生徒が見せる顔は異なっている。時には配属学級で一日生徒の様子を観察してみるのもよいだろう。いずれにせよ小学校と同様に，出来る限り多くの教科指導に触れておくことが大切である。

2　授業参観・観察の方法

　授業参観・観察に先立って，授業担当教員と事前に連絡をとり，授業参観のお願いをするとともに，もし可能であれば授業の目標や内容，使用する教材等についても教えていただき，下調べをしておくと良い。

　授業を参観・観察する際には，自分なりのテーマや観察のポイントを決めておくことが必要である。多様なテーマやポイントが考えられるが，基本的には以下の点をおさえておくとよいだろう。

① 授業の流れ

　導入・展開・まとめなどの節目をおさえつつ全体的な流れを記録する。その際，授業の目標の達成に向けてどのような学習活動が構成されているのか，また各学習活動がそれぞれどのような関係にあるのかを意識しながら参観・観察するとよい。

② 教師の指導と児童生徒の反応

　教師が授業中に行う発問や指示，助言，説明等と，それらに対する児童生徒の反応を観察・記録する。発問とは授業の目標を達成するための教育的意図をもった問いかけであり，単なる質問とは異なる。発問には，授業の目標に直接つながる中心発問の他，多様な考えを引き出すための発問や児童生徒の思考をゆさぶるための発問等がある。教師の発問がいかなる意図によるものなのか，授業の全体的な流れを踏まえつつ考えることが重要である。また教師の発問や指示等に対して，児童生徒がどのように反応していたかについてもよく観察しておく必要がある。教師の発問や指示等は児童生徒に伝わってはじめて意味をもつ。したがって，教師の発問や指示等の言葉がどのようなものであったかも具体的に記録しておくとよいだろう。

③ 児童生徒の様子

　教師の発問等への対応だけでなく，個別，ペア，グループ（班）それぞれでの活動の際に一人ひとりの児童生徒の様子を観察・記録しておくと良い。特に授業記録の際には目立つ児童生徒の記録に偏りがちである。事前に座席表を用意して，発言やノート，表情，個別課題への取り組み方など児童生徒の授業中の活動の様子をメモするなどの工夫が必要である。また，特定の児童生徒を抽出して，授業を通して，あるいは1日を通して観察してみるのもよいだろう。こうした児童生徒の観察を通じて，実習生自身が授業を実施するにあたって児童観・生徒観をもって臨めるようになることが望ましい。

④ その他

　板書（サイド黒板やICT[5]等を含む）や，表情・視線・声の質・身振り等の教師の所作，その他気がついたことや気になったことをメモしておくとよい。

　以上，授業参観・観察時のテーマやポイントの例として4点を挙げたが，慣れないうちはすべての項目を記録することは難しいだろうと思われる。その意味においても，自分なりのテーマやポイントを絞って参観・観察に臨むことが重要である。

　授業後は授業担当教員に参観・観察をさせていただいたお礼を必ず述べること。疑問に思った点がある場合はそのままにせず，自分なりの答えを考えたうえで授業担当教員に質問するとよいだろう。

▷5　ICT
Information and Communication Technology の略で，情報通信技術のこと。ここでは電子黒板や，PC ないし書画カメラ＋プロジェクタないし大型ディスプレイなどの使用を想定している。

2　授業計画・学習指導案の作成のポイント

1　授業計画作成のポイント

　授業計画とは，年間や学期，月や週など特定の期間あるいは単元の授業全体の計画のことである。これらの授業計画は，各教科・科目等の目標，また学校や児童生徒の実態等を踏まえつつ，授業が開始される前に作成される。ただし，計画を実行していく過程で児童生徒の状況に応じて授業の内容や進め方を変更する必要が生じることがあり，途中で調整されることもある。

　授業計画には上述のようにいくつかの種類があるが，実習生が直接かかわることになるのは単元計画であろう。単元とは，学習する内容のひとまとまりをいう。単元計画とは，単元全体の指導目標を達成するための，時間配分，各時間の授業ごとの指導目標と指導内容，評価の観点や方法などについての計画である。単元の構成の仕方は教科・科目によって異なり，また単元名の付け方も異なっているが，単元計画には実施期間，単元設定の理由（児童観・生徒観，教材観，指導観等），単元の目標，時間配分，評価規準などの項目が記載されることが多い。

　単元計画の作成にあたっては，以下のような点をおさえておく必要がある。

① 単元の指導目標・指導内容・教材

　単元の指導目標は，単元全体を通じて何を理解させ，どのような力をつけようとするのかを設定したものである。この目標に基づいて指導する内容が決定され，指導内容を教える際の手がかりとなる教材が決定される。したがって，まずは単元の指導目標を明確にしておくことが重要である。また教材研究を行い，指導内容に関する知識や実習生自身の理解度を高めておく必要がある。

② 児童生徒の学習状況の把握

　指導する単元にかかわる児童生徒の学力がどの程度身についているかを十分に把握しておく必要がある。ここでいう学力には，知識や技能の他，思考力や学習意欲，表現力なども含まれる。授業参観・観察時によく児童生徒を見ておくことが重要となるが，実習の限られた時間のなかで児童生徒を理解することは実際には困難であろう。まして一人ひとりの児童生徒の学力の程度を把握することは不可能に近いものと思われる。指導教員や授業を行う予定の学級の担任の教員等から児童生徒の学習状況について教えていただくとよいだろう。

③ 1時間の授業ごとの指導目標と指導内容

　①や②を踏まえて，各時間の授業における指導目標と指導内容とを決定する。その際，授業のどの時点で，児童生徒にどのような学習活動を行わせるよ

▷6　教材研究
当該授業の目標の達成に寄与しうるような教材を探し出し，その活用方法を研究すること。広くは授業づくりに向かう営みを教材研究と呼ぶ場合もある。いずれにせよ，教材研究とは，単に教科書の内容を下調べするだけではなく，そこに学習者である児童生徒へのまなざしが不可欠であることに留意すべきである。

うにするかが目標達成の鍵となる。教科書に書かれている内容を理解するための学習活動や，それぞれの学習活動で学んだことを関連づけたりまとめたりする学習活動など，児童生徒の学習活動は多岐にわたるが，児童生徒の思考の流れを意識しつつ，適宜学習活動を構成していくようにしたい。

④　単元全体を通しての評価の計画

　単元全体の指導目標の達成度を測るため，評価の観点と評価する方法を明らかにしておくことが重要である。評価の観点として「知識・技能」「思考・判断・表現」「主体的に学習に取り組む態度」の３つがある。それぞれの観点につき，単元全体の学習を通じた児童生徒の変化をどう見取るのか，その規準や測定の方法を考えておく必要がある。

　以上，単元計画作成のポイントを４点ほど挙げたが，実習校の状況によっては，実習生が単元全体の指導にあたれず，単元の一部の授業だけを担当するということもありうる。その場合には，指導教員の単元計画に沿って授業をすることになるので，上記の点を踏まえつつ，自分が担当する授業が単元全体のなかでどのような位置付けになっているのか，その授業の目標が単元全体の指導目標とどのような関係にあるのか等を十分に把握したうえで授業を行うようにしたい。

2　学習指導案作成のポイント

　学習指導案とは，学習指導を展開するために教師が作成する，授業の目標や指導過程等を記した授業計画書である。上述の授業計画，とりわけ単元計画に基づいて作成される。基本的には授業者が授業を進める際の実践的マニュアルとしての性格をもち，効果的な授業展開を可能にしたり，授業後の振り返りに役立てたりする意義を有する。これに加え，授業者が計画的に授業を実施することによって指導内容のより確実な定着を図ることができるという児童生徒にとっての意義や，主として研究授業等の場面において，授業者の意図を知らせたり，授業後の研究協議会における資料として活用したりするなど，授業を参観する人にとっての意義も有する。

　一般に用いられている学習指導案には大きく分けると「細案」と「略案」とがある。「細案」は，１単位時間の授業に関してだけではなく，その授業を含む単元に関するすべての内容を記載した学習指導案である。「略案」は，「細案」のうち本時の学習のみを記した学習指導案であるが，授業の目標と大まかな流れのみをメモ的に記載するだけの場合もある。実習生には学習指導案なしで授業ができるほどの授業力はまだないので，自分自身のためにも学習指導案は作成することになるであろうが，指導教員をはじめとする実習校の先生方に

▷7　**評価の観点**
新学習指導要領では，児童生徒に育成すべき資質・能力が，「知識及び技能」「思考力，判断力，表現力等」「学びに向かう力，人間性等」の３つの柱に整理されたが，それらにほぼ対応する形で，学習状況を評価する観点として「知識・技能」「思考・判断・表現」「主体的に学習に取り組む態度」の３つが示された。

ご指導をいただく身として，授業を行う際には必ず学習指導案を作成することが必要である。特に研究授業の際には「細案」を作成しなければならないので，研究授業に先立つ授業実践の際には可能な限り「細案」を書くようにしたい。

学習指導案には一定の形式があるわけではないが，内容として以下のようなものが含まれていることが求められる。

① 授業の目標

授業の目標を設定する際には，教科の目標，単元の目標，各授業の目標といった階層構造を意識し，それぞれの目標・目標の間の関係を踏まえながら，本時の授業を通じて何のために何を達成しようとするのかを明確にしておくことが重要である。

② 学習内容

授業の目標を踏まえ，その達成のためにどのような学習事項が必要となるのかを明確にしておくことが重要である。

③ 指導方法

▷8 展開
学習指導案の本時の展開については，一般に表の形式で，縦軸に導入・展開・まとめ等の学習活動の区切りや時間配分など，横軸に学習活動，主な発問と予想される児童生徒の反応，指導上の留意点や評価の観点・方法などが書かれることが多い。詳しくは第9章～第11章の学習指導案の事例を参照されたい。

学習内容を習得させ，授業の目標を達成するための学習の進め方や形態，環境整備をどう行うかを明確にしておくことが重要である。これに先立ち，授業で扱う学習内容に関して，児童生徒の理解の状況がどのようなものであるか，興味関心の度合いはどうであるかなどをできるだけ正確に把握しておくことが必要である。

④ 評価方法

授業の目標の達成度や児童生徒の学習内容の理解度などを評価するための方法を明確にしておくことが重要である。

また，一般的に「細案」に含まれる事項としては(1)学校名，対象学年・学級，人数，学習場所，(2)日時，校時，指導教員名，授業者名（実習生），(3)単元名，(4)単元設定の理由（児童観・生徒観，教材観，指導観等），(5)単元目標，(6)単元の評価規準，(7)単元指導計画（本時の位置付け），(8)本時の学習（①本時の目標，②展開，③評価，④板書計画，⑤その他）などが挙げられる。

▷9 板書計画
よい板書とは，授業が終わったときに黒板を見ればこの1時間の授業で何を学習したのかがわかるように書かれているものだと言われる。また板書を手がかりとしながら，児童生徒は話し合いをしたり，ノートをとったり，課題に取り組んだりする。このように板書が児童生徒に与える影響は大きく，授業を楽しく深まりのあるものにするためにも，事前に板書計画を練っておくことは重要である。

3　学習指導案の作成

1　学習指導案の作成手順

学習指導案の形式と同様，その作成にあたって特に決められた手順があるわけではないが，以下のような流れで作成作業を進めていくとよいだろう。

①　児童生徒の実態や単元の流れ，目標や評価の把握

　授業参観・観察や教員からの聞き取り等を通して児童生徒の実態を把握する。授業を行う単元そのものだけでなくその前後の単元も含めた単元の流れ，単元の目標及び評価を把握する。

②　単元における本時の位置付けと本時の目標の設定及び評価方法の決定

　本時が導入，展開，応用，まとめ等，単元全体のなかのどの部分の授業にあたるのか，その位置づけを把握したうえで，本時の目標を設定する。また本時の目標の達成度をどう評価するかについてもあわせて決定する。

③　教材研究

　学習内容を児童生徒に身に付けさせるための教材を決定し，教材研究を行う。

④　本時の展開の構想

　教材研究の成果をもとに，本時の展開を構想する。課題や課題数，学習形態や指導方法，まとめの内容や方法を決定していく。

⑤　板書計画の立案

　本時の展開が決まったら，それに即して板書計画を立てる。

⑥　教材・教具等の準備

　本時で使用する教材・教具，ワークシート，リアクションペーパー，座席表等を準備する。

　なお，上記の①～⑥の順はあくまでも順調に進んだ場合である。実際にはこの順序通りに作業が進むことはなく，何度も行ったり来たりしながら学習指導案を作成することになるであろう。一通り作業が終わったら，必ず指導教員に提出してご指導いただくこと，また事前にご指導いただけるよう，できるだけ早く学習指導案を作成するように心がけることが重要である。

［2］　学習指導案作成上の留意点

　教材に関して，自ら工夫して効果的な教材を開発・活用することが望ましいが，実際には教科書が中心となることが多くなると思われる。いずれにせよ，まずは教科書の内容を十分に把握しておくことが必要である。教科書以外に副教材が使用されている場合にはそれらにもよく目を通しておくとよいだろう。

　本時の展開の構想に関して，学習過程における児童生徒の考え方や反応などを予想し，それらにどう対応するかを考えておくことが重要である。実際に授業を経験してみればわかることではあるが，児童生徒から思いもよらぬ反応が返ってくることは少なくない。また，授業内での時間配分に関しても注意が必要であり，特に児童生徒に作業や話し合いなどをさせる場合，それらの活動に

▷10　副教材
補助教材ともいう。教科の主たる教材である教科書に対して補助的に用いられる教材のことである。学校教育法では「教科用図書以外の図書その他の教材で，有益適切なもの」の使用が認められている。これらのうち冊子の形をとるものは「副読本」とも呼ばれ，文部科学省や教育委員会，教科書会社等が作成したものが多い。

かかる時間をどう見積もっておくかが重要である。基本的に上手くいかないものと思って，できるだけ多くのケースに備えて対応策を考えておくようにしたい。経験の浅い実習生の立場では予測できるケースにも限界があるので，指導教員をはじめとして複数の人に予測をしてもらうとよいだろう。

　また，授業の展開としては一般的に「導入・展開・まとめ」といった学習過程を経ることが多い。導入では児童生徒の学習意欲の喚起や本時の学習事項についての問題意識の共有化が図られ，展開では本時の目標を達成するための主たる学習活動が行われ，まとめでは本時の学習事項の整理と次時の予告が行われる。しかしながら，「導入・展開・まとめ」の形式にこだわる必要はなく，本時の展開が児童生徒にとって自然な思考の流れに沿ったものになっているかどうかが重要である。

4　研究授業の実施

1　研究授業

　研究授業は教育実習の総まとめの授業として位置付けられる。通常は実習期間の後半，特に最終週に行われることが多い。校長等の管理職教員，指導教員をはじめとする実習校の教員，同時期に実習を行っている実習生，さらに大学の教育実習の担当教員など多くの人が研究授業を参観することになるため，授業後の研究協議会を含め，研究授業は実習生にとって緊張感を高めるものであろう。しかし他方で，研究授業は実習期間に学んだことと，それ以前に大学で学んだことの集大成の場でもある。自信をもってその日を迎えられるよう，実習のはじまりの時点から研究授業を意識して日々の活動に取り組んでほしい。

　研究授業はおおむね以下のようなスケジュールで実施される。

① 日程等の打ち合わせ

　指導教員と日程・教科・単元等の打ち合わせを行う。その後校長等の管理職教員や教務主任・学年主任等とも日程を調整し，日程が確定したら大学の教育実習の担当教員にも連絡する。

② 単元計画・学習指導案の作成及び教材・教具等の準備

　基本的には通常の授業の場合と同じ作業であるが，研究授業が実習や教職課程の集大成的な位置付けにあることを踏まえると，学習指導案は「細案」であることが望まれる。特に細部にわたって丁寧に学習指導案を作成することが求められるので，これまで以上に余裕をもって早い時期から作成に着手するようにしたい。学習指導案が完成したら署名・捺印し，指導教員の連署をいただき，必要な枚数分を印刷する。校長等の管理職教員をはじめ教職員一人ひとり

に学習指導案を配布し，これまでご指導いただいたことへのお礼と，研究授業
の日時等の報告，参観及び指導・助言のお願いをすることが望ましい。なお，
研究授業で使用するプリント類などがある場合も必要な枚数分印刷しておくこ
とが必要である。

　ICT 機器を使用する場合は，事前に使用・点検し，リハーサルを行ってお
くとよい。当日 ICT 機器が使用できなくなった場合の代替策も用意しておく
ようにしたい。例えばプロジェクターやディスプレイの光度が不十分で写真や
図が見づらい，ケーブルの接触不良で画面にノイズが出たり映らなかったりす
る，ディスプレイに蛍光灯などの明かりが映り込んで見づらい，タブレットが
ネットワークにうまくつながらない等，ICT 機器を使用する場合にはさまざ
まなトラブルが発生することが予想される。提示する資料の拡大コピーを用意
しておく，各班に資料として配布するなどの代替措置を用意しておくことが望
ましい。体育など天候が関係する授業の場合も，日時自体の変更も含め，代替
策を用意しておく必要がある。指導教員とよく相談をしておこう。

③　最終確認

　研究授業の前日等に，最終確認としてイメージトレーニングを行なったり，
他の実習生や指導教員等にご協力いただいて簡単な模擬授業を行なったりして
みるとよいだろう。ただし，模擬授業を行うとしても流れを確認する程度に留
め，学習指導案の修正は行わないか，するとしても細かい点の修正だけにして
おいた方がよい。よく「授業は生きものだ」と言われるように，どれだけ準備
をしても完璧に計画を遂行できることはありえない。余計な手を入れて自ら不
安感を増大させたり，ギリギリまで修正し続けて徹夜をしたりすることのない
ようにしたい。

④　研究授業

　先に述べたように，当日は多くの人が研究授業を参観することになる。実習
生が緊張するのは当然のことではあるが，児童生徒もまた大勢の大人に囲まれ
て緊張したり，落ち着かなさを感じたりすることを忘れてはならない。できる
限り笑顔と落ち着いた態度を児童生徒に見せられるよう心がけたい。研究授業
は大学や実習での学びの集大成と先に述べたが，研究授業自体も学びの場であ
る。ミスをすることがあったとしてもそこから学ぶことは多い。謙虚で前向き
な姿勢で授業に臨むべきである。

　授業が終了した後も気を抜くことなく，参観していただいた方々へのお礼を
伝えることと，反省点や問題点をメモし，研究協議会に備えることを忘れない
ようにしたい。

[2] 研究協議会

　研究授業終了後，参観していただいた方々から助言や感想を聞く機会が設けられる。一般的な会の進行としては，はじめに授業者である実習生の自己省察が求められることが多い。まずは改めて授業を参観してくださった方々にお礼を述べ，次に授業の目標が達成できたか否か，またその要因は何か，授業中に困ったことや失敗したことなどを述べて指導助言をお願いする。明確かつ簡潔に，そして率直に述べることが大切であり，弁解や言い訳の言葉も不要である。研究協議会に参加した方々からの指導助言は謙虚に受け止め，しっかりと記録しておこう。率直で厳しい指摘を受け，気持ちが落ち込むこともあるかもしれないが，真摯に前向きな態度で研究協議会に臨むようにしたい。近年では授業改善にマネジメントサイクル（PDCAサイクル◁11）が取り入れられ，授業を実施して終わりにするのではなく，それを評価し，検討して計画を立て直し，再びそれを実践，評価し…というサイクルで授業改善が行なわれている。授業改善のサイクルは教師としてのキャリアが続く限り行われるものである。その意味において，教師になることを目指す実習生にとって，研究授業と研究協議会はそこで「終わり」ではなくむしろ「始まり」だと言える。よりよい授業づくりを目指し，まずは研究授業及び研究協議会での学びの成果を次回の授業にどう活かすかを考えるところからはじめよう。

▷11　PDCA サイクル
PDCA は Plan（計画），Do（実施），Check（評価），Action（改善への行動）の略。立案した計画を実施し，その成果を評価し，評価結果に基づいて計画を修正し，修正した計画を実行し…と PDCA を円環的に続けることで業務を継続的に改善する手法を PDCA サイクルという。P の前に R（Research：調査）を入れて R-PDCA とする場合もある。

Exercise

① 　これまでに自分が受けた「よい授業」を思い出し，なぜその授業を「よい」と感じたのか，どのようなところを「よい」と感じたのか，考えてみよう。

② 　小学校実習の場合は任意の教科において，中・高校実習の場合は自分の専門教科・科目において，任意の単元を取り上げ，その単元の学習において児童生徒がつまずきそうなポイントを検討してみよう。

📖次への一冊

野口芳宏『名著復刻　授業で鍛える』　明治図書，2015年。
　　授業によって子どもたちの「知的活力」を伸ばす鍛え方を筆者の経験に基づきながら実践的，具体的に解説した1冊。書名に「名著復刻」とあるように，1986年に刊行された『授業で鍛える』を復刻刊行したものである。

長瀬拓也『ゼロから学べる授業づくり——若い教師のための授業デザイン入門』明治図
　書，2014年。
　　目の前の子どもたちに合った自分らしい授業をつくるために，自分が既に持ってい
　　る「授業のイメージ」にとらわれることなく，ゼロから授業を見つめ直し，授業づ
　　くりを学ぶことを提案する1冊。先行事例や先行実践が多く紹介されている。
向後千春『いちばんやさしい教える技術』永岡書店，2013年。
　　インストラクショナルデザイン（教え方のデザイン）を専門とする筆者が，学校だ
　　けでなく誰かに何かを教えたいと思っている人に向けて書いた1冊。うまく教える
　　ための「教える技術」をわかりやすく解説している。

引用・参考文献

岩本俊郎他編著『新　教育実習を考える〔改訂版〕』北樹出版，2017年。

小山茂喜編著『新版　教育実習安心ハンドブック』学事出版，2010年。

筒井美紀他編『ベストをつくす教育実習』有斐閣，2017年。

橋本美保他編『改訂版　教職用語辞典』一藝社，2019年。

原清治他監修，小林隆他編著『教育実習・学校体験活動』ミネルヴァ書房，2018年。

明星大学教職センター編『単元指導計画＆学習指導案で学ぶ　教育実習のよりよい授業
　づくり』学事出版，2019年。

第9章
小学校の学習指導案

〈この章のポイント〉

　本章では，小学校の学習指導案の特徴について概説するとともに，その例について紹介する。小学校段階は，高等学校までの12年間の学びの基礎を定着させる時期と捉えることができる。ここでの学習状況が，その後の学びに大きな影響を与えるといってよい。学習指導案を作成することで，指導と評価の一体化▷1について理解し，基礎的な学力の定着，それを活用する能力を身に付けることにつなげることが大切である。また，単元計画や時案について，その特徴を把握したい。

1　小学校の学習指導案の特徴

　小学校においては，教科担任制▷2を進める動きもあるが，基本的には全教科を担任が担当することになる。それぞれの教科で指導内容が異なるため，指導案の様式や記載する内容については教科によって違いが見られる。

　また，1年生から6年生までの教科書を見比べるとよくわかるが，同じ教科でも学年の発達の段階を踏まえ，系統性をもたせた教科内容が盛り込まれている。学習指導案を作成して授業を展開するにあたっても，例えば低学年では，身近な題材から課題を提示し，操作や作業を取り入れた体験的な学習内容を考えていくことが必要になる。

　中学年は，低学年で生活科だったものが社会科，理科といった教科になるなど，学習内容もやや抽象化してくるとともに，高学年への学習につなげる重要な内容を学ぶ時期でもある。「小4の壁」や「10歳の壁」とも言われるように，特に算数科においてはつまずきが見られる時期でもある。また，低学年の積み残しが，中学年の学習の理解に大きな影響を及ぼす時期とも言える。したがって，どのようなつまずきが予想されるのか，教師の方で想定し，その際の手だてをどう講じるのかを指導案にも記載しておく必要がある。

　高学年においては，外国語が教科になるなど，学習内容も増加し，抽象的な事項もより多くなっていく。また，より学力差が顕著になってくるので，すぐに理解できる児童と，そうでない児童について，どのように対応していくのかその手だても指導案のなかに盛り込む必要がある。

　また，「幼稚園，小学校，中学校，高等学校及び特別支援学校の学習指導要

▷1　指導と評価の一体化
指導と評価とは別物ではなく，評価の結果によって後の指導を改善し，さらに新しい指導の成果を再度評価するという，指導に生かす評価を充実させること。

▷2　教科担任制
教科毎にその免許状を取得している教員によって授業が行われる仕組み。

領等の改善及び必要な方策等について（答申）」（平成28年12月21日中央教育審議会）の「単元等のまとまりを見通した学びの実現」の項のなかでは，次のように述べられている。「『主体的・対話的で深い学び』は，1単位時間の授業のなかですべてが実現されるものではなく，単元や題材のまとまりのなかで，例えば主体的に学習を見通し振り返る場面をどこに設定するか，グループなどで対話する場面をどこに設定するか，学びの深まりを作り出すために，子どもが考える場面と教員が教える場面をどのように組み立てるか，といった視点で実現されていくことが求められる。」「各学校の取組が，毎回の授業の改善という視点を超えて，単元や題材のまとまりのなかで，指導内容のつながりを意識しながら重点化していけるような，効果的な単元の開発や課題の設定に関する研究に向かうものとなるよう，単元等のまとまりを見通した学びの重要性や，評価の場面との関係などについて，総則などを通じてわかりやすく示していくことが求められる。」

　これらを受けて，今後は，単元や題材のまとまりのなかで授業を捉えて，どのように1単位時間の授業を構築していくのかが重要になっていくと考えられる。よって，単元計画や指導と評価の計画といった，授業の前段階での構想に注力していく必要があると言える。

　次頁以降に，学習指導案の例を紹介していくが，前半では単元計画を重視した例を，後半では1単位時間の計画である時案（略案）の例を示していく。単元計画を重視した例の一つは国語科を，もう一つは，技能系の教科で体育科の指導案の細案について取り上げる。

　本章では，小学校の学習指導案の例として取り上げるが，指導内容については異なるものの第10章の中学校，第11章の高等学校でも，学習指導案についての基本的な考え方は同様である。中学校，高等学校の章では時案（略案）のみを紹介していくので，単元計画については本章を参照されたい。

　また，学習指導案の例については，以下のような都道府県教育センター[3]のホームページに掲載されている。

- ・岩手県総合教育センター　　　・宮城県教育研修センター
- ・福島県教育センター　　　　　・栃木県総合教育センター
- ・埼玉県立総合教育センター　　・茨城県教育研修センター　　　等

この他にも，国立教育政策研究所の教育情報共有ポータルサイトや各自治体の教育センター，教育委員会のホームページには，学習指導案の例や，研修で研究授業を行った際の成果物としての資料等が掲載されているので，それらを参照して指導案を作成するとよい。指導と評価の計画については，国立教育政策研究所から示されている「『指導と評価の一体化』のための学習評価に関する参考資料」を参考にするとよい。

2　小学校の学習指導案の例

1　国語科の指導案の例　第4学年：単元計画の例

1　**単元名**　つながりを意識して文章の構成を考えよう

　　　　　　―「行事しょうかいリーフレット」を作ろう―（光村図書4年下）

2　**本単元で育成する資質・能力**

(1) 段落や接続する語句の役割について理解し，文章の中で適切に使うことができる。

（知識及び技能）

(2) 書く内容の中心を明確にし，つながりを意識して文章の構成を考えて書くことができる。

（思考力，判断力，表現力等）

(3) 言葉がもつよさに気付くとともに，幅広く読書をし，国語を大切にして，思いや考えを伝え合おうとしている。

（学びに向かう力，人間性等）

3　**単元の評価規準**

知識・技能	思考・判断・表現	主体的に学習に取り組む態度
・段落や接続する語句の役割について理解し，文章の中で適切に使っている。	・書くための材料を集め，中心に述べたいことを一つに絞ろうと考えている。 ・内容のまとまりで段落をつくり，段落相互の関係に注意して文章の構成を考えて書いている。	・粘り強く，自分の考えが伝わるように書き表し方を工夫し，紹介する文章を書こうとしている。

4　**単元について**

(1) **教材観**

　本単元は，教科書教材「クラブ活動リーフレットを作ろう」を基に，3年生に対して4年生で行う学校行事のよさを紹介するための文章を書くという題材を設定している。この文章を書く活動を通して，文章の構成を考えたり，伝えたい事柄とそれを支える理由や事例との関係を明確にして書き表したりする力を身に付けることができる。本単元は，集めた材料を取捨選択し，内容のまとまりでつくった段落を基にして構成を考えることで，書く内容の中心を明確にし，つながりを意識して文章の構成を考えるのに適した単元であると考える。

(2) **児童観**

　本学級の児童に対して，書く内容の中心を明確にし，つながりを意識して文章の構成を考えて書く力に関する実態調査（令和○年○月○日実施，第4学年○組○人）を行った。調査では，他校の4年生に対して，自分の小学校のよいところを一つ取り上げ，400字以内で「冒頭部―展開部―終結部」の構成で紹介する文章を書くという条件を設定した。その結果，書く内容の中心を明確にし，文章の構成を考えて書くことができた児童は○人，書く内容の中心を明確にすることはできているが，文章の構成を考えられていない児童が○人，文章の構成は考えられているが，書く内容の中心を明確にすることができていない児童が○人，書く内容の中心を明確にできず，文章の構成を考えられていない児童が○人であった。このことから，本学級の児童は，文章を書き進めるうちに述べようとしている事柄が変わってしまったり，構成を考えずに文章を書いてしまったりする傾向にあることが分かった。そのため，書く内容の中心を明確にし，つながりを意識して文章の構成を考えて書く力を育てる学習指導を行う必要があると考える。

(3) **指導観**

　本単元では，3年生に対して4年生で行う学校行事のよさを紹介するための文章を書くという言語活動を設定する。まず，4年生で行った学校行事について伝えたいことを付箋に書き，グループで付箋を操作して共通点を探す。そして，共通点を基に，個人で中心に述べたいことを一つに絞り，紹介文の終結部に位置付ける。次に，見出しとして伝えたい事柄を短くまとめ

た言葉を書き，その言葉に沿って段落カードに内容を文章化する。その際，段落カードをグループで読み合い，理由や体験が具体的に書かれているか助言し合う。最後に，個人で展開部の段落カードを並べ替え，それに合わせて冒頭部と終結部を文章化した後，グループで接続する語句を使いながら段落と段落との関係を検討し，清書する。このように，紹介するための文章を書く際に，思考の流れを可視化し，グループで交流しながら，材料を集めたり文章の構成を検討したりすることで，書く内容の中心を明確にし，つながりを意識して文章の構成を考えて書く力を身に付けることができると考える。

5　単元の指導計画（7時間扱い）

次	時	学習内容・活動	指導上の留意点・評価【評価方法】
1	1	○学習の見通しをもち，学習計画を立てる。 ・リーフレットの形式や目的を確認し，ゴールを把握する。 ・紹介文に書く事柄を，モデルを通して確認し，どのような学習が必要か話し合う。	・実際のリーフレットや教師の作った紹介文のモデルを示し，単元のゴールが明確になるように働きかける。 ・児童の言葉で学習計画を立て，主体的に学習に取り組めるようにする。 評：紹介文を書く活動に関心をもち，進んで学習計画を立てようとしている。(態)【発表や意見交換の観察】
2	2	行事を通して伝えたいことは何でしょう。また，それを伝えるためにどんな材料が必要でしょう。 ○紹介文の材料を集め，共通点に着目して分類する。	・同じ行事を選んだ児童でグループを編制し，必要に応じて情報の共有や相談ができる場を設定する。 ・付箋に材料を書き出すことで，操作や加除訂正をしやすくする。 ・グループで付箋の共通点を探すことで，行事を通して3年生に伝えたいことを考える手がかりを与える。
	3	・選んだ行事について伝えたいことを付箋に書き，それを操作しながらキーワードを探す。 ○共通点を基に，中心に述べたいことを一つに絞る。 ・中心に述べたいことを伝えるための材料を，シートで色分けしたり書き加えたりする。 ○文章の構成に応じて，大まかな内容を見出しとして段落カードに書き込む。 ・段落カードに見出しを書き込む。 まとめ：紹介文では，伝えたいことが一つ決まったら，それを支える理由や事例を書くとよい。	・述べたいことの中心や，それを伝えるための事柄を，見出しとして段落カードに書くことで，段落に何を書くのか確認できるようにする。 評：書こうとしている材料の中から，中心に述べたいことを考え一つに絞ることができる。(思)【学習カード】
	4	どうすれば読者が読みやすい紹介文が書けるでしょう。 ○段落カードを使って，展開部の内容を文章にする。 ・段落カードに，内容のまとまりごとに理由や事例を書く。 ・グループ内で学習の手引きを用いて助言を行い，個人で段落カードの推敲を行う。	・児童同士で相談できるように，個人で進める活動もグループの形態で行うよう指示する。 ・一枚の段落カードに一つの事柄を書くことで，内容のまとまりで段落をつくることを実感できるようにする。
	5	1　本時の学習課題をつかむ。 読者が読みやすく，書き手の思いがよく伝わるには，どのような構成をすればよいでしょうか。 2　展開部分の構成を考える。 ・伝えたい順番や接続する語句の使い方に着目して，展開部の段落カードを並べ替える。 3　冒頭部と終結部を文章化する。	・展開部の段落カードを並べ替える際に，なぜその順番にしたのかワークシートに書き込むことで，文章の構成の意図を振り返ることができるようにする。 ・文章を書いたり助言をしたりする際，必要に応じて，学習の手引きに掲載されている接続する語句の一覧や冒頭部，終結部の書き方を参考にするよう指示する。また，呼びかけや問いかけの文を使えるか検討できるようにする。 ・グループ内で学習の手引きに示した観点を基に読み合い

		・展開部の内容につながるように冒頭部と終結部を段落カードに文章として書く。	を行うことで，読む方も書く方も気を付ける箇所を意識しやすくする。
		4　グループで文章を読み合い，改善点を指摘し合う。 5　助言を基にして文章の推敲を行う。 6　本時を振り返り自己評価を行う。	評：段落の順番について意見をもったり，接続する語句を使ったりして，つながりを意識して文章の構成を考えている。（思）【学習カード】
		内容のまとまりごとに段落をつくり，段落と段落がどのようにつながるのかを意識して構成を考えるとよい。	・段落カードを貼ったシートを基に，丁寧に清書を行うように指示する。
	6	○リーフレットを作る。 ・リーフレットの形式に合わせて紹介文を清書する。 ・紹介文に合った写真を貼り，表紙を書く。	評：段落や接続する語句の役割について理解し，文章の中で適切に使っている。（知）【リーフレット】
			評：内容のまとまりで段落をつくり，段落相互の関係に注意して文章の構成を考えている。（思）【リーフレット】
3	7	○リーフレットを読み合う。 ・グループで紹介文を読み合い，付箋を使ってコメントする。 ○単元の振り返りをする。 ・3年生にも実際にリーフレットを読んでもらい，コメントをもらう機会を設ける。	・内容の中心が明確になっていることや文章の構成が考えられていることについても感想を伝えられるように声をかける。 ・コメントを読み，単元で身に付いた力について振り返りをする。
			評：友達の紹介文を読み，進んで文章のよいところを見付けようとしている。（態）【付箋の記述分析】

単元を一つのまとまりとして捉え，指導計画を重要視し，その中で1単位時間をどのように展開していくかを示した指導案である。3年生に対して4年生で行う学校行事のよさを紹介するための文章を書くという言語活動を設定している。

第4学年○組 体育科学習指導案

1 単元名 ようこそベースボールパークへ（ゲーム・ベースボール型ゲーム）

2 単元の目標

○ ベースボール型ゲームでは，楽しさや喜びに触れ，その行い方を知るとともに，打つ，捕る，投げるなどのボール操作と得点をとったり防いだりする動きによって，易しいゲームをすることができるようにする。 （知識及び技能）

○ ゲームの型に応じた簡単な作戦を選んだり，考えたりするとともに，考えたことを友達に伝えることができるようにする。 （思考力，判断力，表現力等）

○ 運動に進んで取り組み，規則を守り誰とでも仲良く運動をし，勝敗を受け入れ，友達の考えを認めたり，場や用具の安全に気を付けたりすることができるようにする。 （学びに向かう力，人間性等）

3 指導にあたって

(1) 教材観

ベースボール型ゲームは，打つ，捕る，投げる，などの基本的なボール操作を身に付け，チームで作戦を考え伝え合ったり，教え合ったりするなど，協力して楽しむことができる教材である。特に，ボールを思いきり打つことやチームで協力してアウトにすることは大変楽しく，魅力的である。しかし，様々なボール操作を必要とするために，ベースボールの運動経験の有無や男女間における技能差が出やすい運動でもある。

(2) 児童観

本学級の児童は，体を動かすことが大好きな児童が多い。休み時間は友達と元気にドッジボールや鬼ごっこなどをして楽しく遊んでいる。また，体育の時間や業間運動の時間も友達と仲良く活動し，積極的に運動しようとする児童が多数いる。その一方で，苦手意識が高く進んで運動をしようとしない児童もいる。 〈調査人数24人 令和○年○月○日調べ〉

	好き	どちらかというと好き	どちらかというと嫌い	嫌い
①体育は好きですか。	21人	3人	0人	0人
理由	○運動するのが楽しいから。○みんなと運動すると楽しいから。 ○できないことができるようになるから。○好きな運動もあるから。			
②ボールを使った運動は好きですか。	18人	2人	1人	3人
理由	○ドッジボールが楽しいから。○みんなとできると楽しいから。 ●ボールが捕れないから。●ボールがまわって来ないから。			
③好きなボールを使った運動は何ですか。	ゴール型ゲーム	ネット型ゲーム	ベースボール型ゲーム	
	11名	9名	4名	
理由	ゴール型ゲーム・・・ゴールを決めたり，パスしたりすると楽しいから。 ネット型ゲーム・・・バレーを習っているから。楽しそうだから。 ベースボール型ゲーム・・・ボールを捕るのが楽しそうだから。			
④ベースボール型ゲームで何ができるようになりたいですか。（複数回答）	・ボールを遠くに投げたい。（21名） ・バットで遠くにボールを飛ばしたい。（13名） ・ボールを上手にキャッチできるようにしたい。（19名）			

事前調査の結果からは，体育の授業に対して好意的に捉えている児童が多いことが分かった。また，ボールを使った運動に対して好意的に捉えているが，苦手意識をもっているものも少数いることが分かった。最も多くの児童ができるようになりたいと答えたのが，ボールを遠くに，正確に投げることであり，次に多かったのは，ボールを上手に捕球することとであった。

(3) 指導観

単元を通して，基本的なボール操作の知識及び技能の習得を目指して「口伴奏投び打動作運動（投・打）」「ゴロキャッチ（捕）」「スローイングキャッチ（投・捕）」を，ドリルゲームとして「スローイングリレー（投・捕）」「バッティングタイ

ム（捕・投・打）」を行う。また，メインゲームの「つなぎっこベースボール」では，守りが必ず捕球しなければアウトにできないルールにして，児童一人一人の捕球機会の保障を目指していきたい。このゲームでは，状況判断やボール操作を易しくし，どの児童も楽しく運動できるようにしたい。また，作戦タイムを設け，友達と意見を交換し，考えを深めるようにしていきたい。授業の終末には，振り返りの時間を確保し，めあてが達成できたか，課題はないかなど自己を見つめ直し，次の学習の課題に繋げていきたい。課題解決型の授業展開になるように，メインゲームで，児童から出てきた気付きをもとに，課題設定していく。単元前半は，基本的なボール操作に関する課題を，単元後半には戦術的な課題を設定し，児童が主体的に運動し，運動の楽しさを味わえるようにしていきたい。

4　単元の評価規準

	知識・技能	思考・判断・表現	主体的に学習に取り組む態度
単元の評価規準	①ゲームの仕方や基本的なボール操作の技能のポイントを言ったり書き出したりしている。（観察・学習カード） ②ボールを打ったり，捕ったり，投げたりするなどの基本的なボール操作を行っている。　（観察）	①提示された動きのポイントやつまずきの事例を参考に自分の課題を見付けている。　（観察・学習カード） ②早くアウトにするにはどのように守れば良いのか作戦を選び，友達に伝えている。　（観察・学習カード）	①安全に運動することの大切さに気付き，練習やゲームに進んで取り組もうとしている。（観察・学習カード） ②ルールやマナーを守り，友達と助け合って，練習やゲームをしようとしている。　（観察） ③勝敗を受け入れたり，友達の考えを認めたりしようとしている。（観察） ④運動をする場や，用具の安全に，気を付けている。　（観察）

5　指導と評価の計画

時間	1	2	3	4	5	6	7
ねらい	学習の決まりや進め方を理解し，進んで運動に取り組むことができる。	上手にボールを打つポイントを見つけることができる。	友達が打ったボールを上手に捕るポイントを，見つけることができる。	友達が投げたボールを上手に捕るポイントを，見つけることができる。	より早くアウトにするにはどのように守れば良いのか考え，友達に伝えることができる。	作戦を生かしてゲームを行い，課題を見つけることができる。	作戦を生かし，友達と協力してゲームを楽しむことができる。
学習の流れ	整列，挨拶，健康観察	整列，挨拶，健康観察，前時の振り返り，本時のめあての確認 →					
	授業のルールと学習のねらい，進め方を知る。 準備運動と基礎練習をする。 ・口伴奏の投及び打動作運動 ・ゴロキャッチ ・スローイングキャッチ ドリルゲームをする ・スローイングリレー ・バッティングタイム 学習カードの書き方を確認する	準備運動と基礎練習 口伴奏を用いた投及び打動作運動，ゴロキャッチ，スローイングキャッチ			準備運動と基礎練習 ゴロキャッチ，スローイングキャッチ		
		ドリルゲーム① スローイングリレー	ドリルゲーム① スローイングリレー	ボールを上手に捕るポイントの共有	ドリルゲーム① スローイングリレー	ドリルゲーム① スローイングリレー	ドリルゲーム① スローイングリレー
		上手に打つポイントの共有	ボールを上手に捕るポイントの共有	ドリルゲーム① スローイングリレー	ドリルゲーム② バッティングタイム	ドリルゲーム② バッティングタイム	ドリルゲーム② バッティングタイム
		ドリルゲーム② バッティングタイム	ドリルゲーム② バッティングタイム	ドリルゲーム② バッティングタイム	メインゲーム バックホームゲーム	より速くアウトにする方法を共有する。	課題をもとにより速くアウトにする方法を考え直す。
		メインゲーム バックホームゲーム	メインゲーム バックホームゲーム	メインゲーム バックホームゲーム	作戦タイム	メインゲーム バックホームゲーム	メインゲーム バックホームゲーム
					メインゲーム バックホームゲーム	メインゲーム バックホームゲーム	メインゲーム バックホームゲーム
		個人の振り返り及びチームでの共有	個人の振り返り及びチームでの共有	個人の振り返り及びチームでの共有	より速くアウトにする方法を個人で考える	チームの課題を見つける。	単元の振り返りをする
	全体での本時のまとめ，整理運動，挨拶						

評価計画	知			①観察・学習カード	①観察・学習カード	①観察・学習カード	②観察・学習カード			
	恵								①観察・学習カード	②観察・学習カード
	態	①観察		④観察					③観察	②観察

6　本時の学習（4／7）

(1) 目標

　基本的なボール操作（捕る）の技能のポイントを正しく理解できるようにする。

（知識及び技能）

(2) 準備・資料

　掲示資料，学習カード，CDプレーヤー，ボール（ソフトフォームボール16cm）

　バット，ティー，ゼッケン，得点板

(3) 展開

時	学習活動・内容	学習活動への支援・評価
5	1　集合・整列・あいさつ，健康観察をする。 2　本時のめあてを確認する。 　より早くアウトにするにはどのようにボールをつなげば良いか考えよう。 2　準備運動と基礎練習をする。 　・ゴロキャッチ 　・スローイングキャッチ	・規律ある態度で臨ませるとともに，元気よくあいさつをし，本時の意欲付けを図る。 ・発問しながら，前時の活動を振り返り，アウトにするためにはどのようにボールをつなげば良いかという課題に焦点化する。 ・気付いた児童の発言を取り上げ，活動の見通しがもてるようにする。 ・2人組でボールを転がしたり，投げたりする中で，捕球の姿勢を意識できるよう助言する。 ・両足を肩幅に広げ腰を落とし，両手の手のひらを相手に見せるというポイントを伝える。
10	3　ドリルゲームをする。 　・スローイングリレー 　・バッティングタイム	・ボールを投げる人は，相手の胸に向かって投げ，ボールを捕る人は，両手でハの字を作り，相手に手のひらを見せ，捕球する準備をしてから，包み込むようやさしくキャッチすることを確認する。 ・運動する場を十分確保したり，安全にバット等の教具を扱ったりすることを伝える。 ・スローイングリレーでは，ボールを受け取ったらすぐに向きを変えるように，回る方向について助言する。 ・バッティングタイムでは，口伴奏をしている児童を取り
20	5　メインゲーム「つなぎっこベースボール」を行う。 	上げ，こつについて共有する。 ・うまく捕球できない児童には，キャッチの際に，ボールをよく見るよう声かけをする。 ・各チーム，攻撃と守備を2ゲームずつ行う。 ・ドリルゲームで行った動きができている児童を取り上げ，称賛する。 ・ボールを打った後のバットは投げないように伝え，安全面に配慮する。 ・ゲームとゲームの間に，より早くアウトにするために工夫しているチームを取り上げ，価値付けを図る。
40		評：早くアウトにするにはどのように守れば良いのかについて伝えている。〈思考・判断・表現：観察・学習カード〉 ・より早くアウトにする方法を一人一人考えチームで共有

	させる。
6　整列し，学習の振り返り，まとめをする。	・本時の成果や課題を確認する。
7　整理運動をする。	・心身がほぐれるようにする。
8　次時の予告，あいさつをする。	・次時はチームで考えた作戦をもとにゲームをすることを伝え，見通しを持たせる。

　学習指導案の細案である。教育実習では，研究授業の際にこのような細案を作成することが多い。指導と評価の計画が示され，どの時間に何を指導し，何を評価するのかが明確になっている。ここでは，ベースボール型ゲームにおける捕球動作に焦点を当てて授業展開が考えられている。

目標	野菜の変化や成長の様子，他の野菜との差異点や共通点に気付くことができる。	
準備	野菜（サツマイモ，大豆，落花生），観察・学習カード，探検バッグ，虫めがね，テレビ	
時	学習活動・内容	学習活動への支援・評価
5	1　本時のめあてをつかむ。 　　　　野菜のひみつを　みつけよう 2　3種類の野菜を実際に観察し，ひみつを確認したり見付けたりする。（じっくりタイム） 　・サツマイモのはっぱはクローバーの形だね。 　・落花生のはっぱは細長くて丸いよ。 　・どのはっぱも形がちがうね。 　・大豆のくきは毛があるね。 　・サツマイモのつるはつるつるしてる。 　・枝豆には毛がはえているんだね。 　・落花生は土の中に実がなったね。	・児童が選んだサツマイモ，大豆，落花生のひみつを見付けて比べる活動であることを伝える。 ・導入で野菜クイズを出題し，児童が楽しみながらたくさんのひみつを見付けようとする意欲を高めたい。 ・前時までに，選んだ野菜のひみつをまとめておき，スムーズに本時の活動に取り組めるようにする。 ・観察コーナーをつくり，児童が実際に見たり触ったりしながら実物を比較できるようにする。
15	3　グループで交流しながら，3つの野菜のひみつを比べたり分けたりしながら，気付きを教え合う。（教えてタイム） 葉：大小，つるつる，とげとげ，形 　　ぎざぎざ，匂い 花：白，黄，紫，形，見たことがない 　　アサガオに似ている 茎：太い・細い，長い・短い 　　毛がある・ない， 　　つるがある・ない 実：大小，数，かたさ，形，色 　　土の中になる，枝になる	・ワールドカフェ方式で交流し，気付きを比較したり分類したりしてより高い気付きを生み出すことができるようにする。 ・違う野菜でも同じ部分に注目して差異点や共通点を探すように助言する。 ・差異点や共通点などを①葉②花③茎④実のように分けて整理することで，児童が気付きを整理しやすいようにする。 ・気付きを比べやすいように，友達から教えてもらったひみつについては青色鉛筆で書くように助言する。
30	4　野菜の同じところや違うところ，気付いたことを発表し合う。（発表タイム） 　・サツマイモの花はどんな花だろう。 　・サツマイモの花はアサガオと似ているんだね。 　・大豆と落花生の花の形も似ているよ。 　・サツマイモと落花生は土の中になるんだね。 　・大豆の実は枝豆と同じ形だけど色が違うね。 　・落花生とサツマイモはつるつるだよ。	評：野菜の変化や成長の様子，他の野菜との差異点や共通点に気付いている。〈知識・技能：発言・学習カード〉 ・クイズの答えを伝え，野菜それぞれの部分の特徴について助言する。 ・3種類の野菜の葉や茎の特徴を取り上げることで，野菜の同じ特徴や性質，変化に気付くようにする。 ・共通の疑問や課題を次時につなげていけるよう配慮する。
40	5　本時の学習について振り返る。 (1) 学習カードに本時の振り返りを書く。 (2) 次時の活動を知る。	・分かったことやがんばったこと，友達の考えを聞いて思ったこと，もっと知りたいことなどの振り返りの視点を伝え，自分の言葉で話すよう助言する。 ・次時の活動を伝え，意欲を高める。

> 　低学年児童の発達の段階に合わせて，学習課題を提示している。個人→グループ→クラス全体といった流れで，野菜のひみつについて気付きを促す学習過程を想定している。野菜への気付きを深めることで「やさいはかせ」になって，友達に伝える場も設定している。

4　算数科の指導案の例　第4学年　単元名：面積

目標	複合図形の求積方法を，既習内容を基に考え，図や式，言葉を用いて説明することができる。	
準備	ワークシート　説明の書き方の掲示物　ペア学習の手順の掲示物　質問シート	
時	学習活動・内容	学習活動への支援・評価
	1　本時の学習内容を確認する。 (1) 学習問題を知る。 ⑩次の図形の面積の求め方を考えよう。 (2) 学習課題を確認する。 ふくざつな図形の面積の求め方を考えよう。	・既習事項である正方形と長方形の面積の求め方を確認する。 ・「どうしたら面積が求められるだろうか。」と発問し，本時の学習に意欲をもたせる。 ・いろいろな解き方があることを伝え，本時の学習に意欲をもたせる。
5	2　見通しをもつ (1) 格子点をヒントに補助線を引く。 (2) 見いだした図形を基に解決の見通しを記述する。 　・長方形①＋長方形②＋長方形③で求める。 　・大きな正方形から小さな正方形と小さな長方形を引けばよい。	・補助線に気付きやすくするため，格子点の入ったワークシートを配付する。 ・正方形や長方形を見いだせたら，番号を付けたり，色を塗ったりすることを伝え，自分が見いだした図形を見やすくする。 評：複合図形の求積方法を，既習内容を基に考えている。 〈思考・判断・表現：観察・ワークシート〉
15	3　面積の求め方の説明を記述する。 　・考えた順番通りに書く。 　・算数の言葉を使う。 　・式が図ではどの部分かが分かるように同じ色で書く。 4　ペアで考えを伝え合う。 　・ペアの片方が質問し，もう片方の児童が質問に答える。 　・質問の答えを質問シートに記入する。 　・質問の答えが説明に書いていなかった場合は青鉛筆で書き加え，もう一度説明する。	・説明の書き方を掲示し，それを基に面積の求め方を書くように促す。 ・1つの方法で解決できた場合には他の方法で考えるように伝える。 ・ペア学習の手順を掲示し，それを基に活動するように伝える。 ・質問をしたら，質問シートに相手の考え方を記入するように伝える。 ・途中までしか解決できなかった場合には，考えたところまで伝えるように伝える。 ・説明が足りない時は，青鉛筆で書き加えるように伝える。
35	5　全体で比較検討する。 (1) 図形を縦に切る 　　$5 \times 3 + 8 \times 2 + 6 \times 3 = 49$ (2) 図形を横に切る 　　$2 \times 5 + 3 \times 8 + 3 \times 5 = 49$ (3) 大きい正方形から小さい正方形と長方形をひく 　　$8 \times 8 - 3 \times 3 - 2 \times 3 = 49$ (4) 正方形と長方形の合計の面積から2つの図形が重なっている部分の面積をひく 　　$5 \times 5 + 6 \times 5 - 3 \times 2 = 49$	・発表の時は，図や式を指しながら説明するように伝え，図と式が結びつくようにする。 ・必要に応じて，「5×3は図のどの部分か。」などの発問をして，立式の根拠を明確にする。 ・それぞれの考え方を比較し，共通点や相違点を確認し，本時のまとめにつなげる。 ・自分の考えと違う考えはワークシートにまとめるように伝える。

40	6　本時のまとめをする	評：複合図形の求積方法について，理解している。〈知
	ふくざつな図形でも，正方形や長方形をもとに考えれ	識・技能：観察・ワークシート〉
	ば，面積を求めることができる。	
	7　適用問題を解く。	
	8　本時の学習を振り返る。	・振り返りを記入し，次時の内容を確認する。

　　学習問題を提示し，既習事項を使って面積を求める工夫を，ペアで意見交換するような展開としている。比較検討場面では，多様な考え方を想定して，伝え合う活動を重視している。学習問題提示，課題解決，比較検討では，ICT機器の活用が考えられる。

⑤　社会科の指導案の例 第 5 学年 単元名：水産業のさかんな地域

目標	これからの日本の水産業の将来や自分がこれからどう関わることができるかについて，水産業に携わる方の意見を基に自分の考えを捉え直すことができる。	
準備	教科書 資料集 水産業に携わる方の話の動画 ワークシート テレビ	
時	学習活動・内容	学習活動への支援・評価
5	1　前時までの話し合いの内容を確認する。 ・これからの日本の水産業はつくり育てる漁業を進めることが大切だ。 ・自然環境を守ることが大切だ。 2　本時の学習課題を確認する。 　水産業に携わる方の話を聞いて，自分たちの考えを見直そう。	・前時までグループでまとめた内容を何人かの児童が発表し，これまでの学習を確認できるようにする。 ・実際に水産業に携わる方が日本の水産業の将来についてどのように考えているかを問いかけ，児童が予想を立てられるようにする。 ・学習課題を提示し，水産業に携わる三人の方の紹介をする。
10	3　地元で水産業に携わる方の話の動画を視聴する。 (1) 漁協の方の話 (2) 寿司屋の方の話 (3) 水産産加工業の方の話	・水産業に携わっている方が「どのようなことを大切にして日本の水産業を支えているのか」，「日本の水産業の将来についてどんな思いや願いをもっているのか」という視点を明確にしてから動画を提示する。
20	4　グループで意見を交流し，それぞれの話の内容をワークシートにまとめる。	・動画を視聴し，視点を明確に示したワークシートを活用し，大切なことを聞きもらさないようにする。 ・ワークシートに書かれた内容を友達と交流し，それぞれの方の話の内容をまとめるように助言する。
30	5　これからの日本の水産業がどんなことを大切にしたらよいか，グループで話し合いまとめる。	・水産業に携わる方が，どんなことを大切にしているのかを考えながらまとめられるように助言する。
40	6　本時の学習を通して捉え直した自分の考えをまとめる。 ・地元の漁船も魚を獲る量を制限している。 ・漁師の高齢化が進んでいるので，もっと若い人に漁師になってもらうことが必要だ。 ・地元の寿司屋の方や水産加工業の方が地元の魚を大切にしていることから，地元の魚をもっと大切にすることが必要なのではないか。	・捉え直した自分の考えをワークシートにまとめられるようにする。 評：これからの日本の水産業の将来や自分がこれからどう関わることができるかについて，水産業に携わる方の意見を基に自分の考えを捉え直し表現している。〈思考・判断・表現：ワークシート〉 ・数名を指名し，捉え直した考え方を共有し，様々な視点に気付くことができるようにする。

> 　実際に水産業に携わる方の動画を活用している。グループ活動を設定し，話し合い活動を重視している。様々な意見を交流し，まとめでは自分の考えを捉えなおすことができるようにしている。

6 理科の指導案の例 第3学年 単元名：ものの重さをしらべよう

目標	物の形を変えたときの重さを比較して，それらを考察し，自分の考えを表現するなどして問題解決することができる。
準備	粘土，ブロック，積み木，電子てんびん，「科学的な言葉」を書いたホワイトボード

時	学習活動・内容	学習活動への支援・評価
	1　本時の学習問題をつかむ。 ものの形をかえると，ものの重さはかわるのだろうか。	・単元の導入時に気付いたことから設定した学習問題や前時までの学習を想起させることにより，学習内容を把握しやすくする。
5	2　予想をする。 (1) 個人で予想し，ワークシートに記入する。 ・変わる（重くなる）。 ・変わる（軽くなる）。 ・変わらない。 (2) 班で予想したことを伝え合う。 (3) 全体で発表する。	・既習事項や生活経験を基に予想が書けるように，ノートを見返すように助言する。 ・自分と友達の考えの共通点や相違点を意識しながら聞くように助言する。 ・予想の理由を板書し，考えを共有できるようにする。 ・実験の様子をイメージさせ，どんな内容の実験ができるかなどについて話合いをさせる。
10	3　実験計画を立て，実験する。 (1) 班で実験計画を立てる。 ・粘土を細長くする。 ・ブロックをバラバラにする。 ・積み木をピラミッドのようにする。 (2) 実験方法を確認し，実験する。	・電子てんびんの使い方を児童とのやりとりの中で復習しながら実験方法を確認することで，基礎的な実験技能の定着を図る。
20	4　実験結果を記録する。 (1) 実験班で結果を確認する。 (2) くらべるエリアに交流班で共有した結果を記入する。	・実験班の友達と結果を説明し合わせることで，交流班で的確に伝えられるようにする。 ・結果は，言葉でまとめるだけではなく，図や絵でもまとめるように助言する。 ・くらべるエリアに交流班で共有した結果を記入させることで，ステップアップエリアの理由付けの項目につなげられるようにする。
30	5　実験結果から考察する。 (1) ステップアップエリアの項目ごとに記入し，考察を完成させる。 (2) 全体で発表する。	・科学的な言葉をキーワードとして示すことで，考察につなげられるようにする。 評：物の形を変えたときの重さを比較して，それらを考察し，自分の考えを表現して問題解決している。〈思考・判断・表現：ワークシート・発言〉
40	6　本時の学習のまとめをする。 ものの形をかえても，ものの重さはかわらない。 7　本時の学習を振り返り，次時の学習の見通しをもつ。	・学習問題との一貫性をもたせるために，学習問題の答えになる形で書くように助言する。 ・本時の学習を振り返えさせたり，次時の学習の見通しをもたせたりすることで，新たな気付きや課題を発見し，追究していこうとする意欲につなげられるようにする。

> 「予想→実験→結果からの考察」の順番で授業展開を考えている。ワークシートの中に，「くらべるエリア」を設け，結果を比較し整理できるようにしている。併せて「ステップアップエリア」として，事実（条件・予想・結果）と解釈（理由付け）の枠を設けている。

7　図画工作科の指導案の例　第1学年　題材名：おひさま　ニコニコ

目標	あったらいいなと思うおひさまについて話し合い，自分がかきたいおひさまのイメージをふくらませ，色や形を考えて表現することができる。	
準備	画用紙，クレヨン	
時	学習活動・内容	学習活動への支援・評価
5	1　本時の学習課題をつかむ 　あったらいいなと思うおひさまをかいてみましょう。 2　あったらいいなと思うおひさまについて話し合う。 〈予想される児童の反応〉 ・やさしいおひさま。 ・キラキラ光っているきれいなおひさま。 ・強くて格好いいおひさま。	・おひさまという言葉から受けるイメージを自由に出し合う時間を設けることで，対象への関心やイメージをもてるようにし，次の活動につなげる。 ・児童から出てきたイメージを大切にしながら，「こんなおひさまがあったらいいな」という思いにつなげていく。 ・自分の思いを友人に伝えるとともに，友人の考えを聞くことで，イメージを刺激し合い，豊かなイメージの創出につなげていく。
10	3　色や形のもつ印象について話し合う。 〈予想される児童の反応〉 ・オレンジ色はあったかい感じがするよ。 ・青っぽい色は何だか涼しそう。 ・虹色のおひさまがあったらきれいだな。 ・お花型のおひさまがあったら楽しそう。	・思い描いたイメージについて，どのような色や形を選べばより自分の思い描いた表現となるのか考えていけるよう促す。 ・自分なりの意図をもって色を選択できるよう，色の印象について思いを出し合っていく。 評：自分だけのおひさまをかくことに関心をもち，友人との話し合いの中からイメージをふくらませ，絵に表す活動に取り組もうとしている。〈主体的に学習に取り組む態度：観察・発表〉
20	4　広がったイメージを基に，自分の思い描くおひさまを表現する。 ・楽しい感じにしたいから黄色を使おう。 ・大きくて丸いおひさまにしようかな。 ・にこにこした優しい顔のおひさまにしよう。 　（中間鑑賞） ・□□さんのおひさまは，たくさんかいてあってにぎやかだな。自分ももっと付け足してみよう。 ・△△さんのおひさまは黄緑色でさわやかだな。自分もここにもう少し明るい色を使ってみよう。	・話し合ったことをもとに色や形を選択してかいていけるよう助言を行う。 ・製作中のこどものつぶやきやアイディアを見とっていく。 ・中間鑑賞を行うことで，色の多様性やその特徴に気付き，更にイメージを広げられるようにする。 評：おひさまの大きさや色，形など，自分のイメージに合うものを選択したり組み合わせたりしながら工夫して表している。〈知識・技能：観察・作品〉
40	5　本時の学習を振り返り，まとめを行う。 ・自分の思ったとおりにかけて気に入った ・◇◇さんのおひさまの色の組み合わせがきれいだった。 ・今度はこんなおひさまをかいてみたいな。	・本時の振り返りを行い，自分の作品とともに友人の作品のよさに気付き，次時の鑑賞の学習に意欲をもって取り組んでいけるようにする。

> 　児童が馴染みのある「おひさま」へのイメージをふくらませ，色や形の選択やその描画に多様な広がりをもたせられるようにしている。導入での話合いや中間鑑賞など，友達とのかかわり合いによる発想や構想へのよい刺激の場を設定し，自分の思いをはっきりさせたり，イメージを広げたりできるようにしている。

目標	汚れの種類や汚れ方に応じて，掃く，拭く，こする，はたく，吸い取るなどの清掃の方法や用具を選んだり，順序を考えたりすることが必要であることを理解する。	
準備	教科書　写真　清掃用具　ワークシート	
時	学習活動・内容	学習活動への支援・評価
	1　前時の活動を振り返り，教室の中で見付けた汚れの種類を確認する。 2　本時の学習課題をつかむ 　　見付けた汚れをきれい落とすには，どうしたらよいだろうか。	・場所によって，汚れ方や汚れの原因が違うことが確認できるように，前時の活動で児童が撮影した汚れの写真を黒板に掲示する。 ・今までの清掃の仕方を見直し，汚れの種類や汚れ方に応じた清掃の仕方について考えていくことができるように，いくつかの清掃用具を提示する。
5	3　見付けた汚れに応じた清掃の仕方を考える。（個人） (1) 今までの清掃の仕方 　・ほうきで掃く。 　・雑巾で拭く。 (2) 清掃の仕方でさらに工夫できること 　・スポンジでこする。 　・楊枝のようなものでかき出す。 　・歯ブラシを再利用する。 　・割り箸に布を付けたものを使う。 　・クレンザーを使う。 　・ぬらした新聞紙でこする。	・汚れの種類（写真）と清掃の仕方を結び付け，汚れに応じた清掃の仕方を考えることができるように，写真付きのワークシートと付箋を準備しておく。 ・今までの清掃の仕方と，汚れに応じた清掃の仕方の工夫を分けて書くことができるように，付箋は2色準備しておく。 ・事前に，家庭での清掃の仕方を調べる課題を出し，汚れに応じた清掃の仕方を考える際の参考にできるようにする。 ・付箋に具体的な清掃の仕方を書けない児童には，清掃用具の使い方を考えるように助言する。
10	4　汚れをきれい落とすにはどうしたらよいか話し合う。 （グループ→全体） 　・机の上 　・机・イスの脚 　・黒板の上部 　・黒板の下 　・本棚・ロッカー 　・窓ガラス 　・窓のサッシ 　・流し	・汚れの種類ごとに，考えた清掃の方法，用具の使い方や順序について根拠となる理由を考えるように助言し，よりよい方法を検討することができるようにする。 ・話合いでなかなか発言できない児童には，付箋に書いたことをそのまま読んでも良いことを伝え，全員が自分の思いを伝えられるようにする。 評：清掃の方法や用具を選んだり，順序を考えたりすることが必要であることを理解している。〈知識・理解：ワークシート〉
40	5　本時の学習のまとめをする。 　・汚れの種類や汚れ方に応じた清掃の仕方をまとめ，次時の見通しをもつ。	・次時で清掃の計画を立てる際に，本時の学習が生かせるように，汚れの種類ごとに「清掃のポイント」として整理しながら板書する。 ・環境に配慮した生活の工夫にも目を向けられるようにするために，洗剤の使い方や洗剤を使わない方法，不要品を活用した方法を紹介する。

　　汚れに応じた清掃の方法について意見を出し合い，比較検討しながらよりよい方法を考え，実践していくことで，課題の解決だけでなく，児童の清掃のスキルアップも目指している。「汚れ調べ」の際に，自分たちで教室の汚れを探して写真を撮っておき，清掃後の写真と比較できるようにしている。

　音楽科の指導案の例

第4学年　題材名：歌詞や旋律から場面を想像し，表現を工夫しよう

目標	共通事項を手がかりにして，自分の思いや曲のイメージに合う表現の工夫をしている。	
準備	教科書　ワークシート	
時	学習活動・内容	学習活動への支援・評価
5	1　発声練習をし，「ゆかいに歩けば」「とんび」を歌う。 2　本時のめあてを確認する。 どんな表現の工夫をしたら，イメージに合うように歌えるだろう。	・共通事項について確認し，前半と後半の曲の雰囲気の違いを意識しながら歌う。（「ゆかいに歩けば」） ・声をそろえて楽しく歌うことで，本時への意欲を高める。 ・共通事項を手がかりにするとよいことを確認し，課題解決の見通しがもてるようにする。
10 20 30 40	3　表現の工夫を考える。 (1) 自分タイム 　自分がイメージしたとんびの様子を表現するには，どのように歌ったらよいか考える。 (2) グループタイム 　自分で考えた表現の工夫を伝え合い，よりイメージに合うようにするにはどうしたらよいか考える。 〈予想される児童の反応〉 ・親子で呼びかけ合っているようにしたいから，親鳥のときは大きく雛鳥のときは小さく歌いたい。 ・段々遠くへ行く様子を表したいから少しずつ小さくしていきたい。 ・優しく語りかけるような雰囲気を表現したいから，あまり切らずに，小さな声でなめらかに歌いたい。 (3) みんなタイム 　発表したり，友達の演奏を聴いたりし，感想を伝え合う。 4　本時の学習の振り返りと次時の学習課題の確認をする。 〈予想される児童の反応〉 ・強弱を工夫したり，フレーズを意識したりすると，イメージに合うように歌えることが分かった。 ・歌を歌うときは，歌い方を工夫することが大切だと分かった。	・音楽記号だけでなく，言葉で表現してもよいことを伝える。 ・戸惑っている児童には，共通事項を手がかりにするよう助言したり，どんな表現をしたいか聞いて一緒に考えたりすることで，自分のイメージを表現の工夫に表すことができるようにしたい。 ・同じような考えの子供同士でグループをつくることで，一人一人が思いをもって音楽表現の工夫を考えることができるようにする。 ・実際に歌いながら表現方法を考えるように伝える。タブレットに録音し，それを聴きながら試行錯誤する過程の中で，よりよい表現の工夫を見いだすことができるようにする。 ・2～3グループ発表し，よさや改善点を伝え合うことで，よりよい工夫を考えることができるようにする。 評：共通事項を手がかりにして，自分の思いや曲のイメージに合う表現を工夫し，どのように歌うかの思いや意図を持っている。〈思考・判断・表現：ワークシート〉 ・めあてを振り返り，本時で学んだことをまとめる。 ・旋律の流れやフレーズを意識したり，強弱を工夫したりすることで，音楽表現の幅が広がることに気付くことができるようにしたい。 ・書き終わった児童から交流をするように伝える。 ・次時は発表会をすることを伝え，次回の学習への意欲を高める。

　大空を舞うとんびの様子を，歌詞だけでなく旋律の流れからも感じ取ることができる楽曲「とんび」を取り上げている。9～12小節の2羽のとんびの関係性を想像することで，いろいろな歌い方を工夫し，表現の面白さを感じ取ることをねらいとしている。

Exercise

① 小学校の指導案の特徴について説明してみよう。

② 各教科によっての違いや，各教科に共通している点について挙げ説明して
みよう。

③ 教科を一つ絞って，本時案を作成してみよう。

📖次への一冊

小林隆・森田真樹編著『教育実習・学校体験活動』ミネルヴァ書房，2018年。
　　教育実習と学校体験活動における内容について，具体的な例を用い紹介されている。
三田部勇・米沢崇編著『教育実習・教職実践演習』協同出版，2021年。
　　教育実習と教職実践演習について，Q&A方式で分かりやすく説明されている。

引用・参考文献

小林隆，森田真樹編著『教育実習・学校体験活動』ミネルヴァ書房，2018年。
国立教育政策研究所の教育情報共有ポータルサイト
　　https://www.contet.nier.go.jp/（参照日2020年3月20日）
国立教育政策研究所「『指導と評価の一体化』のための学習評価に関する参考資料
　　https://www.nier.go.jp/kaihatsu/shidousiryou.html（参照日2022年4月1日）
茨城県教育研修センター「学習指導案集」
　　http://www.center.ibk.ed.jp/（参照日2022年7月3日）

第10章
中学校の学習指導案

〈この章のポイント〉

　本章では，中学校の学習指導案の特徴について概説するとともに，その例について紹介する。中学校段階は，小学校での学びを基に，義務教育としてのまとめを行う重要な時期だと捉えることができる。義務教育後は，さまざまな進路が考えられるが，ここでの学習状況が，その後の進路選択に大きな影響を与えるといってよい。さまざまな教科の学習指導案を閲覧することで，教科の特性や学習内容の面白さに触れさせるような授業展開について考察を深めたい。

1　中学校の学習指導案の特徴

　中学校では，基本的に教科担任制で授業が行われているので，小学校に比べて，その教科の専門性が求められてくる。教育実習においても，自分が取得したい教科の免許に応じて指導教員に指導を仰ぐことになる。

　また，学校規模にもよるが，複数クラスの学年であれば，一つの学習指導案に沿って，複数のクラスで授業を行う事になる。例えば，入念に準備して学習指導案を作成し授業に臨んでも，自分の計画通りに授業が流れない場合も考えられる。しかし，次のクラスで同じ指導案に沿って授業を行う際には，発問の内容やタイミングを変えてみたり，教える内容と考えさせる内容との時間の比率を変えたりするなど，修正を図ることが可能である。もちろん，教師側から見たら同じ内容の授業が複数回あっても，生徒側から見たら1回きりの授業である。1つの授業毎に，精一杯に注力する事は大前提であるが，小学校の全科制と違った，指導力を向上させるうえでの利点でもあると言える。

　一方で，同じ指導案に沿って授業を行っても，さっきのクラスではうまく授業が展開できたが，もう一つのクラスでは，なかなか思うように進まなかったといったことも考えられる。特に中学校においては，各学級の生徒の実態に応じてどのように指導していくかが問われるといってもよいであろう。指導内容は同じでも，さまざまな生徒の実態に合わせて指導方法を変えるなど，引き出しの多さが必要になってくる。また，小学校段階よりも，学習内容の理解についての個人差が大きくなってくる。生徒の理解度に合わせて，どのような手だてを講じていくかが，指導案のなかにも明記されることが重要である。

2 中学校の学習指導案の例

<u>1</u>　国語科の指導案の例

第2学年　単元名：なぜ太宰治は「走れメロス」という題名にしたのだろう

目標	冒頭と終末に加えられた言動や叙述は，話の展開にどのように関わっているのか，「読むこと」において，登場人物の言動の意味などについて内容を解釈することができる。
準備	全文プリント，ワークシート，場面の絵，振り返りシート

時	学習活動・内容	学習活動への支援・評価
	1　本時の学習課題をつかむ。 　冒頭と終末に加えられた言動や叙述は，話の展開にどのように関わっているだろうか。	・前時の学習を振り返り，本時の学習への繋がりを意識できるようにする。 ・冒頭と終末の登場人物の言動や叙述がどのように変わったかに着目することで，新たな視点で作品を見ることができるようにする。
5	2　学習の進め方を黒板に提示する。 　　　個別 　　　→グループA（同じ登場人物） 　　　→グループB（分担した登場人物） 　　　→個別	・個別学習やグループ学習の時間について本時の学習の流れを確認することで，学習の見通しをもてるようにする。 ・本時の学習課題に加え，「なぜ太宰治は『走れメロス』という題名にしたのだろう。」という単元の課題も掲示し，意識しながら学習できるようにする。
10	3　課題に取り組む。 (1) 登場人物を分担する。 ア メロス　　イ セリヌンティウス ウ ディオニス エ シラクスの民（民衆） (2) 冒頭と終末に加えられている言動叙述を書き出す。	・四人グループの中で，誰について調べるかを決めることでグループ内での役割意識を持たせ，意欲的に学習に取り組めるようにする。 ・個別の学習で登場人物を絞ることで，その登場人物の加えられた言動や叙述に焦点を絞って考えられるようにする。 ・「人質」の全文プリントと「走れメロス」の本文を比べることで，どのような言動や叙述が加わっているかを書き出す。 ・言動や叙述を見付けることにつまずきのある生徒には個別に対応し，教師が本文に加わっている言動や叙述をいくつか示すことで，個別学習への足がかりとする。 ・冒頭から終末にかけての登場人物の言動や叙述についてどのような語句が加えられたのかをワークシートに記入する。
25	(3) 同じ登場人物について調べた生徒同士で言動や叙述について発表交流する。 〈グループA〉 　ア メロス班 　イ セリヌンティウス班 　ウ ディオニス班 　エ シラクスの民（民衆）班 (4) 分担した登場人物について発表し，交流する。 〈グループB〉 ・メロス，セリヌンティウス，ディオニス，民衆を担当した	・同じ登場人物について調べるグループAで，どのような言動や叙述に着目したかを発表することで，自分の考えの参考にできるようにする。 ・加えられた言動や叙述を基に，話の展開にどう関わっているか自分の考えを書く。 ・グループBで，担当した登場人物に関して加えられた言動や叙述について伝え，それが話の展開にどう関わっているかを発表する。

		生徒4人一組でグループを作る。	・他の生徒の発表については，発言を肯定的に受け入れるように促す。
45	4	本時のまとめをする。	・自分の考えに他の生徒の考えを含めて考えることで，冒頭と終末の場面について登場人物の心情の変化を知り，話の展開について考えを広げたり深めたりできるようにする。
			評：「読むこと」において，登場人物の言動の意味などについて考えて，内容を解釈している。〈思考・判断・表現：ワークシート〉
	5	本時の学習を振り返り，次時の学習への見通しをもつ。	・「なぜ太宰治は『走れメロス』という題名にしたのだろう。」ということについて，本時の学習での自分なりの考えをもつことで次時の学習への意欲付けを図る。

> 　単元名を「なぜ太宰治は『走れメロス』という題名にしたのだろう」とし，登場人物の言動や叙述について考えることで，話の展開をより理解し読む力を育むことをねらいとしている。グループ活動を行い，意見の交流が活発になるようにしている。

数学科の指導案の例　第1学年　単元名：一次方程式

目標	道のり・速さ・時間に関する問題における数量の関係をとらえ，一元一次方程式をつくることができる。	
準備	教科書，ワークシート，ホワイトボード，黒板用定規，適用問題	
時	学習活動・内容	学習活動への支援・評価
	1　本時の学習課題をつかむ。 (1) 学習問題から，学習課題を考える。 　　Aさんとｅさんは，キャンプ場から湖に行くことにしました。Aさんが分速60mでキャンプ場を出発してから3分後に，同じ地点からBさんは分速70mで出発し，Aさんを追いかけました。BさんがAさんに追いつくまでの時間を求めましょう。 (2) 学習課題をつかむ。 　　道のり・速さ・時間の関係から1次方程式をつくれるようにしよう。	・学習問題を読んだ後に問題文の重要な部分に下線を引くように指示し，学習問題への理解がスムーズにできるように配慮する。 ・AさんとBさんの変化が分かるように動画で見せる。 ・学習問題から「道のり・速さ・時間の数量関係をつかむこと」と「数量関係から一元一次方程式をつくること」が本時の目標であることを確認する。
10	2　学習課題を解決する。 (1) 全体で見通しを立てる。 　・線分図と表を用いて，問題文の意味を理解する。 　・等しい関係を見付け，方程式をつくれば良いことを理解する。	・線分図に数値を書き込む際は，必ず上から道のり・速さ・時間の順で書くようにさせる。 ・表には必ず道のり・速さ・時間・合計の欄をつくり，必要のない部分には斜線を引くように指導する。
20	(2) 自力解決を図る。 　・等しい関係から方程式をつくる。 　・方程式の解が答えとして適切か検討する。	Aさん　Bさん　合計 　　道のり　60（x＋3）m 70x m 　　速さ　分速60m　分速70m 　　時間　x＋3分　x分 ・今回は，合計は必要ないが，混乱しないように必ず同じ表で書かせるようにする。 ・手が進んでいない生徒に対して，ヒントカードを渡すなどの支援を行う。 ・解が答えとして適切か必ず検討させる。
30	3　グループ学習を取り入れ，方程式を作るまでの過程を互いに説明する。 　・線分図と表を用いて説明する。 　・式を用いて説明する。	・グループ学習によって，生徒同士の学び合いを誘発し，一人一人を見捨てないように配慮する。 ・グループ学習を取り入れることで，必ず説明する機会を確保する。 評：道のり・速さ・時間の関係について考察し，線分図や表にまとめて表現することができる。〈思考・判断・表現：発表・ノート〉 評：道のり・速さ・時間の数量関係から一元一次方程式をつくり処理することができる。〈知識・技能：発表・ノート〉
40	4　本時のまとめをする。 (1) 本時の学習を振り返る。 　　等しい関係を見付けて方程式を作ればよい。道のり・速さ・時間の関係を線分図と表にまとめることで，等しい関係を見付けやすくなり，方程式を作ることができる。	・グループ活動で話し合った内容をもとに，道のり・速さ・時間の表をつくることで簡単に一元一次方程式がつくれることを自分なりの言葉でまとめるよう指示をする。 ・表をつくることのよさを実感させるようにする。

45	⑵ 適用問題で確認する。	・適用問題では，どのような手順で学習課題を解決したのか振り返らせ，線分図と表から一元一次方程式がつくれるかどうかに焦点化して出題する。
	┌──────────────────────┐ 　Ａさんと B さんは，キャンプ場から湖に行くことにしました。Ａさんが分速60m でキャンプ場を出発してから３分後に，同じ地点から B さんは分速70m で出発し，Ａさんを追いかけました。B さんが A さんに追いつくまでの時間を求めましょう。 └──────────────────────┘	

　文章題に対する課題を解決していくため，文章に内在する数量関係全体を構造的に把握できるようにしている。また，自分の意見に自信をもたせたり，お互いに学び合わせたりする場として，ペア活動やグループ活動を取り入れている。

③ 社会科（公民）の指導案の例　第３学年　単元名：政府の役割と国民の福祉

目標	福祉社会の実現に向けた社会保障と財政の在り方について，多面的・多角的に考察し，自分の考えを，根拠を基に表現することができる。	
準備	・黒板掲示用資料（掲示用学習課題，授業の流れ説明シート）　・役割分担カード ・個人用話合いワークシート　・エキスパートグループ用資料　・ホワイトボード	

時	学習活動・内容	学習活動への支援・評価
	1　本時の学習課題をつかむ。 これからの日本の社会保障は，どのようにあるべきだろうか？ 　・日本の税制の今後について，現時　点での自分の意見を記す。 　・役割分担カードで，グループ内の役割（どのエキスパートになるか）を決める。 　・本日のグループ内での役割分担を決める。	・自分の今の知識や考えを意識化するために，簡単でよいので，全員が自分の考えが書けるように支援する。 ・発表の工夫によって，税制を考えるためには複数の視点から捉えなければならないことに気付かせる（自己の利益と公共の福祉，福祉の大小）。 ・日常的に使っている役割分担カード（司会・記録・発表・連絡調整）は，グループ学習に全員が参加する意識をもたせるために用いる。
10	2　エキスパートグループごとに学び，課題の在り方について理解する。 (1) 自分がグループで説明を担当する内容を，資料や仲間との話合いを通して理解する。 【４つのエキスパートグループ】 　A　北欧諸国のような高福祉高負担グループ 　B　日本の社会保障水準を維持するために，負担増はやむなしグループ 　C　日本の負担水準を維持するために，社会保障切り下げはやむなしグループ 　D　アメリカのような低福祉低負担グループ	・４人グループで全員が異なるエキスパート活動をしてからグループ内に戻り，互いにわかったことを説明するジグソー学習を取り入れることで，主体的・対話的な学びになるようにする。 ・諸外国や日本の社会保障と税制の在り方について，資料を用いて理解するとともに，話合いによって理解が不足している生徒を支援して，全員がグループに戻って説明ができるようにする。 ・説明が苦手な生徒のところに重点的に目配りをし，必要に応じて支援することでグループ毎の知識の差を少なくする。 ・必ず根拠をもって考えを論述できるように準備することを伝える。
30	(2) 説明の準備をする。 3　グループに戻って互いに教え合い，課題について話し合う。 (1) 各自の知識を説明し合い，課題についての理解を深める。 (2) 各グループで，課題に対する考えを，根拠を基につくり上げる。 4　グループごとに課題の解決方法について発表する。 5　個人で，まとめを行う。	・発表準備として，記録役にマグネットホワイトボードに考えを記入させる。 評：社会保障と財政の在り方について，多面的・多角的に考察し，考えを表現している。 　　〈思考・判断・表現：ワークシート〉 ・各グループの考えを共有することで，さらに多様な考え方に触れ，一人一人が考えを深化できるようにする。
40 45	・ワークシートに個人の考えをまと　める。 ・次時では，これまでの学習の成果を踏まえて，今後の日本の税制と社会保障についての意見文を書くことを知る。	

　　グループでの話合い活動を取り入れることで，多面的な要素や多角的な考え方に触れる機会を設けている。それを踏まえて，自分の考えを再構築する学習活動を通して，根拠や理由を明確にして自分の考えを表現する力を育成しようとしている。本時はジグソー学習を取り入れている。

4　理科の指導案の例　第1学年　単元名：大地の変化「火山」

目標	火山岩と深成岩の成分について，岩石薄片の観察結果を基に自らの言葉で説明することができる。
準備	ワークシート，ホワイトボード，岩石標本，プロジェクター，タブレットPC 岩石薄片プレパラート（6種），薄片観察用偏光シート

時	学習活動・内容	学習活動への支援・評価
	1　前時の内容を振り返る。 　・火山灰には様々な鉱物がふくまれていたことを確認する。	・前時の学習内容を確認することで，本時の学習とのつながりを意識させる。
5	2　学習課題をつかむ。 (1) 学習課題を知る。 　┌─────────────────────┐ 　│火成岩には，何がふくまれているのだろうか。│ 　└─────────────────────┘ (2) 課題解決への見通しをもつ。 　・鉱物を，偏光シートを使って観察すると色が変わって見える。 　・それぞれの鉱物には，固有の見え方があり，その違いで鉱物を同定することができる。	・生徒の疑問から導き出した課題であることを意識させるために，板書しワークシートに記入するよう指示する。 ・偏光顕微鏡で観察した岩石薄片の画像をスクリーンに提示し，鉱物の種類と見え方，特徴などを具体的に確認し，解決への見通しがもてるようにする。
10	3　観察を行い，結果をまとめる。 (1) 岩石薄片と偏光シートを用いて岩石に何が含まれているかを観察する。 (2) 観察後，グループで鉱物の同定を行い，ホワイトボードに記録していく。 (3) 各班の結果について，学級全体でまとめる。 　○流紋岩，花こう岩 　　・チョウ石　　・セキエイ 　　・クロウンモ　・カクセン石 　○安山岩，せん緑岩 　　・チョウ石　　・セキエイ 　　・クロウンモ　・キ石 　○玄武岩，斑れい岩 　　・チョウ石　　・キ石 　　・カンラン石	・観察する岩石は，A（流紋岩と花こう岩），B（安山岩とせん緑岩），C（玄武岩と斑れい岩）にグループを分けておく。各班には，ABCのいずれかの2種類の標本と薄片を配付する。 ・自作簡易偏光顕微鏡（写真）の操作方法を簡潔に説明し，偏光によって見える仕組みについては深入りしないようにする。 ・多様な意見に触れ考えが深められるように，話合いでは，お互いの意見を肯定的に捉え，聞き合うよう助言する。 ・鉱物の同定が終わったグループは，別の岩石薄片を観察して良いことを伝えておく。 ・偏光シートを用いた岩石薄片の観察記録をタブレットPCで撮影し，拡大するなどして効率よく考察できるようにする。 ┌─────────────────────────┐ │評：火山岩と深成岩の成分について岩石薄片を観察し，そ│ │　　の特徴を見い出して表現している。〈思考・判断・表│ │　　現：ワークシート〉│ └─────────────────────────┘ ・それぞれの岩石の鉱物組成の他，結晶の大きさなどのつくりに着目できるよう助言し，次時の課題が見いだせるようにする。
40	4　まとめを行う。	・課題に対して自らの言葉でワークシートに記入するよう指示を出す。
45	5　本時の振り返りを行う。 　・本時の授業で分かったことや疑問に思ったことなどをワークシートに書く。	・何名か指名し，黒板に記入するよう指示を出す。 ・ワークシートは回収し，意欲を高めるためコメントするとともに，単元を通した問題に関する気付きや疑問を把握しておく。

火成岩と偏光シートを用いた岩石薄片プレパラートの観察を行い，その結果を基に火山岩と深成岩の２つに大別し，色や組織が異なっていることや，結晶の生成実験により組織の違いが岩石の成因と関連していることなどに気付かせようとしている。観察にはタブレットPCを活用している。

5　外国語科（英語）の指導案の例　第１学年　単元名：Unit 8 イギリスの本

目標	・標準的な発音と英語特有のリズムで，Part 3 の本文を暗唱することができる。 ・標準的な発音と英語特有のリズムで，既習文法を用いながら教師と対話することができる。
準備	ワークシートの冊子，大型モニター，パソコン，オーディオプレーヤー，ヘッドホン

時	学習活動・内容	学習活動への支援・評価
5	1　音トレーニングを行う。 ・［l］，［r］の正しい発音の仕方を確認し練習する。 2　本時の学習内容と目標を確認する。 正しい発声方法と英語特有のリズムで，本文を暗唱したり，先生と対話したりしよう。 	・側音の l は，舌を歯茎の裏につけ，舌の両端から息を出して発音することに注意を促す。 ・足踏みや手拍子など一定の動作を繰り返しながら英文を読ませることで，生徒が英語のリズムを体得できるように促す。 ・前時に学習した［θ］，［ð］の発音の仕方や強勢の置き方について見本を示す。
10	3　本文の内容を理解する。 ・教師の質問に英語で答える。	・本文を別の表現で言い換えたり，本文の内容について質問したりすることで，本文の理解を深める。
15	4　リズミック音読をする。 ・一定のビートに合わせて教科書本文を音読する。	・名詞，動詞，形容詞などの内容語に強勢を置いて強く発音することを意識させる。 ・like him の h の音が脱落していることを確認する。 ・very［v］，famous［f］の正しい発声方法を確認する。
20	5　クラスを二分割して以下の活動を行い，10分後に活動を交換する。 〈A グループ〉　ぐるぐるテスト ・生徒は輪になり，教師がその内側を回る。 ・生徒は教師が前に来たら英文を暗唱する。 ・標準的な発音で暗唱できなかった場合は不合格となり，もう一度教師が回って来るまで同じ文を練習する。 ・全ての英文を合格できたら，Unit 8 で学習した言語材料で教師と対話したり，Part 3 の内容に関する質問に答えたりする。 〈B グループ〉　Loud Speaker ・オーディオプレーヤーからの英語をシャドウイングして，グループの他の人がその話された英語を書き取る。	評：［l］，［r］，［θ］，［ð］，［f］，［v］を正しい発声方法で発音し，一定のリズムで英文を暗唱することができる。〈知識・技能：観察〉 評：標準的な発音で，教師とコミュニケーションをとることができている。〈知識・技能：観察〉 ・複数形の名詞の発音方法，疑問詞疑問文の語尾は下げ調子で発音することを確認させる。 ・教師の質問に Yes か No で答えるときは，Yes，No だけでなく，Yes, he does. まで答えさせる。 ・語と語の連結による音の変化やイントネーションに注意してシャドウイングさせる。 ・ネイティブのスピードについていけない時は 1 文ごとに間があるトラックに挑戦させる。
45	6　英語の歌を歌う。 　　Daydream　Believer	・英語の歌を歌うことを通して，英語らしい発音とリズムを習得したいという意欲を高める。

　　子音の発音と英語特有のリズムを意識させるための「音トレーニング」を行い，一定のリズムに合わせて意味の区切り，文の強弱やイントネーションを体感しながら読む「リズミック音読」を行っている。最後に，標準的な発音で暗唱できているかを評価し合う「ぐるぐるテスト」を位置づけている。

6 技術・家庭科の指導案の例

第2学年　題材名：生活や社会をよりよくするプログラムの設計・制作

目標	情報の見方・考え方を働かせて，コンテンツの問題を見い出して課題を解決する方法を考える。	
準備	オーロラクロック2，オーロラクロック2N制御ソフト，タブレット型PC，スクリーン，プロジェクター，ワークシート	
時	学習活動・内容	学習活動への支援・評価
	1　前時の学習を振り返る。 　　・フローチャートによるプログラムの制作 2　本時の学習課題を知る。 　　　コンテンツ（SNS）の問題を見つけ，解消する方法を考えよう。	・コンテンツ（SNS）の基本的な仕組みがどのようなものであったかを確認する。 ・本時は，コンテンツ（SNS）を利用する際に生じる問題を見つけ，プログラムで解決する方法を考えることを確認する。
10	3　コンテンツ（SNS）の問題を見つける。 (1) コンテンツ（SNS）を利用する時の問題を見つける。 (2) 考えた問題を発表し，共有する。 　〈予想される生徒の反応〉 　・過剰なメッセージのやり取り 　・個人情報の漏えい 　・データ通信量の過度な増加　など	・情報の技術を捉える視点にはどのようなものがあったかを確認する。 ・問題を見い出しにくい生徒に対しては，既習事項である情報通信ネットワークの利用の注意点を振り返るように助言する。 ・考えた問題を，どのような視点から捉えたかを発表できるよう指示する。 ・出された問題ごとに取り組むグループを編成する。
20	4　問題を見い出し，課題を解決する方法を検討する。 (1) 問題を見い出すために方法を考える。 (2) 課題を解決するプログラムを記述する。 5　本時のまとめをする。 (1) 設定した課題を発表する。	・問題を見い出すために必要なことを課題として設定するよう伝える。 ・設定が難しいグループに対し，サーバ側から権利者としての視点で考えられるよう助言する。 ・課題を解決するプログラムを，アクティビティ図やフローチャート図などを使って，記述するよう伝える。 ・スムーズに発表ができるように，ワークシートには発表の内容や手順を示しておく。 ・本時の学習で分かったこと，次時への課題を書くよう伝える。
40	(2) 本時の振り返りをする。	・課題を解決するプログラムを制作し，修正や改善を行うことを伝え，次時への見通しをもたせる。 評：コンテンツの問題を見い出して，解決策を具体化する力を身に付けている。〈思考・判断・表現：発表・ワークシート〉
45	(3) 次時への見通しをもつ。	・次時の学習活動について知らせる。

> 　生徒の身近になっているSNSの問題を見付け，グループでの対話により，思考し疑問を共有しながら解決する活動を位置づけている。アクティビティ図やフローチャート図などを用い，課題を解決するプログラムを記述できるようにしている。

7　音楽科の指導案の例　第3学年　題材名：CMソングを作ろう

目標	言葉の抑揚や反復，変化，対照などの構成を工夫し，作品を通して伝えたい思いや意図をもつ。	
準備	楽譜　キーボード　ヒントカード	
時	学習活動・内容	学習活動への支援・評価
	1　前時までの学習内容を確認する。 ・言葉の抑揚 ・構成（反復，変化，対照）	・前時までの活動を全体で確認し，本時の流れを確認する。 ・自由に発言できる和やかな雰囲気づくりをする。
5	2　本時の学習課題をとらえる。 　言葉の抑揚を基に，旋律をつくろう。	・どのような旋律を創作したいか，前時までに考えた歌詞と表現したい思いや意図を確認してから創作活動に入るよう助言する。
10	3　グループごとにCMソングをつくる。 (1) PRしたい名所や名産品と，PRしたい理由を確認する。 〈例〉 　・山桜　→観光名所にして，市外からの観光客を集めたいから。 　・メロン→地元の名産品を多くの人に食べてもらいたいから。 (2) 前時に確認した言葉の抑揚に合わせて，歌詞に音を当てはめる。 (3) 出来上がったパターンを図形楽譜に記録する。	・音を出しながら意見交流し，思いや意図をもって作品を練り上げていくことで，よりよい音楽表現を思考・判断し，表現できるようにする。 ・創作するための意見を出し合う活動を通して，友達の考えを尊重し，互いに協力する態度を育成する。 ・意見がまとまらないグループには，ヒントカードを活用するように促す。 ・話し合いのみになってしまっているグループには，キーボードを用いて音を出しながら活動を進めるよう助言し，音楽的な旋律だけでなく，即興的にできた旋律や効果音等も立派な作品であることを伝える。
30	(4) 通して演奏し，自分たちの思いや意図が伝わる旋律になっているか確かめる。 〈構成のヒント〉 　・反復・変化・対照 【創作のルール】 　・PRしたい理由や思いがあること。 　・PRしたい場所や物の名前を入れること。 　・8拍以上をつくること。	・創作のルール及びヒントを掲示し，確かめながら活動を進められるようにする。 ・進んでいるグループには，セリフも加えて「15秒CM」を制作するように促す。 評：言葉の抑揚，構成を知覚し，それらの特質や雰囲気を感受しながら音楽表現を工夫し，どのように旋律をつくるかについて思いや意図をもっている。〈思考・判断・表現：観察・ワークシート〉
40	5　本時のまとめと振り返りをする。 (1) 振り返りをワークシートに記入する。 (2) 数名が発表する。	・学習計画表を用いて自己評価を行い，本時の活動を通して気付いたことや考えたこと，次にやってみたいことなどをまとめる。 ・次時は他のグループと作品を聴き合うことを確認する。
45	6　次時の学習内容を知る。	・次時の学習活動について知らせる。

> 　日常生活とも関わりの深いCMソングを取り上げ，生徒が関心をもって創作活動に取り組むことができるようにしている。よりよい音楽表現を思考・判断し，表現できるよう，グループで音を出しながら意見交換し，作品を練り上げていく活動を設定している。

8 　美術科の指導案の例　第2学年　題材名：オリジナル！　ふろしき染め

目標	目的や条件などを基に，形や色彩に対する豊かな感覚を働かせて，ふろしきの図柄の構想を練ることができる。	
準備	コンピュータ，ワークシート	
時	学習活動・内容	学習活動への支援・評価
	1　本時の課題を確認する。 　目的や条件を基に，形や色彩を工夫してふろしきの図柄の構想を練ろう。	・コンピュータでつくった作品を数点提示し，課題への関心を高められるようにする。 ・物を包んだ状態のふろしきを提示し，布の重なりや形などを視覚的に捉えやすくする。
5	2　描画ソフトの使い方を知る。 (1) 画面を正方形にする。 (2) 図形ツールやタッチペンで形を描く。 (3) コピーと貼り付け機能を使い，図柄を連続させる。	・教師用コンピュータの画面を示し，描画ソフトの使い方が視覚的に分かるようにする。 ・簡単な図柄を提示し，実際に描くことで使い方を理解できるようにする。 ・繰り返しの図柄はコピーや貼り付けの機能を活用することを伝える。
10	3　ふろしきの図柄をコンピュータで制作する。 (1) 図柄を描く。 (2) 繰り返しの図柄をコピーして貼り付ける。 (3) 色彩を考える。	・形を回転させる機能があることを伝えて，効率よく図柄を描けるようにする。 ・まずは図柄の形を考えて全体の配置を決めるように助言する。 ・図柄と配置が決まったら，色彩を考え，何パターンか試してみるように伝える。 評：目的や条件などを基に，形や色彩に対する豊かな感覚を働かせて，ふろしきの図柄の構想を練っている。 　〈思考・判断・表現：観察，作品〉 ・工夫している作品を紹介し，全体で共有する。
45	4　本時の振り返りをする。	・自分の課題に対してどのくらい取り組むことができたかを自己評価表に記入して確認できるようにする。

　全体と部分とのバランスを考えながら，自分の感覚を働かせて形や色彩の構想を練るためにコンピュータの描画ソフトを活用している。生徒が試行錯誤しながら自分のイメージする形や色彩を試し，完成した作品を紹介，全体で共有することを目指している。

9　保健体育科の指導案の例　第1学年　単元名：体つくり運動

目標	運動の組み合わせ方について自分の考えを伝え，ねらいや体力の程度に応じて，運動の計画をつくることができる。
準備	早わかりメッツ表，タブレット PC，プロジェクター，アンプスピーカー，拡声器，タンバリン，ビデオカメラ，学習カード，ボール，フラフープ，運動棒，なわとび

時	学習活動・内容	学習活動への支援・評価
	1　あいさつ・健康観察を行う。	・健康状態を観察し，安全に学習が進められるように言葉かけをする。
	2　体ほぐしの運動を行う。 　・地蔵転がし	・音楽を流し，楽しい雰囲気で，体ほぐしの運動ができるようにする。 ・友達とうまく関われない生徒には，教師が一緒に運動し，徐々に関われるように配慮する。
5	3　本時の流れ，学習課題を確認する。 　┌────────────────────┐ 　│効率のよい組合せ方で，運動の組合せをつくろう。│ 　└────────────────────┘ 　・次時の発表会に向けて，運動の組合せを完成する。 　・ペアのグループへ発表し，互いのアドバイスを参考に，改善点を見つけ，修正する。	・本時の学習は次時の発表会に向けてグループで運動の組合せについて話合いを行い18METs 分以上の身体活動量を達成できるようにすることを伝える。 ・ペアのグループは，ねらいが共通するグループを選び，よい運動の組合せ方についてお互いにアドバイスするように伝える。
10	4　計画した運動を行い，適切な内容になっているか話し合う。 　・ペアのグループへ発表会に向けて考えた運動を発表する。 　・運動後に良かった点と改善点をお互いに伝える。	・計画した運動を発表してから，互いの運動を実際に行ってみることで，組合せの改善点に気付かせるようにするとともに，運動量を確保できるように助言する。
30	5　ねらいに応じた運動の組合せを完成させる。 　・ねらいに応じた運動の組合せになっているか話し合う。 　・効率のよい運動の組合せになっているか，適切な強度，時間，回数になっているか確認する。	・体の一部位に偏らないよう，全身の部位の運動を選んで組み合わせることができているか確認し，必要に応じてアドバイスする。 ・音楽に合わせることだけにこだわらないように多少の動きやタイミングがずれていてもよいことと，運動を効率よく組合せられていることが大切であることを伝える。 ・ねらいに適した運動を考えられないグループは早わかりメッツカードから運動を選んで組合せを完成できるように助言する。 　┌────────────────────┐ 　│評：運動の計画について，自分の考えを言ったり書き出したりしている。〈思考・判断・表現：観察・学習カード〉│ 　└────────────────────┘
45	6　学習のまとめをする。 　・学習を振り返り，学習カードに記入する。 　・次時の連絡を行い，あいさつをする。	・本時の運動量を，早わかりメッツ表やタブレット PC を基に計算し，記録するように伝える。 ・積極的に活動していたグループを紹介し価値付けすることで，次時への意欲付けを図る。

> 　高めたい体の動きのねらいを一つ決め，運動を考えたり，組み合わせたりして，音楽に合わせて運動することを想定している。身体活動のメッツ（METs）表を基に作成した資料を活用することにより，適切な強度，時間，回数などを考慮して運動することができることを目指している。

① 中学校の指導案の特徴について説明してみよう。

② 各教科によっての違いや，各教科に共通している点について挙げ説明してみよう。

③ 教科を一つ絞って，本時案を作成してみよう。

📖 次への一冊

小林隆・森田真樹編著『教育実習・学校体験活動』ミネルヴァ書房，2018年。
　　教育実習と学校体験活動における内容について，具体的な例を用い紹介されている。
西村圭一・太田伸也編著『中学校・高等学校算数科　授業力を育む教育実習』東京学芸大学出版会，2018年。
　　数学科の教育実習において，どのように指導力向上につなげていけば良いか，具体の指導案や板書，生徒の反応例などが紹介されている。

引用・参考文献

小林隆，森田真樹編著『教育実習・学校体験活動』ミネルヴァ書房，2018年
国立教育政策研究所の教育情報共有ポータルサイト
　　https://www.contet.nier.go.jp/（参照日2020年3月20日）
国立教育政策研究所「『指導と評価の一体化』のための学習評価に関する参考資料
　　https://www.nier.go.jp/kaihatsu/shidousiryou.html（参照日2022年4月1日）
茨城県教育研修センター「学習指導案集」
　　http://www.center.ibk.ed.jp/（参照日2022年7月3日）

第11章
高等学校の学習指導案

〈この章のポイント〉
　本章では，高等学校の学習指導案の特徴について概説するとともに，その例について紹介する。高等学校段階は，義務教育を土台として，社会へ出るためのまとめの時期であると捉えることができる。高等学校では，それまでの教科が，科目に細分化され，より専門的な内容について学んでいくこととなる。また，大学や専門学校などに進学しない場合は，社会で働くための最低限の知識が必要である。教科の特性や科目の専門性を掘り下げていく楽しさに触れさせるような授業展開について考察を深めたい。

1　高等学校の学習指導案の特徴

　高等学校では，教育課程が中学校までとは異なり，教科が科目に細分化され，生徒の将来の進路選択などの必要性や，興味・関心あるいは能力などに応じるため，科目の一部を選択しながら，専門的に掘り下げて学んでいく。例えば，国語は「現代の国語」「古典探求」といったように，公民であれば「公共」「倫理」「政治・経済」，理科であれば「科学と人間生活」「物理」といったように分かれて授業が展開される。学習指導案についても，より細分化した内容を深めるための学習活動や，指導に当たっての留意事項を記す必要がある。したがって，教える立場としても，より深い専門性が求められるということである。

　また，高等学校は「普通科」「専門学科」「総合学科」の３種類の学科があり，特に「専門学科」においては，さまざまな学科が設置されている。例えば，工業に関する学科では「機械科」「建築科」「電気科」「自動車科」「土木科」「インテリア科」「デザイン工学科」等が挙げられられる。これらは，すぐに職業に直結するような内容であり，授業においても実習や演習等が中心になり，それらの活動を安全に，そしてしっかりとした技能を身に付けられるような支援について学習指導案が立案されることになる。

　さらに，特に高等学校の場合は，これまでの一方向の知識習得型の授業の反省から，「主体的・対話的で深い学び」の実現に向けた授業改善が求められている。単元や１単位時間のまとまりのなかで，自分の考えをもつ場面やペア，グループ等で話し合う場面等をどこで設定するのか，授業の構成をよく考えながら，学習指導案を作成する必要がある。

▷1　「普通科」「専門学科」「総合学科」
普通科は普通教育を主とする学科，専門学科は専門教育を主とする学科，総合学科は普通教育および専門教育を，選択履修を旨として総合的に施す学科である。

2 高等学校の学習指導案の例

[1] 商業科の学習指導案の例　2学年　単元名：掛け取引 掛け取引の意味

目標	・掛けとは何かを生徒自身に考えさせイメージを持つことができるようにする。 ・売掛金が債権であることを理解できるようにする。	
準備	教科書（新簿記）ノート 自作プリント 電卓	
時	学習活動・内容	学習活動への支援・評価
	1　本時の学習課題をつかむ。 売掛金とは何かについて考えよう。	・前時までの学習を想起させ，本時の課題について確認する。 ・以前勉強した売掛金について質問し，理解できていない部分については補足説明を行う。
5	2　商品を売る人，受け取る人の役割を決め，実演する。	・掛け売りの状況について説明する。 ・掛け売りの実演をすることで，生徒の意欲を高める。
10	3　売掛金に関する基本取仕訳を解く。 ・プリントの問題を解く。 ・問題集を解く。	・教科書の例題をもとに，売掛金の基本仕訳を説明する。 ・商品を売り上げたときに使う勘定科目は何か等について発問し，既習事項の定着を図る。 ・生徒の取り組み状況を把握しながら，戸惑っている生徒の個別指導にあたる。 ・売掛金元帳の書き方について理解できるように説明の仕方を工夫する。
30	4　商品を掛けで売り渡したときの状況につい考える。	・商品を掛けで売り渡したときは，どういう状況なのか発問しまとめる。 評：売掛金が債権であることを理解し，関連する技能を身に付けている。〈知識・技能：観察・ノート〉
45	5　本時のまとめを行う。	・次時では，商品を掛けで仕入れたときについて学習することを伝える。

　債権と債務の違いを確認させるためにイラストなどを利用した説明を行っている。本時では，商品を売る人と受け取る人の役割演技を設定している。例題を解くことで理解を深めるとともに，生徒の様子を把握し個別指導にあたるようにしている。

2　工業科の学習指導案の例　2学年　単元名：機械に働く力と仕事

目標	・定滑車および動滑車を組み合わせてロープを引っ張ったときの力の大きさについて，滑車の原理や計算方法が理解できる。 ・滑車の原理や動きについて，道筋を立てて，分かりやすく説明できる。	
準備	教科書，ノート，電卓，プリント，iPad，シミュレーションソフト	
時	学習活動・内容	学習活動への支援・評価
	1　前時の学習を振り返る。 2　本時の学習課題をつかむ。 定滑車および動滑車を組み合わせたときの力の向き及び大きさ，それぞれの滑車の仕事の関係について考えてみよう。	・発問しながら，前時までの学習を想起させ，簡単な問題を解くことで復習する。 ・教科書およびプリント，iPad を用いて本時の内容について説明し，力のかかるポイントを図示し課題に対する関心を高める。
5	3　計算し，仮説を立てる。 滑車の仕掛けで，物体に働く重力 W が 2000N のとき，ロープを引く力 F はいくらになるか求めなさい。また滑車についての力のつり合いを図示し，説明しなさい。さらに，物体を上昇させたときの，力 F の変化について説明しなさい。	・まずは，個人で予想や自力解決をさせ，次にグループで協力しながら問題に取り組めるようにする。 ・協力して考えを出し合ったり，仲間の考えを認めたりしているグループを称賛する。
10	(1) 個人でプリントに記入する。 (2) グループを組んでプリントの問題を協力して解く。 〈予想される生徒の解答や反応〉 ・定滑車には，力をかけた分だけ力がかかる。 ・動滑車は，かけた力の半分の力がかかるから，2個つながっていれば力は四分の一になるはず。	・計算及び考えを記述できない生徒に個別に助言する。 ・間違えを指摘するのではなく，発問しながら考えを深めることができるようにする。
25	4　iPad に計算結果を入力しシミュレーションを行い，考察する。 (1) 個人でプリントに記入する。 (2) グループで話し合い，考えを共有し考察をまとめる。 〈予想される生徒の解答や反応〉 ・動滑車は，力のかかる方向と逆の方向に二分の一の力がかかる。 ・定滑車は，力の大きさを変えることができない。 (3) シミュレーション結果を基に，クラス全体に発表を行う。	・滑車における規則性や動きを把握できるように，計算結果及び iPad のシミュレーション結果と比べて考えをまとめるよう伝える。 ・グループごとに1枚のプリントに意見を集約し，道筋を立ててまとめてから班の代表が iPad でのシミュレーション結果を見せながら発表する。
45	5　本時の学習をまとめる。 定滑車は力の大きさを変えることはできないが，力の向きを変えることができる。動滑車は，物体にかかる力は半分となるが，引く距離が2倍になるため，仕事の原理が成り立ち，両者は等しくなる。 6　学習の振り返りをする。	・本時の学習において何を学んだかを自分の言葉でまとめ，その後で全体共有する。 評：滑車の原理や計算方法について理解している。〈知識・技能：観察・ワークシート〉 ・プリントにまとめを記入し，学習の中で学んだことなどを記入する。

定滑車・動滑車を用いたときの力の伝わり方について理解できるよう，ICT 機器を活用している。計算結果と ipad の趣味レーション結果を比較しながら，自分の考えをまとめる活動を設定するとともに，グループ→全体へと伝える活動を広げている。

水産科の学習指導案の例　1学年　単元名：脱水による貯蔵法

目標	死後硬直及び自己消化の特性について理解できる。	
準備	教科書　ワークシート	
時	学習活動・内容	学習活動への支援・評価
	1　前時の内容を振り返る。	・発問しながら，前時の内容について想起させるとともに，重要事項を確認する。
	2　本時の学習課題をつかむ。 死後硬直及び自己消化の特性について考えよう。	・死後硬直，自己消化といった言葉を出しながら，それについて知っていることを出し合い，学習内容について生徒の興味・関心を高める。
5	3　死後硬直現象や特徴について考える。 　・考えたことを挙手して発表する。 　　　　個人→グループ→全体	・ワークシートに自分の考えを書き，次に隣の人と考えを共有する。 ・死後硬直が何か，身近なもので例えて，その特徴について理解できるようにする。 ・死後硬直について板書し，ポイントとなる事項について確認することで，理解の定着を図る。
25	4　自己消化の特徴について考える。 　・考えたことを挙手して発表する。 　　　　個人→グループ→全体	・ワークシートに自分の考えを書き，次に隣の人と考えを共有する。 ・自己消化について，身近なもので例えて，その特徴について理解できるようにする。 ・魚と肉との自己消化による「うま味」の違いを説明することで興味・関心を高め，理解を深めるように工夫する。 ・自己消化について板書し，ポイントとなる事項について確認することで，理解の定着を図る。
45	5　本時の内容の振り返りをする。	・死後硬直と自己消化について振り返り，質問をしながら本時の内容を整理する。 評：死後硬直及び自己消化の特性について理解している。 　　〈知識・技能：ワークシート〉
	6　次時の学習について知る。	・本時の分かったことを，隣の人に伝えることで自分の理解を確かめる。 ・次時の内容について伝え，次回の授業への興味・関心を高める。

> 食品貯蔵の代表的な貯蔵方法としての低温，脱水及び密封加熱の原理について理解できるように，ワークシートに自分の考えを書く活動，グループから全体に広める活動を設定している。

4　芸術科（書道）の学習指導案の例　1学年　単元名：行書の学習「風信帖」鑑賞

目標	・KJ法について理解し，なるべく多くの特徴を見い出そうとする。	
	・他者の意見を聞きながら多角的に古典を鑑賞し，多様な書の美を感じ取り，鑑賞と表現の主な要素を理解する。	
準備	付箋紙　模造紙	
時	学習活動・内容	学習活動への支援・評価
	1　前時までの学習について振り返る。	・発問しながら，前時までの学習をふり返り，本時の学習への関心を高める。
5	2　本時の課題について確認する。 　KJ法を使って行書の鑑賞をしよう。	・「情報の科学」の授業で学んだ意見を出しやすくするための手法（ブレーンストーミングやKJ法）について触れる。
10	3　KJ法による鑑賞を行う。 (1) KJ法の具体的な方法について知る。 (2) 古典を鑑賞し，気づいたことや感じたことを付箋紙に書く。	・グランドルールを設定し，多くの意見が出やすいように配慮する。 　　―グランドルール― ・全員で協力してできるだけたくさんの意見を出す。
30	(3) グループで一人ずつ発表する。 (4) 全員の意見をもとに，意見を付け足しながら模造紙に分類化する。	・気づいたことや感じたことであれば何を書いてもよい。 ・他者の意見を聞くときは相づちを打ちながら肯定的に受け入れる。どんな意見も否定しない。 ・途中で意見を追加してもよい。
		・書けている内容を肯定し抜けている観点を示し，新たな視点で作品を鑑賞できるように促す。 ・グループを回りながら，様々な意見を認めながら声かけをする。
40	4　グループで出た意見を全体で共有する。	・自分たちの意見と他のグループでの意見を比較し，新たな見方に気付かせる。
45	5　本時の活動を振り返る。	評：多様な書の美を感じ取り，鑑賞と表現の主な要素を理解することができる。〈知識・技能・観察・ワークシート〉
	6　次時の学習について知る。	・次時の内容を伝え意欲付けを図る。

　生徒が持つ第一印象を大切にしながら，書を表現・鑑賞する際に役立つ要素を認識できるようにするためKJ法を用いている。ワークシートに，鑑賞文を書書かせることで，多様な美を感じ，鑑賞と表現の要素について理解しているかを見取るようにしている。

目標	・オリンピック競技の魅力や観たい理由について，聞き手にわかりやすく伝えることができる。 ・積極的に情報や意見を相手に伝えようとしている。	
準備	ワークシート，自作補助教材（パワーポイント），プロジェクター	
時	学習活動・内容	学習活動への支援・評価
	1．Greeting & Small Talk ○挨拶と授業の流れに関する確認 　・Small Talk をする。 　・本時の課題を確認する。 　　オリンピックの魅力について聞き手に分かりやすく伝えよう。	・Small Talk を通して授業の雰囲気作りをする。 ・生徒の様子を見て，理解度を確認しながら説明する。
5	2．Reading ○本文の音読活動 　・音読用ワークシートで練習する。 　・可能な生徒は，虫食い ver. で練習する。 　・ペアで行ない，正しい発音で読めているかなどを確認する。	・音読は自信を持って大きな声で読むように促す。 ・意味を意識させるとともに，可能な生徒には顔を上げて読むように伝える。
10	3．Preparation & Practice ○プレゼンテーションの準備と練習 　・プレゼンテーションの方法と評価方法を理解する。 　・教師の見本プレゼンを見て，質疑応答までの流れを確認する。 　・評価項目を意識して練習する。 　　　　　　〔個→ペア〕	・評価のポイントを明確にする。 ・準備してきた原稿を参考に，簡単な英語でいいので積極的に取り組むよう促す。 ・発表者は，声量・姿勢・抑揚などに注意するように伝える。また，発表練習時は相手に原稿を持たせるなど，手元で見ないための工夫をさせる。 ・聞き手には，評価項目を意識して聞くことと，質問を考えておくことを指示する。 ・用意した原稿を参考に，自分が考える各競技の魅力等を相手にわかりやすく伝えられるように，個人からペアへと段階的に無理なく練習に取り組ませる。 ・練習のときに指示した内容を再度意識させる。 　発：声量・姿勢・抑揚などに注意を払う。 　聞：評価する項目の確認と，積極的に質問をする。
30	4．Presentation ○プレゼンテーションによる発表 　・【発表〔3人×3グループ〕→質疑応答 　→（相互）評価】の順に沿って行う。 　・他の人の発表を聞いて，ポイントとなる情報はメモを取る。 　・聞く側は，発表者へ最低1回質問をする。	・重要な情報は，メモを取りながら聞くように指示する。加えて，1人1回は発表者へ質問するように促す。 評：オリンピック各競技の魅力や自分の考えを，聞き手にわかりやすく伝える技能を身に付けている。〈知識・技能：発表〉 評：発表者のプレゼンテーションを，メモを取りながら聞き，発表内容に応じた質問をしようとしている。〈主体的に学習に取り組む態度：観察・ワークシート〉
45	5．Summary ○本時のまとめと振り返り 　・本時の内容を振り返り，自己評価の欄に記入する。	・本時の目標に合わせて作られた「自己評価シート」を使って自己評価を促す。 ・必要に応じて，コメント欄に質問などを記載するよう伝え

| ・不明だった点などはコメント欄に記入する。 | る。
・次時の内容を伝え意欲付けを図る。 |

自国開催で話題になったオリンピックをテーマに，各生徒がオリンピックの魅力等について簡単な英語で発表できることを目指している。プレゼンテーションによる発表を行い，質疑応答，相互評価しながら主体的に取り組めるようにしている。

目標	古典に描かれた人物の性格や感情を表現に即して読み，脚本に改めることで，人物像に深く迫る。	
準備	前時のワークシート，脚本の例，脚本ワークシートA・B（2種類）	
時	学習活動・内容	学習活動への支援・評価
	1　前時の学習内容を確認する。	・前時に話し合い，読み取った人物像について確認を促す。
	2　本時の学習課題を確認する。 人物の性格や感情が伝わるような脚本を作成しよう。	
5	3　脚本例と解説を読み，脚本について理解する。	・文学作品を脚本化した例を示し，脚本について基本的な説明（台詞とト書き部分で構成されること）を行う。
10	4　本時で扱う脚本ワークシートについて理解する。	・脚本ワークシートでは主に台詞と，既に記入されているト書きに合った動きや演習を記入することを伝える。 ・脚本ワークシートはA・Bの二種類あり，グループによって自由に選択できることを伝える。 　A…語り手を設定し，劇を進行する。 　B…語り手は設定せず，役者の演技のみで劇を進行する。 ・前時に話し合った人物像を伝わるように表現することを目的に，台詞や動きを考えることを指示する。
15	5　5人グループになり，ABいずれかの脚本ワークシートを選択し，台詞と動き，演出，配役について話し合って記入する。	・本文から大きく逸脱しないよう注意し，台詞は現代語でよいこと，表現は各グループで判断することを伝える。 ・必要な小道具類に関しては，ワークシートに記入しておき，練習時間の中で作成することを伝える。
30	6　作成した脚本で読み合わせ等を行う。	・グループの進行状況に応じて，読み合わせたり，実際に動きを付けながら演技をしたりするように指示する。 評：作品の内容や解釈を踏まえ，自分のものの見方，感じ方，考え方を深め，我が国の言語文化について自分の考えをもっている。〈思考・判断・表現：ワークシート〉
45	7　発表に向け，脚本の改善を図る。	・読み合わせまたは動きを付けた演技をした結果，不十分と思われる箇所を加筆訂正するように伝える。
	8　本時のまとめをする。	・迷った際は，本文の表現に立ち返り，前時のワークシートで改めて人物像を確認するよう伝える。

　古典に描かれた人物像に深く迫るために，脚本化及び実演という言語活動を取り入れている。会話や動きをどのように表現するかを話し合ったり練習したりする中で，人物の性格や感情への理解を深めることをねらいとしている。

7　理科（物理基礎）の学習指導案の例　1学年　単元名：液体や気体から受ける力

目標	・潜水調査船「しんかい 6500」が潜水し，海底を移動し，浮上する原理を，潜水調査船の構造をもとにして科学的に考察できる。 ・話し合い活動やプレゼンテーションを通して，浮力に関する理解を深めることができる。	
準備	水槽，鉄，ゴム，ポリエチレン，木材，動画，プロジェクター	
時	学習活動・内容	学習活動への支援・評価
	1　液体の圧力，浮力について復習する。 ・演示実験を見て水に浮く物体と水に沈む物質の違いを確認する。 ・液体の圧力や浮力がどのような式で表されるかを確認する。 　●水の密度 ρ，水深 h，重力加速度 g としたとき水圧 p は 　　$p = \rho hg$ 　●物体の体積 V としたとき浮力 F は $F = \rho Vg$	・浮力に関する演示実験を行う。 ・水槽に同型の体積の等しい4種類の物体（鉄，ゴム，ポリエチレン，木材）を入れる。 ・どのような物体が水に浮いて，どのような物体が水に沈むのかを考えるよう指示する。 ・液体の圧力や浮力はどのような式で表されるか発問する。
10	2　本時の学習課題（パフォーマンス課題）を把握する。 ・潜水調査船「しんかい 6500」の1日の流れや機能，深海の環境，深海生物などの紹介動画を見る。 ・この仕組みを論理的に考え，説明することが本時の学習課題であることを理解する。 　潜水調査船「しんかい 6500」が 　　①潜水する原理 　　②海底を移動する原理 　　③浮上する原理 　を科学的に説明しよう。	・潜水調査船「しんかい 6500」の紹介動画を見せる。その際，潜水，移動，浮上に関する説明の部分にノイズ映像を入れる。 ・ノイズ映像になっている部分が本時の学習課題であることを伝える。
20	3　ノートに原理説明を記入する。 ・4人1組の10グループを作る。 ・ノートに記入した学習内容をもとに考える。配布されたワークシートにある潜水調査船「しんかい 6500」の構造図と母船上の状態の図をもとに，探査艇が潜水，移動，浮上する原理を生徒一人一人が推測する。	・周りの生徒と相談しないように伝える。 ・演示実験で使った物体を再確認する。どのような物体が水に浮き，どのような物体が水に沈んだのかヒントとして用いてみることを助言する。 ・調査船のそれぞれの過程で，内部の状態はどうなっているかに着目させる。 評：潜水調査船が潜水し，海底を移動し，浮上する原理を，潜水調査船の構造をもとにして科学的に考察し表現している。〈思考・判断・表現：ワークシート〉
30	4　グループワークを行う。 ・生徒一人一人が推測した原理をもとにグループで話し合う。 ・意見がまとまったら，探査艇が潜水，移動，浮上する過程のそれぞれにおいて，原理をホワイトボードにまとめる。	・ホワイトボードを各グループに配布し，話合いの結果をまとめるよう伝える。 ・各グループのプレゼンテーションごとに質疑応答の時間をとり，発表内容を深めていくよう指示する。 評：話合い活動やプレゼンテーションを通して，浮力に関する理解を深めている。〈知識・技能：ワークシート〉
40	5　プレゼンテーションを行う。 ・各グループでホワイトボードを用いてプレゼンテーションを行う。 ・各グループで質疑応答を行う。	
45	6　本時のまとめをする。	・課題を再度確認し，班ではなく個人の意見を記入させる。

	・原理説明の加除修正。話合いで共有した意見やプレゼンテーションで得られた意見をもとに，探査艇が潜水，移動，浮上する原理を記入する。 ・アンケートへ記入する。	・「しんかい6500」の潜水・移動・浮上の原理がインターネットに出ていることを紹介し，自分で調べてみることを促す。

> 液体中では物体は圧力を受けることや，浮力がはたらくことについて理解できるよう，潜水調査船の事例を用い，課題設定している。原理の説明についてグループワークを行い意見交流し，最後はプレゼンテーションで全体共有を図る構成となっている。

Exercise

① 高等学校の指導案の特徴について説明してみよう。

② 各教科・科目によっての違いや，各教科・科目に共通している点について挙げ説明してみよう。

③ 教科又は科目を一つに絞って，本時案を作成してみよう。

📖次への一冊

小林隆・森田真樹編著『教育実習・学校体験活動』ミネルヴァ書房，2018年。
　　教育実習と学校体験活動における内容について，具体的な例を用い紹介されている。
西村圭一・太田伸也編著「中学校・高等学校算数科　授業力を育む教育実習」東京学芸大学出版会，2018年。
　　数学科の教育実習において，どのように指導力向上につなげていけば良いか，具体の指導案や板書，生徒の反応例などが紹介されている。
永添祥多・田代武博・岡野亜希子『高等学校教育実習ハンドブック』風間書房，2017年。
　　高等学校における教育実習全般について解説されており，後半では学習指導案や板書の例についても具体的に示されている。

引用・参考文献

小林隆・森田真樹編著『教育実習・学校体験活動』ミネルヴァ書房，2018年。
国立教育政策研究所の教育情報共有ポータルサイト
　https://www.contet.nier.go.jp/（参照日2020年3月20日）
国立教育政策研究所「『指導と評価の一体化』のための学習評価に関する参考資料
　https://www.nier.go.jp/kaihatsu/shidousiryou.html（参照日2022年4月1日）
茨城県教育研修センター「学習指導案集」
　http://www.center.ibk.ed.jp/（参照日2022年7月3日）
根津朋実編著『教育課程』ミネルヴァ書房，2019年。

第12章
教科外指導の体験のために

〈この章のポイント〉

　学校における指導場面には教科指導だけでなく教科外指導がある。教科外指導は，教師と児童生徒あるいは児童生徒相互の人間的なかかわりを深め，児童生徒および教師の人間形成の場として極めて重要な役割を果たしている。教育実習の際には教育目標や内容，方法といった基礎的知見を踏まえて自らの体験を振り返るとともに，実際の指導場面においていかなる指導上の実践や工夫がなされているか理解を深めることが大切である。本章では，教科外指導の体験をより有意義なものとするために，教科外指導における基礎的事項を確認する。

1　道 徳 教 育

⬚1　道徳教育の二重構造

　現在，日本の小中学校における道徳教育は二重構造をなしている。ひとつは，「特別の教科　道徳」（以下「道徳科」）を通じて行われる道徳教育であり，もうひとつは，道徳科を含めた学校教育活動全体を通じて行われる道徳教育である。後者には各教科，外国語活動（小学校のみ），総合的な学習の時間および特別活動が含まれる。小中学校の教育実習に行く場合には，こうした大きく二つの指導場面があることに留意しながらそれぞれの特質に応じた道徳教育の在り方について学ぶ必要がある。他方，高等学校の場合には，小中学校のように「道徳科」の枠組みは設けられておらず，かわりに「公民科」と「特別活動」が「人間としての在り方生き方」に関する中核的な指導場面として重視されている。高等学校の教育実習に行く場合にはこうした点に留意しながら学ぶ必要がある。

▷1　特別の教科　道徳
検定教科書を使用する点は「教科」と同じであるが，学級担任が担当する点や数値による評価を行わない点などが「教科外」と同じ特質を保持しており，そのため「各教科」に位置づけられるものではない。「特別の」が付されているのはそのためである。

▷2　人間としての在り方生き方
小学校では「自己の生き方」，中学校では「人間としての生き方」，高等学校では「人間としての在り方生き方」といったように，より広い視野に立った表記となっている。

⬚2　道徳教育の目標および指導計画と指導体制づくり

　小中学校の学習指導要領において，学校の教育活動全体を通じて行われる道徳教育の目標は，「教育基本法及び学校教育法に定められた教育の根本精神に基づき，自己（中学校は「人間として」）の生き方を考え，主体的な判断の下に行動し，自立した一人の人間として他者と共によりよく生きるための基盤とな

る道徳性を養う」と説明されている。それに対し、「道徳科」の目標は「より
よく生きるための基盤となる道徳性を養うため、道徳的諸価値についての理解
を基に、自己を見つめ、物事を（中学校は「広い視野から」）多面的・多角的に考
え、自己（中学校は「人間として」）の生き方についての考えを深める学習を通
して、道徳的な判断力、心情、実践意欲と態度を育てる」と説明されている。

　道徳教育全体の目標と「道徳科」の目標については、各々の役割と関連性が
上記のごとく説明されており、各学校はそうした目標を念頭に置きながら各地
域の実情や児童生徒の実態、教師や保護者の願い等を踏まえて、道徳教育の
「全体計画」と「道徳科」における「年間指導計画」を作成している。また、
校長のリーダーシップの下、「道徳教育推進教師」を中心とした推進体制づく
りが年々確立してきており、「別葉」を充実させたり、ローテーション授業を
取り入れたりするなど、実践レベルでの工夫もみられるようになってきてい
る。教育実習期間中はこうした学校独自の全体計画や別葉、指導体制などにつ
いても積極的に把握するように努めることが肝心であり、ただ漫然と「道徳
科」一時間枠の指導案づくりに終始してしまわないように心がけたい。

　なお、高等学校における道徳教育の目標は「人間としての在り方生き方に関
する教育を学校の教育活動全体を通じて行う」とあり、やはり各学校に即した
全体計画が作成されている。高等学校で教育実習を行う際にも、学校教育活動
全体を通じて行われる道徳教育の目標があることを忘れず、それぞれの特質に
応じた形で道徳的指導が行われているという点を意識してほしい。

▷3　別葉
「道徳科」だけでなく、「学
校教育活動全体を通じて行
われる道徳教育」の内容や
時期について、19から22あ
る、道徳教育の「内容項
目」との関連において詳細
に示したもの。

▷4　ローテーション授業
複数の教師が輪番で道徳の
授業を担当する方法。割り
当てられた担当回の指導案
を異なる学級で複数回実施
できるため効率化や授業力
の向上などが期待される一
方で、学級担任が担当する
意義が損なわれてしまう点
が危惧される。

▷5　「道徳科」の指導案
定まった形式や基準はない
が、一般的に「主題名、ね
らいと資料名、主題設定の
理由、学習指導過程」から
成り、学習指導過程は大き
く「導入、展開、終末」の
三段階に区分され、「児童
生徒の学習活動、主な発問
と児童生徒の予想される反
応、指導上の留意点」で構
成される。

3　多様な指導法の工夫と道徳教育の評価

　学校教育活動全体を通じて行われる道徳教育に関しては、それぞれの特質に
応じた指導法の工夫が求められるところであるが、特に学習指導要領では全体
に渡って「主体的・対話的で深い学び」の実現が目指されている。また、それ
に関連して「道徳科」でも「問題解決的な学習」「体験的な学習」「多面的・多
角的に考え」「課題に応じた活発な対話や議論」といった用語が並んでいる。
道徳教育の指導場面は多岐に渡るが、できるだけ多様な指導法について、それ
ぞれメリット、デメリットを踏まえ、効果的に用いるべく努めてほしい。な
お、道徳教育の評価に関しては、これまでと同様、数値による評価は行わず、
児童生徒がいかに成長したかを積極的に認め、励ます個人内評価となってい
る。「道徳科」の指導場面においても一時間ごとではなく、長期的な展望に
立って大括りでみることが重要とされており、1年後に振り返った際に変化を
見て取れるよう個々の毎回の学習成果をファイリングしておくことが肝心であ
る。

2　生徒指導と教育相談

　学校現場には「複数」の児童生徒が在籍しており，かつ，そうした児童生徒の様子も年々「多様化」してきている。特に現代のように変化の激しい時代にあって，多様な背景をもった成長途上の児童生徒が集うことによって，さまざまな課題や迷いなどが立ち現れてくる。そのとき，学校現場では「学習指導」のほかに「生徒指導」や「教育相談」とよばれる働きかけを通して，児童生徒を全体的・包括的に指導あるいは支援していくことが求められる。そうした働きかけには集団に働きかける側面と個人に働きかける側面があるが，以下，「生徒指導」と「教育相談」の定義と心構えを確認しておくことにしよう。

1　「生徒指導」と「教育相談」の定義

　「生徒指導」や「教育相談」というと，ともすると目の前で児童生徒がいわゆる「問題行動」を起こした際に，そうした「問題行動」をやめさせるべく指導注意したり叱咤激励したりするのが「生徒指導」で，何らかの個人的な悩みや「心の問題」を抱えた児童生徒を個別に呼び出し1対1で面談対応するのが「教育相談」といったイメージで捉えられがちである。しかし，「生徒指導」や「教育相談」についても，さかのぼれば，その起源は複数の理念や実践の系譜があり，類語も含めて多種多様，多義的な意味合いを含む用語である。

　ここではひとまず，「生徒指導」や「教育相談」について，現在，文部科学省がどのようなものとして捉えているか確認してみることにしよう。まず，「生徒指導」であるが，2022（令和4）年の「生徒指導提要」において「生徒指導は，児童生徒一人一人の個性の発見とよさや可能性の伸長と社会的資質・能力の発達を支えると同時に，自己の幸福追求と社会に受け入れられる自己実現を支えることを目的とする」と説明されている。この目的からも，必ずしも目の前の問題行動に対応するだけが生徒指導ではないということがわかる。すべての児童生徒の人格や個性をみとめながら，児童生徒が現在，あるいは卒業して社会で生きていくためにも必要な資質能力を形成していけるよう働きかけていくことが「生徒指導」に求められている。それに対し，「教育相談」は2008（平成20）年告示の「中学校学習指導要領解説」において，「教育上の問題について，本人又はその親などに，その望ましい在り方を助言することである。その方法としては1対1の相談活動に限定することなく，すべての教職員が生徒に接するあらゆる機会を捉え，あらゆる教育活動の実践のなかに生かし，教育相談的な配慮をすることが大切である」と説明されており，やはり「心の問題」を抱えた児童生徒に対して1対1の面談対応をすることだけが「教育相

▷6 2017（平成29）年告
示の「中学校学習指導要領
解説」では「一人一人が抱
える課題に個別に対応した
指導を行うカウンセリング
（教育相談を含む。）」とい
う表現になったが，ここで
も学校教育現場における
「カウンセリングとは専門
家に委ねることや面接や面
談を特別活動の時間の中で
行うことではなく，教師が
日頃行う意図的な対話や言
葉掛けのことである。」と
解説されている。

◁6
談」というわけではないことがわかる。

2 「生徒指導」と「教育相談」の心構え

　先に述べた通り，「生徒指導」も「教育相談」も，基本的には児童生徒一人ひとりに人格や個性があることをみとめたうえで，現在あるいは将来，児童生徒自身が社会で生きていくために必要な資質能力を形成していけるよう集団あるいは個々に見守り，必要に応じて働きかけていくことが本意である。とくにこれからの時代は，文化的にも育成的にも多様な背景をもった児童生徒が一層増えてくることが予想される。一人ひとりの性格も考え方も能力も興味関心も進路選択も異なることがスタンダードな社会が到来し，学校あるいは学級のなかでもそうした違いが顕著にみられるようになってくるだろう。そのとき，学級（ホームルーム）担任をはじめ，全教員が児童生徒一人ひとりにきめ細やかな眼差しをもち，日常的な言葉かけや触れ合い，あるいは保護者や同僚教員からの情報収集などを通して，多面的で多角的な，広い視野に立った「児童生徒理解」に努め，適切な体制や対応を進めていくことがのぞまれる。なお，教育実習期間中に，実習生は少し年の近い親しみやすい存在として，児童生徒から個別の相談や秘密の話を打ち明けられることもあるだろう。その場合も児童生徒との信頼関係を大切にしながらも，視野狭窄に陥らぬよう，適切な方法やタイミングで担任や同僚の先生方にも情報共有し，助言を得るようにこころがけよう。なお，「生徒指導提要」については，2022（令和4）年に改訂版が公開された。最新版を確認しておくようにしよう。

3　特　別　活　動

　教師と生徒あるいは生徒相互の人間的なかかわりを深め，児童生徒および教師の人間形成の場として極めて重要な役割を果たしている教科外指導のなかでも，全面主義的な道徳教育の意義を考えたとき，極めて重要な役割を果たしているのが「特別活動」である。

1 特別活動の教育的意義

　「特別活動」に含まれる内容としては，学習指導要領において，小学校で「学級活動」「児童会活動」「クラブ活動」「学校行事」，中学校で「学級活動」「生徒会活動」「学校行事」，高等学校で「ホームルール活動」「生徒会活動」「学校行事」といった活動が示されている。このうち，「学校行事」はさらに「儀式的行事」「文化的行事」「健康安全・体育的行事」「遠足（旅行）・集団宿泊的行事」「勤労生産・奉仕的行事」といった複数の行事からなっている。こ

のように，「特別活動」に含まれる内容は非常に多岐に渡っており，集団の規模も学級規模から学年，学校，地域社会といった大きな規模に至るまで，多様な形態を適宜，使い分けながらバランスよく計画，立案していくことになっている。

「特別活動」に含まれる諸活動は多種多様であるが，いずれも「なすことによって学ぶ」ことを方法原理とする「集団」的で「実践」的な学習活動である。「道徳科」では学習指導要領に示される19〜22の内容項目が道徳的諸価値として授業で取り上げられ，「教科書」を通じて，それらの道徳的諸価値について，判断力，心情，実践意欲と態度といった内面的資質を高めていくことが目指されるが，それに対し，「集団」的で「実践」的な学びを方法原理とする「特別活動」においては，そのような「道徳科」を通して育まれる内面的資質，いわば「道徳的実践力」を，まさに「実践」する場として意義づけられる。

「特別活動」において，児童生徒らはさまざまな活動に参加するが，そのなかで多くの道徳的な場面，葛藤や判断，行為にかかわる出来事に直面する。そのとき，教師が適切に指導したり，援助，介入したりすることによって，児童生徒らが自ら体験し向き合うことになった出来事を，将来への糧，成長に向かう経験として有意義なものへと意味づけられるよう導いていくことが肝心である。

児童生徒がいずれ学校という学び舎を卒業し，多様な価値観から成る社会の構成員として他者とともに生きていくということを考えたならば，集団的で実践的な学びを方法原理とする「特別活動」が教科外指導の領域として正規の教育課程上に位置づけられていることの教育的意義は大きく，本活動において教師に期待される役割も極めて重いと言わざるを得ない。教育実習の指導場面では，教科指導だけでなく，こうした「特別活動」に含まれる諸活動における指導の機会も少なくないため，この機会に改めて「特別活動」にはどのような活動が含まれており，またそれらの諸活動にはいかなる教育的意図，目標が据えられているのか明確に説明できるよう，よく確認しておくようにしよう。

［2］　特別活動の目標

現行の学習指導要領は小中学校2017（平成29）年，高等学校が2018（平成30）年に改訂されたものであるが，その背景には，グローバル化や情報化，とりわけ人工知能やインターネットの加速度的な進展など，ボーダレス社会の到来，価値の多元化や激変する生活環境など，予測困難な時代への対応という課題意識がある。そのため，改訂にあたり，全体を通して各教育活動における目標部分に目指されるべき「資質・能力」が加筆され，学習のプロセスとして「主体

▷7　「経験から学ぶ（learn from experience）」（デューイ，松野安男訳，『民主主義と教育（上）』岩波書店，1975年，223ページ）。アメリカの新教育運動に代表される進歩主義的教育観のひとつ。教科書という主たる教材を通して知識や技能の伝授をはかろうとする伝統的な教育論に対し，多様な経験を通して調和的な人格形成をはかろうとする教育観。

▷8　国家間に敷かれていた境界線が曖昧になり，あらゆる分野において敷居が取り除かれていくかのような社会のこと。

▷9　全体的に示される「資質・能力」は主に「知識及び技能」「思考力，判断力，表現力等」「学びに向かう力，人間性等」の3つの柱からなっている。

的・対話的で深い学び」の視点が導入された。

　「特別活動」に関しても，期待される３つの視点として「人間関係形成」，「社会参画」，「自己実現」が挙げられ，目標部分においてもそれらに対応する３つの「資質・能力」が次のように示された。すなわち，(1)多様な他者と協働するさまざまな集団活動の意義や活動を行ううえで必要となることについて理解し，行動の仕方をみにつけるようにする。(2)集団や自己の生活，人間関係の課題を見いだし，解決するために話し合い，合意形成を図ったり，意思決定したりすることができるようにする。(3)自主的，実践的な集団活動を通してみにつけたことを生かして，集団や社会における生活及び人間関係をよりよく形成するとともに，自己の生き方についての考えを深め，自己実現を図ろうとする態度を養うというものである。

　ボーダレス社会において予測困難な時代を生き抜こうとするなかで，多様な価値観をもった他者らとともに協働して問題解決をはかろうとする力は，これまで以上に重要になってくる。そのため，現行の学習指導要領では，「合意形成」，「意志決定」，「キャリア形成」，「主権者教育」，「防災を含む安全教育」といった用語が並び，これからの「特別活動」においても，こうした点を意識しながら児童生徒の諸活動を指導していく必要が説かれている。

　先に述べたように，「特別活動」に含まれる内容は，多様かつ多岐に渡る活動が想定されている。ここでは個々の諸活動の具体的な実践例にまで踏み込んでみていくことはしないが，教育実習に行く前に改めて当該の学校における年間行事予定を調べるなどして，どのような活動が計画・立案されているか確認しておくようにしよう。そして，教育実習期間中にそれらの諸活動に参加するにあたり，そこにいかなる教育的意図があるのか，また，それらが児童生徒にとって少しでも有意義な経験として意味づけられるようにするにはどうしたらよいのか，教師としてどのような指導，支援，介入を行うべきなのか，それぞれの目標や指導上の留意点などを含めて，よく考えておくとよいだろう。

４　総合的な学習（探究）の時間

　現行の学習指導要領において，これからの時代に求められる学びのプロセスとして「主体的・対話的で深い学び」が全体を貫く視点として強調されるようになったことは前述の通りであるが，この点に関連して，「特別活動」とともに今日，一層重視されているのが「総合的な学習の時間」（現行の学習指導要領における高等学校での名称は「総合的な探究の時間」）である。

　「総合的な学習の時間」は，1998（平成10）年の学習指導要領改訂において，「生きる力」を育む教育活動の一環として導入されたものであるが，教科「横

断的」で児童生徒による「探究的」な学びを重視しようとする教育実践自体は日本においても戦前から連綿とみられるものである。「総合的な学習の時間」はともすると「ゆとり」世代の学力低下の象徴であるかのようにみなされがちであるが，そこには確固とした教育理念が基底に据えられており，過去の教師たちの試行錯誤の上に立案されてきたものである。長い間に培われてきた教育理念や実践，歴史的経緯についても押さえてほしいところであるが，ここではひとまず，1998年に「総合的な学習の時間」が導入されるに至った背景と今日求められるものについて確認しておくことにしたい。

▷10　例えば，明治期の「郷土教育」，大正期の「合科学習」など。戦後の「綜合学習」や「統合学習」，「コア・カリキュラム運動」の教育理念なども挙げられる。

1　「総合的な学習の時間」導入の背景

　1970年代後半，学校教育現場では児童生徒によるいじめ，登校拒否（不登校），校内暴力といったさまざまな教育問題，教育荒廃が指摘され，それまでの知識偏重の詰め込み教育を見直し，教育内容を「精選」しながら「ゆとりある充実した学校生活」を実現していこうとする，いわゆる「ゆとり教育路線」を敷いてきた。この路線は基本的に1998年まで続いていくことになるのだが，その間，1984年から3年間だけ期間限定で設置された「臨時教育審議会」答申のなかで，「個性重視」の教育，「生涯学習」への移行，「情報化」や「国際化」など「変化への対応」も求められるようになってきた。この臨時教育審議会の答申を踏まえ，教育課程審議会答申，1989年の学習指導要領改訂へと具体的に提言されていくわけであるが，そのなかで「自ら学ぶ意欲」や「思考力，判断力，表現力などの資質や能力を重視する学力観」や，児童生徒らが自ら課題をみつけ，「主体的」に問題を解決していくような学習活動が推奨されるようになっていった。小学校第1，2学年の「社会科」と「理科」が廃止され，新教科として「生活科」が設置されたのもこの時期である。

▷11　1984（昭和59）年～1987（昭和62）年，中曽根康弘内閣総理大臣（当時）の諮問機関として設置されたもの。

　その後，1996年，中央教育審議会第一次答申「21世紀を展望した我が国の教育の在り方について」のなかで，「社会の変化」に対応できるよう，自ら主体的に「問題を解決する資質や能力」，「他者とともに協調」していける「豊かな人間性」，「たくましく生きるための健康や体力」等，いわゆる「生きる力」の育成に向けた取り組みが推進され，これらの力を育むための方策が示された。このとき，とりわけ「生きる力」を育むために有効な手立てとして「横断的・総合的な指導」の重要性が説かれ，「総合的な学習の時間」が設置されるに至ったのである。

2　「総合的な学習（探究）の時間」に求められるもの

　前述のごとく，「総合的な学習の時間」導入の背景をみても，当時から21世紀を展望した，国際化，情報化，環境問題，変化する社会への対応といった諸

課題への意識はあらわれており，1998年の「総合的な学習の時間」導入当初から期待されていた内容についても「国際理解教育」「情報教育」「環境教育」といったものであった。この傾向は，「SDGs」を念頭におきながら21世紀の「世界市民」に求められる教育として欧州を中心に国際社会のなかで目指されている方向性と軌を一にするものであり，現在の「総合的な学習の時間」「総合的な探究の時間」もその延長線上にあるものと言えよう。

▷12 「コンテンツ・ベース」に対応するもの。「コンテンツ・ベース」が「内容」重視であるのに対し，「コンピテンシー・ベース」は「資質・能力」を重視する考え方。現行の学習指導要領の特徴も，「何を知るか」から「何ができるようになるか」という学力観が明確に示された点にある。

日本だけでなく現在，国際的な潮流としても「コンピテンシー・ベース[12]」の時代となってきている。教科指導が重要であるのは言うまでもないが，これからの教師は教科「横断的」で児童生徒の主体的で「探究的」な学習活動をサポートしていく資質，いわゆるトップダウン型の指導だけでなく，「ファシリテーター」としての資質も兼ね備えていく必要がある。教育実習では，教科指導のための指導案づくりだけでなく，学校教育活動全体を包括的な視点でながめる視点も大切である。教育実習期間中は，教科指導の場面だけでなく，それ以外の時間においても学ぶべきことが多々あるので，意欲的に学んでほしい。

5 部 活 動

「部活動」は現在，正規の教育課程に位置づけられるものではなく，早朝や放課後，休日といった教育課程以外の時間を活用して行われる「課外活動」という位置づけにある。それにもかかわらず，児童生徒たちのなかには部活動が学校生活のすべてであり，部活動をするためだけに毎日学校に通っているという児童生徒もいれば，教師のなかにも部活動指導にしか興味を示さない者もいると言われている。このように「課外」とはいえ「部活動」は現在の学校教育でも極めて大きな存在となっている。それは「部活動」というものが，「クラブ活動[13]」と同じく，教育上，さまざまな学習機会や成長への契機を与えてくれるものだからである。異年齢集団のなかで人間関係を学び，他者とともに切磋琢磨することを通して自分の特性や能力，欠如に気づいたり，将来の自己の生き方や可能性に思いをめぐらせたり，その他さまざまな感情を味わう機会を得ることができ，豊かな人間性を育むうえで非常に大きな役割が期待できる。

▷13 1947年に設置された小中の「自由研究」にその萌芽がみられる。その後，中高の「クラブ活動」は全員参加の「必修クラブ」と教育課程外で行われる「選択クラブ」（部活動）とに二分化された。1989年には「部活動」をもって「クラブ活動」に代替できることが示され，1999年には部活動の実施を前提にして中高の「必須クラブ」は全面的に廃止された。なお，小学校については現在も「特別活動」の一部として「クラブ活動」が正規の教育課程

他方で，行き過ぎた部活動への期待や指導がともすると，部活動以外の経験や学びへのモチベーションや時間を失わせ，包括的な学びの機会を妨げてしまう危険性もはらんでいる。また，教員の多忙化や学校のスリム化などの議論のなかで，地域社会と連携した運用の仕方が模索されているところである。教育実習期間中は，そうした「部活動」における教育的意義や課題についても考えられるよう積極的に参加してみてほしい。

Exercise

① 道徳教育の指導法について調べ，それぞれのメリット，デメリットを踏まえながら，より効果的に指導するにはどうすればよいか考えてみよう。
② 教育実習期間中に，ある生徒から学校に行きたくないと相談され，その理由も含め誰にも言わないでほしいと頼まれた。あなたは，どのような対応をとるべきか，具体的かつ多面的，多角的に考えてみよう。
③ 「総合的な学習（探究）の時間」の具体的な事例をいくつか調べ，それらを参照しながら「総合的な学習（探究）の時間」の学習指導案を作成してみよう。

📖次への一冊

ジョン・デューイ，市村尚久訳，『経験と教育』講談社，2004年。
　　教育とは何か。学校の教室で知識を詰め込み，試験の成績を上げるための教育ではなく，人が経験から学ぶという点を重んじる。子どもの知的欲求や経験を成長につなげるために教師はいかにあるべきか。「特別活動」，「総合的な学習の時間」など，「教科外指導」に携わるうえでの必読書。

田中義隆『21世紀型スキルと諸外国の教育実践』明石書店，2015年。
　　デューイの時代からさらにグローバル化，情報化した21世紀，現代社会において，「教科外指導」は新しい学力観との関係で再評価されている。諸外国において教科横断的で探究的な学びがどのように展開されているのか参考になる。

日生マユ『放課後カルテ』全16巻，講談社，2012年。
　　「子ども一人ひとりをみる」「子どもに寄り添う」とはどういうことか。「みんな同じになりなさい」でもなく，「～症」や「～障害」といった診断で区別するでもない。医療的知見を含む「教育相談」の在り方について考えさせられる。

引用・参考文献

岩木俊郎・木津悦夫・浪本勝年『新 教育実習を考える』北樹出版，2017年。
関川悦雄・今泉朝雄『特別活動・総合的学習の理論と指導法』弘文堂，2019年。
高柳真人・前田基成・服部環・吉田武男編著『教育相談』ミネルヴァ書房，2019年。
田中マリア編著『道徳教育』ミネルヴァ書房，2018年。
田村学『中学校新学習指導要領の展開 総合的な学習編』明治図書，2017年。
森田真樹・篠原正典編著『総合的な学習の時間』ミネルヴァ書房，2018年。
文部科学省『生徒指導提要』令和 4 年12月（https://www.mext.go.jp/content/20221206
　　mxt_jidou02-000024699-001.pdf）2023年 1 月 2 日閲覧。

第**13**章
学校運営と安全管理

〈この章のポイント〉

　本章では，学校運営と安全管理について解説する。学校は，校長の作成したグランドデザインをもとに，学校教育目標の達成を目指して，職員だけでなく保護者や地域と共に運営されている。そのことを踏まえて，初めにチーム学校として機能させていくための校務分掌や会議，保護者や地域との連携について取り上げる。次に，昨今話題にされることの多い学校安全と危機管理やスクールコンプライアンスについて，具体例を示し学校現場での実践に役立つように解説していく。

1　校務分掌と職員会議

1　校　務　分　掌

　学校とは，定められた教職員や施設・設備で教育を行うところである。通常，学校とは，幼稚園，小学校，中学校，義務養育学校，高等学校，中等教育学校，特別支援学校，大学及び高等専門学校であり，そこで，児童生徒の心身の発達に応じて，各段階の教育の目的を実現するために教育が行われる。その活動は，教育課程の編成の基準に従った教育課程を編成し，学習指導要領を踏まえた指導計画によって実施されていく。

　学校では，児童生徒や家庭地域の実態を踏まえて，学校の教育目標が設置され，目標達成のためにより具体的な目標を掲げた学校経営が行われる。校長が作成したグランドデザイン（学校経営の構想）に沿って，児童生徒一人ひとりが生かされる活力ある学校づくりが進められ，その運営が学校運営である。

　学校運営上必要な事務は，人的管理，物的管理，運営管理を含む学校の業務全般があり，学校では，学校教育目標の実現のために，職員全員で学校の教育活動を展開していく。その教育活動を行うために果たすべき仕事を校務という。

　学校教育法第37条第4項に「校長は校務をつかさどり，所属職員を監督する」とされている。校長が全校務を一人で行うのではなく，校長は学校全体の事を掌握して，所属職員である副校長・教頭・主幹教諭・指導教諭・教諭・養護教諭・事務職員及びその他の職員に分担させる。これが校務分掌である。

▷1　校長のリーダーシップの下，カリキュラム，日々の教育活動，学校の教育資源が一体的にマネジメントされ，教職員や学校内の多様な人材がそれぞれ専門性を生かして能力を発揮し，子どもたちに必要な資源・能力を確実に身につけさせることができる学校（2014年7月中教審「チームとしての学校・教職員の在り方に関する作業部会」）。

▷2　学校教育法第1条に学校の範囲，第7条に校長と生徒数に相当した教員を置くことが書かれている。

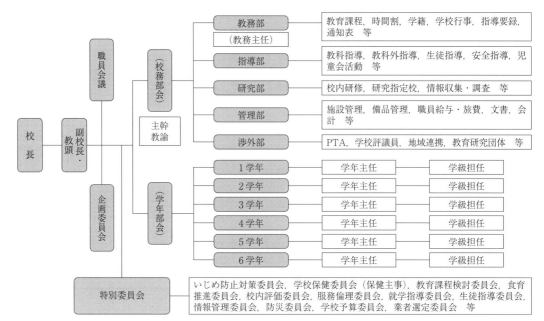

	教務部 (教務主任)	教育課程，時間割，学籍，学校行事，指導要録，通知表　等	
	指導部	教科指導，教科外指導，生徒指導，安全指導，児童会活動　等	
(校務部会)	研究部	校内研修，研究指定校，情報収集・調査　等	
主幹教諭	管理部	施設管理，備品管理，職員給与・旅費，文書，会計　等	
	渉外部	PTA，学校評議員，地域連携，教育研究団体　等	

職員会議 — 校長 — 副校長・教頭 — 企画委員会

1学年	学年主任	学級担任
2学年	学年主任	学級担任
3学年	学年主任	学級担任
4学年	学年主任	学級担任
5学年	学年主任	学級担任
6学年	学年主任	学級担任

(学年部会)

特別委員会：いじめ防止対策委員会，学校保健委員会（保健主事），教育課程検討委員会，食育推進委員会，校内評価委員会，服務倫理委員会，就学指導委員会，生徒指導委員会，情報管理委員会，防災委員会，学校予算委員会，業者選定委員会　等

図13-1　学校の組織図

▷3　職員の個々が担当する仕事。

▷4　学校教育法［職員］第37条第1項～第19項に書かれている職と業務を抜粋した。

▷5　平成29年11月6日学校における働き方改革特別部会資料1-2より。

▷6　学校教育法施行規則［教務主任・学年主任］第44条教務主任：教育計画の立案その他の教務に関する事項について連絡調整及び指導，助言を行う。学年主任：当該学年の教育活動に関する事項について連絡調整及び指導，助言を行う。［保健主事］第45条学校における保健に関する事項の管理に当たる。［事務主任］第46条事務に関する事項について連絡調整及び指導，助言に当たる。［校務分担する主任］47条各校務分担のリーダー。

校長から命ぜられた教職員は，これを各自の職務（▷3）として適切にしなければならない責務を負うことになる。学校教育法第37条を抜粋すると「教諭は，児童の教育を」，「養護教諭は，児童の養護を」，「栄養教諭は，児童の栄養指導及び管理を」つかさどる（▷4）と規定されており，教職員は，教育活動はもちろん，教育活動以外の学校の施設設備についても，例えば保健室や体育館，理科室等など分担された施設の管理運営に必要な校務も職務となる。

また，学校教育法施行規則第43条には，「小学校においては，調和のとれた学校運営が行われるためにふさわしい校務分掌の仕組みを整えるものとする。」とある。「校務分掌の仕組みを整える」というのは，「学校において全教職員の校務を分担する組織を有機的に編成し，その組織が有効に作用するよう整備すること」を指している。校務分掌は，校長の明確な教育方針のもとに，教職員一人ひとりの専門性，能力を最大限に発揮できるように組織されている。

小・中学校の校務分掌組織図の例（▷5）が図13-1・13-2である。設置する部や区分については，学校の実情によって異なるが，校務を分担する教務主任，学年主任，保健主事，事務主任（▷6），生徒指導主事，進路指導主事（▷7），司書教諭（▷8）その他必要な主任が置かれる。教職員1人が担当する業務については，学級や教科のことだけではなく，校務に関する分掌，特別委員会の委員の役割など1人が多くの分掌や委員会を担当している。その際，課題に柔軟に改善対応できるように，中堅職員・ベテラン職員と若手等が組んで構成されていることが多い。若手職員は，中堅やベテランの職員からスキルを学び，中堅職員たちは若手の新しい発想を取り入れる等の相乗効果がでるようにしている。分掌を細分化して各自

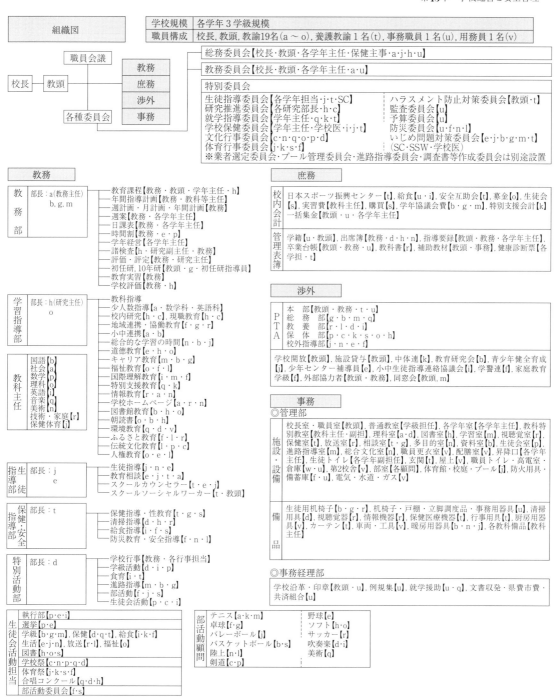

図13-2　学校組織図（A中学校の事例）

の職務を明確にしておくことも大切だが，チームとして機能する組織となることが需要である。学校の課題は学校によって異なるので，課題解決のために対応した特別委員会を設置している。会議の重複や形式上の委員会設置となり教職員が疲弊しないように，名称にこだわるのではなく内容について精査し，機

▷7 学校教育法施行規則
[生徒指導主事] 第70条生
徒指導に関する事項をつか
さどり，当該事項について
連絡調整及び指導，助言に
当たる。[進路指導主事]
71条生徒の職業選択の指導
その他の進路の指導に関す
る事項をつかさどり，当該
事項について連絡調整及び
指導，助言に当たる。

▷8 学校図書館法[司書
教諭] 第5条学校図書館の
専門的職務を掌らせるた
め，専門的講習を修了した
司書教諭を置かなければな
らない。

▷9 学校教育法施行規則
[学科主任・農場長] 第81
条2つ以上の学科を置く高
等学校には専門学科ごとに
当該学科の教育活動に関す
る事項について連絡調整及
び指導，助言に当たる学科
主任を置く。農業に関する
学科がある高等学校には農
場長を置き，農業に関する
実習地及び実習施設の運営
に関する事項をつかさどる
事項をつかさどる。

▷10 「働きやすい・働き
がいのある職場づくりに関
する調査 報告書」2014（平
成26）年5月 構成労働省
職業安定局雇用開発部雇用
開発企画課によると職員が
自由に発言でき，創意工夫
等が尊重されるような人間
関係が構築されている職場
は働きやすいという調査結
果がでている。

▷11 2000年に学校教育法
施行規則に職員会議に関す
る規定が設けられ文科省か
ら出された通知文である。

能させていくことが重要となる。

高等学校の校務分掌についても小・中学校と同様であるが，事務室を置き，事務室長または事務長が，校長の監督を受け，事務を統括して，その監督のもと主査，係長，主任，主事といった事務職員が職務を行うので，高等学校の校務分掌は，図13-2の教頭と事務長が並列に並び事務職員が校務の事務に関する職務を行う形となる。高等学校においては，前述した主任以外で，校長の監督を受けて，さらに学科主任，農場長，その他寮務長，部主事等を置いている。

学校は，教育目標の達成と成果をあげていくためにこのような組織を編成し，職員が各々の担当する業務を遂行していくことで活力のある学校になっていく。

活力のある学校にするためには，校長の明確な経営方針があり，全職員が経営方針や運営方法について共通理解していること，経営が組織的で職員各自が自分のやらなければならないことを理解していること，さらに職員が学校運営に参加していく意識が大切になる。そのような学校は，職員が自由に発言でき，創意工夫等が尊重されるような人間関係が構築されている。これは，学校だけでなく，働きやすい職場すべてで同じことが言える。

2 会 議

主として学校で行われる会議は，職員会議，学年会議，教科部会などがある。

職員会議は，学校教育法施行規則第48条において「小学校には，設置者の定めるところにより，校長の職務の円滑な執行に資するため，職員会議を置くことができる」同第2項「職員会議は，校長が主宰する」と規定され，校長の権限と責任を前提として，校長の職務の円滑な執行を補助する期間として位置付けられた。職員会議は，校長を中心に教職員が協力して教育活動を展開するために，校長の方針，さまざまな教育活動への対応策についての共通理解を深めるとともに，児童生徒の状況について担当する学年・学級・教科の枠を越えて情報交換を行うなど教職員の意思疎通を図るうえで，重要な意味がある。

実際には，日時を定例化して実施している。その他に，長期休業前や大きな行事（入学式，卒業式，運動会（体育祭）・文化祭等）のための会議もある。教頭や教務主任が議事を進行していくが，教職員は，議事の内容を事前に読み学年学級の動きを具体的にイメージして企画運営方法を検討することを心がけて，各自が実践できるように参画意識をもって取り組むことが重要である。

学年会議は，教育活動の基盤としての学年・学級経営を進め，教育目標の具現化のために行うので，詳細に話し合う。主な内容は，以下に示す通りであ

る。

　　　・学校の教育目標の具現化のための学年目標や学年・学級経営計画

　　　・各教科や道徳，外国語活動，総合的な学習の時間及び特別活動の指導計
　　　　画の作成・実践

　　　・学年内の分掌の遂行　　　　　　・学年行事の立案と実践

　　　・生徒指導の共通理解　　　　　　・指導に関する研究と実践

　　　・長期休業時の指導計画作成と実践　・保護者の理解と対応など

　教科部会は教科指導の効果を高めるために行われる。主な内容は，以下に示
す通りである。

　　　・各教科の指導目標，指導の重点の設置　・年間指導計画の作成

　　　・資料，教材，教具の整備保管

　　　・指導内容等の検討と資料作成　・学習評価の設定と実施

　　　・教師間の研修　・関連他教科，施設との連絡調整，共同研究など

　これらの会議は，1週間に1回か2週間に1回の割合で週時程に組み込まれ
て定期的に実施される。学年や学級が機能し，教科指導が充実するように，情
報共有だけでなく，教育活動の目的・意義についての確認も行われる。

　授業時数が少ない教科は，学校の規模により担当教員が1人の場合があるの
で，近隣の学校の教科担当者と連携すること場合もある。事務職員や養護教
諭，栄養指導教諭など学校に1人しかいない職員も，同様に近隣校を連携して
会議や研修を行うことでスキルアップをしながら学校運営に生かしている。

2　家庭・地域社会との連携

1　開かれた学校

　「子供たちの教育は，単に学校だけでなく，学校・家庭・地域社会が，それ
ぞれ適切な役割分担を果たしつつ，相互に連携して行われることが重要であ
る。」と1996年7月の中教審「21世紀を展望した我が国の教育の在り方につい
て」で示されている。学校だけで子どもたちを教育するには限界がるので，家
庭や地域と共に児童生徒の育成にあたることの重要性を20年以上前から示され
ている。学校経営方針を教職員が共通理解するだけでなく，保護者や地域の
人々にも，明確に学校の方針・教育活動の現状を示していくことが重要とな
る。学校の現状，課題，現在の努力事項，それに対する解決策等をしっかりと
発信している「開かれた学校」でなければならない。そして，保護者や地域の
人々，関係機関などの意見を傾聴して，それぞれの考えを理解しながら，双方
が理解して改善していくことが必要なのである。

「子どもの成長」のための保護者との連携・協力は個々に行うだけでなく，組織的になるとより機能してくる。それの組織がPTAで，Parent（ペアレント）保護者，Teacher（ティーチャー）教師，Association（アソシエーション）協会の意味で，その頭文字を取って呼ばれている，保護者と教職員による任意団体である。日本PTA全国協議会定款によると，目的は，「この法人は，教育を本旨とし，特定の政党や宗教に偏ることなく，小学校及び中学校におけるPTA活動を通して，わが国における社会教育，家庭教育の充実に努めるとともに，家庭，学校，地域の連携を深め，児童生徒の健全育成と福祉の増進を図り，もって社会の発展に寄与することを目的とする。」とある。PTAは，すべての児童生徒のための活動というのが本来のあり方である。PTA組織は，いくつもの委員会から構成される。教職員も各委員会に所属し，前ページの校務分掌で明記されている。各学年の活動で連携する「学年委員会」，地区の行事のとりまとめや登下校の安全のための当番等の計画・運営を行う「地区委員」，その他にも家庭教育の研修を企画開催する「家庭教育委員会」，広報誌の編集・制作をする「広報委員会」などがある。

現在は保護者の働き方も，多種多様である。PTAの活動を充実させるためには，活動時間・方法を含め保護者が一層参加しやすい環境づくりが必要になっている。また，PTAだけでなく，学校の卒業生や地域の諸団体の有志など教育に関心がある人々は多い。しかし，かかわりの入り口がわかりづらいために，協力できないでいることもある。学校は，地域にも門戸を開き，学校の方針（目指す子どもの姿）などを発信していきながら，地域と連携し協力して教育活動の充実を図っていくコミュニティスクールとなることが求められている。

3　学校安全と危機管理

1　学校安全

学校は，災害には地域の避難場所に指定されるように，「学校は安全なところ」であると考えられてきた。しかし，津波・豪雨などの大災害，不審者等の事件等が発生し，今までのように絶対安全であると言い切れなくなっている。

学校保健法第26条（学校安全に関する学校の設置者の責務）「学校の設置者は，児童生徒の安全の確保を図るため，その設置する学校において，事故，加害行為，災害等（以下「事故等」という）により児童生徒に生ずる危険を防止し，及び事故等により児童生徒等に危険又は危害が現に生じた場合（「危険等発生時」という）において適切に対処することができるよう，当該学校の施設及び設備

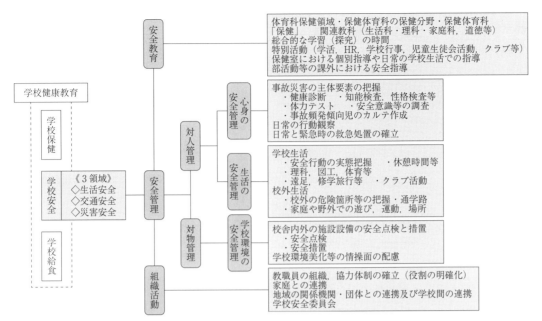

図13-3　学校安全の構造と領域

並びに管理運営体制の整備充実その他必要な措置を講ずるよう努めるものとする」とある。学校教育法（義務教育の目標）第21条第8項に「健康，安全で幸福な生活のために必要な習慣を養うとともに，運動を通じて体力を養い，心身の調和的発達を図ること。」と示されている。

　学校安全のねらいは，「子どもが，自ら安全に行動し，地域や社会の安全に貢献できる資質能力を育成する。」ことと「学校は，子どもたちの安全を確保し，子供たちが安全を学習する環境を整備する。」ことで学校安全の構造と領域をまとめると，図13-3のようになる。

　学校は，安全だからこそ子どもたちは学校で多くのことを学ぶことができ，子どもたちは学校生活を通して，安全な行動を学ぶことができるのである。

　本来，子どもは，好奇心が旺盛であり，家庭環境が異なる，また，発達段階であり経験値も少ないので，判断能力が乏しい。また地域・文化の違いや個性の差がある。そのようななかで，さまざまな教育活動が行われ，広い敷地のなかには多種多様な物品や器具がある。また，通常の生活であるとしても食物アレルギー等，リスクはたくさんあるのである。日本スポーツ振興センター学校管理下の災害［平成30年度版］平成29年度データによると，死亡が57件，障害が398件（幼保14，小90，中124，高161，特支9）起きている。

　学校は本来安全な場所であり，それを信頼して保護者は学校で子どもを学ばせるので，事故は，決して起こしてはならない。教職員は，あらゆることを想定して教育活動を展開しなければならない。

②　危機管理

　学校において，安全管理を徹底していても，学校という場は社会の影響を受け「さまざまなこと」が起こりえる。「弱い立場にある子どもは，危険にさらされている。（登下校，校外，家庭においても）」という認識が必要なのである。

　危機管理とは，「人々の生命や心身等に危害をもたらすさまざまな危険が防止され，万が一，事件・事故が発生した場合には，被害を最小限にするため適切かつ迅速に対応すること」である。図13-4危機管理の2つの側面に示されているように危機管理は事前の危機管理（リスクマネージメント）と事後の危機管理（クライシスマネージメント）がある。

　事前の危機管理（リスクマネージメント）は，事件・事故を未然に防ぐことを中心として危機管理で，早期に危険を発見し，その危険を確実に除去することに重点をおいている。事後の危機管理（クライシスマネージメント）とは，万が一事件・事故が発生した場合に，適切かつ迅速に対処することで，被害を最小限に抑えることができる。その後の再発防止と通常生活の再開に向けた対策も必要である。この2つのマネジメントは，事件が起こってから対策を練るのではなく，危機に備えてセットで考え準備しておくことによって，危険発生時に，子どもの安全確保・生命維持が最優先，次に的確な判断・指示・対応，そして正確な情報の把握と迅速な連絡・通報ができる。

　危機管理は，災害・事故・事件に関することだけでなく，子ども同士によるいじめ，教師による体罰・ハラスメント，さらに教師自身による信用失墜に対する危険管理があり，対応するために「いじめ」や「食物アレルギー」「法令遵守（コンプライアンス）違反」に関して特別委員会を設置している。

　2011年に大津市で起こったいじめ自殺事件を発端に，二度とこのような痛ましいことが起こらないようにと2013年（平成25年）9月「いじめ防止対策推進法」が施行された。各学校でもいじめ防止のための推進委員会が校務分掌に位置付けられ，「学校いじめ防止基本方針」を設定している。各校の「学校いじめ防止基本方針」は，子どもたちや保護者，地域の人々にも学校の広報誌やHP上せ公開して取り組みに対する理解協力が得られるようにしている。

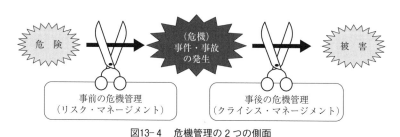

図13-4　危機管理の2つの側面
出所：文科省「学校における防犯教室実践事例集」2006年3月より。

　しかし，危機管理の現状には課題があり，危機管理意識に個人差があることが挙げられる。「いじめは学校であってはいけないこと」であるが故に，無意識のうちに気付かないようにしたり，事を荒立てないようにしようとしたりする。誰でも適切に対応できるように危機管理をマニュアル化されているが，教職員の個人の経験の差はある。マニュアルの形骸化や担任や担当者による個人的な対応，また連絡や連携不足で対応が遅れてしまうと，より重大で深刻な事態となるのである。優先すべきは，子どもの安心安全な状態であるので，教職員の複数の目による確認や定期的な調査・相談等を実施して早期発見・早期対応することが重要である。「いじめは，どの子どもにも，どの学校でも起こりうること」であるので，小さな変化を見逃さずに対応するともに，いじめの未然防止に向けて，子ども一人ひとりを大切にした教育活動を展開して，子どもが安心安全な心の状態を維持していかなければならない。

4　スクールコンプライアンス

1　スクールコンプライアンスとは

　「コンプライアンス」とは，一般的には「法令順守」と訳される。教職員は職務内容から社会的に与える影響が大きく，法令だけでなく社会のルール，マナーについても遵守することが求められている。地方公務員法（信用失墜行為の禁止）第33条「職員は，その職の信用を傷つけ，又は職員の職の全体の不名誉になるような行為をしてはならない。」とある。教職員だけでなくどのような職についてもこのことは同じであるが，教職員であるという自覚をもつこと，また周囲は自分自身のことを教職員としてみていることを意識する必要がある。

　社会的責任をもって学校，教職員は，子どもたち，保護者や地域社会の信頼に応えるということである。

　では，どのようなことにより，教職員が信頼を失ってしまうのだろうか？

　コンプライアンス問題として挙げられるのは，主には以下のような内容である。

　　①　体罰や不適切な指導（行き過ぎた指導）　②　飲酒運転

　　③　ハラスメント　　　　　　　　　　　　④　個人情報の情報漏洩

　　⑤　公金等の不正処理等

　多くは，教員自身が自覚していないことから起こる。子どもにとって，大人である教職員は，教職員が自覚している以上に権力をもっている。「嫌われたくない」，「学校での立場を悪くしたくない」との思いから，子どもの本心を出

さないこともある。教職員の言動について気になる点があれば，必ず本人や管理職に相談し，リスクを浄化して安心安全な学校になるようにしなければならない。

［2］　コンプライアンス委員会

　各学校では，学校コンプライアンス推進のために，委員会を校務分掌に位置付け，組織的にコンプライアンス確保のために計画的・定期的に研修を実施している。推進委員は，校務分掌の各代表や世代ごとに委員を選出するなどして，自らのこととして取り組み，推進委員が中心となり，［1］で先述した内容についての研修を進めている。トップダウン型ではなく，全員が主体的に真剣に我が身のこととして学ぶ必要がある。また，PTA代表者や地域代表，学識者などを委員として学校の外部の目からもチェックできる組織としている。

［3］　安心安全な学校

　学校は，安全だからこそ子どもたちは学校で多くのことを学ぶことができるのである。私たち教職員は，子どもたちの命を預かっている。教育活動実施時に，危険はないか，あらゆる場面を想定し，危険回避の対策を取っておく。それだけでなく，子どもたち自身にも安全安心な学校，また，命を守る教育を行い，安心安全な学校をつくっていくことが「信頼される学校」づくりの一歩となるのである。もちろん，教育活動において子どもたちが，安心して学ぶことができる学校は，一人一人の人権が守られているところであることもいうまでもない。

　つまり，安心安全な学校は，学校運営上，教育活動を行ううえでもっとも重要な根幹をなすものなのである。そして，学校の教育目標の達成に向けて全職員がチームとなって学校が運営されることの重要性が理解できたかと思う。

　社会は年々変化し，教職員をはじめ子ども・保護者や社会のとりまく人々も今と同じということはない。どんなに万全の体制ができたと思っても，「ひやり」とする危険な事は起きる。学校は，原因を究明し，改善策を練り直し，さらに，保護者や地域社会と連携を取りながら「安心安全な学校づくり」を進めていかなければならない。

　教育実習期間は，どうしても「授業の進め方」で頭がいっぱいになってしまうが，教科だけでなく，児童生徒の安心・安全を考えて指導する担当教員のホームルーム（学級活動）での話や学習環境，教職員たちの動きなどにも視点を当てて学んでほしい。

Exercise

①　緊急事態の例を一つ取り上げ，自身が教師としてどのような対応をするとよいか具体的に考えてみよう。（救急処置・当現場での対応，当該生徒への支援，校内の体制，全体での教育活動）

②　スクールコンプライアンスを学んで，今後気を付けて対応すべきことを述べよう。

📖次への一冊

立田慶裕編『教師のための防災教育ハンドブック　増補改訂版』学文社，2013年。
　　実際に災害に遭遇して，安全性の大切さに気付くことが多いが，教育活動にかかわるものとして，事後対応では遅すぎる。防災対策の充実が「減災」につながることが時間できるように，防災の智恵が集積されている。

松井典夫『どうすれば子どもたちのいのちは守れるのか――事件・災害の教訓に学ぶ学校安全と安全教育』ミネルヴァ書房2017年
　　実際の事件をもとに著者が学校現場で，実践してきた安全教育の授業や学校づくりを読み，これからの学校安全と安全教育について学ぶことができる。

引用・参考文献

松井典夫『どうすれば子どもたちのいのちは守れるのか――事件・災害の教訓に学ぶ学校安全と安全教育』ミネルヴァ書房，2017年。

小山健蔵・藤田大輔・白石龍生・大道乃里江著『教師のための学校安全　改訂版』学研，2014年。

独立行政法人日本スポーツ振興センター学校安全部「学校の管理下の災害【平成30年版】平成29年度データ」。

五十嵐哲也・茅野理恵編『保健室・職員室からの学校安全　事例別　病気，けが，緊急事態と危機管理 vol. 1』少年写真新聞社，2017年。

日本PTA全国協議会著『今すぐ役立つ　PAT応援マニュアル』2016年5月，ジアース教育新社。

池谷孝司『スクールセクハラ――なぜ教師のわいせつ犯罪は繰り返されるのか』幻冬舎，2014年。

中央教育審議会　学校における働き方改革　特別部会資料　平成29年11月6日。

文科省「学校における防犯教室実践事例集　2006年3月。

平成30年度　教員ハンドブック　茨城県教育委員会。

第14章
教育実習終了時とその直後にするべきこと

〈この章のポイント〉

　本章では，教育実習終了時とその後にするべきことについて解説する。まずは，教育実習の成果としてどのような成長をしたのかが問われる場である教育実習終了時の挨拶は，聞き手が子どもなのか，先生なのかを考え，挨拶の内容を考える必要がある。また，実習校への感謝の心をもってお礼の手紙を出す時のマナーとして，具体的な礼状の書き方，便箋や封筒の書き方などについて学ぶ。最後に実習日誌のまとめ方について説明する。

1　実習終了時の挨拶

　実習開始前から，大学の担当教員に実習指導へのお願いの挨拶から始まり，いざ実習が始まると，自己紹介も含め，子どもと先生方とのかかわりとしてあいさつを経験する。しかし，実習終了時の挨拶は，短時間ではあるが，教育実習の成果としてどのような成長をしたのか，特に教育者としての自覚と責任をもった挨拶ができるかが問われる場でもある。

　挨拶は，聞く相手があり，自分の思いをよりよく伝える必要がある。「言葉を届ける」という姿勢での心を込めた話し方，聞き手によくわかる話の内容が求められる。したがって，聞き手が子どもなのか，先生方なのかを考え，挨拶の内容を事前に構成し，原稿用紙等に整理して準備しておくことが基本的な要件となる。

　子どもたちへの挨拶では，学校生活のなかでの子どもたちの意欲的な活動や思いやりのある行動などの様子を具体的に取り上げながら，自分が感動したこと学んだことを実習生として，今後どう生かしていくかをしっかりと話すことが大切である。また，それぞれの挨拶がどのような状況設定のなかで行うことになるかを事前に踏まえておくと，場や雰囲気をイメージすることで，落ち着いた挨拶ができる。▷1

　例えば，全校の子どもたちに向けては，①学校行事の様子などを話題に取り上げる，②日常の生活場面でのよさを学校の教育目標とつなげて話題にする，③話す時の視線の動きや態度，の三点を心がけると，より素敵な挨拶になるに違いない。

▷1　学級の場合は，教室での実施が通常であり，全校の場合は，校庭あるいは体育館での全校朝会時の実施となり，校長先生をはじめ全教職員も参加し，マイクも設置されている状況が一般的である。

次に，担当学級の子どもたちへの挨拶は，おおむね下校直前になるので，学級担任の指示を受けて，時間経過に留意しながら，子ども同士，子どもと教師のかかわりのよさを話題にしながら挨拶をすると伝わりやすい。具体的には，子どもたちとの絆づくりに力を注いできた実習時の実践を通して感じたこと，子ども同士の触れ合い，支え合いの状況を捉えて認め，励ますことである。また，授業時の能力形成の様子を捉えて話題にすると，より豊かなあいさつになる。最後には，「おうちの人たちへも，よろしくお伝えください」と保護者への挨拶を添えておくことも忘れてはいけない。

最後に教職員に向けても，感謝の気持ちを礼儀正しく，元気よく存分に伝えることが大切である。このときに，忘れてはいけないのは，養護教諭や事務職員の先生，栄養士，用務員のみなさんへのあいさつである。

2　お礼の手紙

［1］　実習校へのお礼の手紙

実習校の教職員は後輩を育成するという使命感をもって教育実習生を迎え入れ，通常の教育活動をしながら実習生の指導にあたってくださるので，心から感謝の気持ちを表す必要がある。実習生は実習終了後に校長先生をはじめ，指

拝啓　時下，校長先生におかれましては，ますますのご清祥のこととお喜び申し上げます。

教育実習では，校長先生をはじめ諸先生方に，温かい励ましやご指導をいただき，ありがとうございました。3週間（2週間）の教育実習を無事に終えることができましたのも，ご多用にもかかわらず，先生方が温かく受け入れてくださり，ご丁寧なご指導をしてくださったおかげと感謝しております。

実習中には何かと至らなかった点が多く，ご迷惑をおかけしたのではないかと存じますが，大学での授業では決して学ぶことのできない貴重な経験をさせていただきました。実際に生徒たちの前に立ってみて，授業をすることの難しさと素晴らしさを実感することができました。また，生徒たちの授業に向かう意欲的な態度は素晴らしいものでした。

このような様々な経験をすることができて，充実した教育実習期間を過ごせたと感じております。教師の道を選んだことを心からよかったと思っております。

最後に，この教育実習での経験を生かし，教職を目指し，教員採用試験に向けて頑張っていこうと思っております。

末筆ながら，先生方のご健勝をお祈り申し上げます。

敬具

令和○年○月○日
○○大学○○学部
○○学科○年
○○○○

図14-1　教育実習後のお礼状の文例（校長先生へ）
出所：土井（2017，136ページ参照）。

導教員や学級担任，お世話になった先生方のそれぞれに感謝の心をもってお礼状を出すのが常識である。その場合，はがきではなく封書で，誤字などのない丁寧な手書きで出すのが礼儀である。お礼の手紙を出す時期は，遅くとも実習終了後の1週間以内に出すのがお勧めで，これ以上遅れてしまうと，「お礼」に加えて「お詫び」の一言を添えなければならなくなる。

さらに，その後，教員採用試験の結果や卒業して就職したことなども先生方にご報告するようにしたいものである。報告を受けた先生方は，指導した実習生の成長を心から喜んでくれるはずである。

教育実習のお礼の手紙で一番大切なことは，実習を終えた今だからこそ感じる，体験談を交えた感謝の気持ちが伝わるお礼の手紙を書くことである。誰にお礼の手紙を送るか考えると，やはり直接お世話になった教科や学級の指導教員，校長先生，子どもたちへのお礼の手紙を送ることが考えられる。

お礼の手紙は，縦書きで手書きが良い。黒のボールペン，もしくは万年筆で心を込めて丁寧に書くようにする。以下，校長先生宛のお礼状の文例を紹介する。

▷2　例えば，教育実習終了後，教育実習の日誌を実習担当の先生から戻して頂く際に，学校にて各先生に感謝の言葉も話しながら，直接お渡しするのも良い。タイミングが合わなかったり，日誌を最終日に頂いたり，遠方の場合だったりなど事情がある場合は，郵送にてお礼状をお送りするのが無難である。お礼状を出す時期は，実習終了後2，3日以内に書き1週間以内に出すようにする。遅くても2週間以内に出すようにする。

2　子どもたちへのお礼の手紙

子どもたちには，先生方とは別にお礼の手紙を書くようにする。学級のよかったことや，子どもたちに勇気を与える内容を手紙に書くと喜ばれるに違いない。その場合，堅苦しすぎたり，形式にとらわれ過ぎたりせず，格式張らずに横書きで書くことも，子どもは親しみを感じ，喜ぶかもしれない。いずれにしても丁寧に心を込めて書くことが重要である。実習生からもらった手紙は，教室に掲示されることが多い。以下，生徒宛のお礼状の文例を紹介する。

皆さん，こんにちは，元気に仲良く勉強していることと思います。皆さんの元気な声が聞こえてくるようです。

私は今，大学に戻り，教育実習で勉強したことをもとに，先生になる勉強をしています。何事にも一生懸命で明るい皆さんに出会い，今までより一層先生になりたいという気持が強くなり，勉強にも力が入るようになりました。皆さんに感謝の気持ちで一杯です。ありがとうございました。

明るくいつも元気でいっぱいの○組の皆さんは，これからも友達と協力し合い，さらによいクラスを作っていくと思います。

元気な皆さんに，また会えることを楽しみにしています。

令和○年○月○日

○○大学○○学部

○○学科○年　　○○　○○

図14-2　教育実習後のお礼状の文例（子どもたちへ）

出所：土井（2017，137ページ参照）。

③ 礼状の書き方

　礼状の書き方には決まりがあり，その決まりに添って失礼のない手紙を書くためのマナーを身に付けることが必要である。現代においては，通信手段が郵便だけに頼っていた時代とは違い，日常のコミュニケーションの手段として，電話やEメール，SNSなどの多様な情報通信手段が利用されているが，ここでは礼状の書き方についてみていく。

表14-1　手紙の構成

前文	①頭語	頭語は，手紙の一番はじめにくる挨拶言葉である。頭語には「こんにちは」という意味合いがあり，相手との関係性や，手紙の内容に応じて「拝啓」「謹啓」などで表現する。また，頭語は結語とセットで使われ，間違った組み合わせをしてしまうとマナー違反である。◁3
	②時候の挨拶	時候の挨拶◁4は，季節の移り変わりや差出人の心情を挨拶文として表現する部分である。頭語のあとに一文字分スペースをとって，記入する。時候の挨拶は，手紙を出す時期やそのときの気候によって，使い分ける必要がある。
	③安否の挨拶	相手の安否を気遣う挨拶◁5を書くのが一般的で，それに続けて，自分のことを伝える。
	④平素のお礼	前文の最後は，日頃お世話になっているお礼や感謝の気持ちなど必要に応じて書く。お礼を伝えたり，お詫びの挨拶を伝える言葉で締めくくる。
主文	⑤起こし言葉	起語は「さて」「ところで」「さっそくですが」など，本題に入る前に置く言葉のことである。決まり文句なので，相手に「ここから用件が始まります」ということを伝えることができる。
	⑥本文	伝えたいことを簡潔かつ具体的に書くことが大切である。◁6 そのためには「尊敬語と謙譲語を正しく使い分けること」◁7や「二重敬語の表現」に気をつけることがマナーである。 お礼の趣旨をふまえ，単に一文で終わらせるのではなく，具体的に言葉数を多くして書く。
末文	⑦結びの挨拶	相手の健康や実習先の繁栄などを祈る言葉を入れ，今後の指導をお願いして手紙の結びとするなど，さまざまな慣用句がある。
	⑧結語	頭語とセットで使用される挨拶言葉であり，手紙の本文の一番最後に書き記す。縦書きの手紙では一文字分，字上げして書くのがマナーである。
後付け	⑨日付	行頭から1文字から2文字下げて書く。改まった手紙を書くときは年号を含む日付を入れる。縦書きの場合は漢数字を，横書きの場合は算用数字を用いる。
	⑩署名	差出人の名前を「結語」と下をそろえて書く。 差出人のフルネームを行末から1字上がったところで終わるように記入する。
	⑪宛名	宛名には，手紙を受け取る人の名前を記入。手紙を送る封筒の表書きと同じ宛名になるように合わせるのがポイントである。書くときは，行頭に揃え，1字下げて少し大きめの文字で記入する。 宛名の下には必ず「様」や「先生」「殿」などの敬称をつける。宛名を連名にする場合は，まとめてひとつの敬称にするのではなく，それぞれの名前の下に敬称をつける。

▷3　代表的な頭語と結語のセットとしては，一般的な手紙・文書には，「拝啓（はいけい），敬具（けいぐ）」，祝い状・礼状・詫び状などの丁寧な手紙・文書には，「謹啓（きんけい），謹言（きんげん）」がある。先生方へのお礼状では，拝啓，敬具が無難である。

▷4　「花の色が美しい季節となりました。皆様におかれましては，ご健勝のこととお喜び申し上げます。」「向暑の候，皆様におかれましてはますますご清栄のこととお慶び申し上げます。」「紅葉の美しい季節となりました。」「秋も日に日に深くなってまいりました。」

▷5　「ご機嫌いかがですか。」「お元気のことと存じます。」

▷6　実習の礼状の場合，どのような場面でどのようなことを学んだのかなど，整理して書くようにする。

▷7　「皆様」「貴校」や実習指導者など相手側を示す言葉は行末にこないように，自分側をさす「私」などの言葉が行頭にこないように注意する。相手より自分が上になり，相手を見下すという意味になってしまうので要注意。

　礼状を出す時期は，前述したように，実習終了後1週間以内に出すことが大切である。礼状としての手紙の内容は問題ないのに，実習終了後，数週間たってからでは相手に失礼なものになってしまうので，出すタイミングを逃がさないように心がけることが重要である。タイミングを逃がさないためには，書き方を事前に理解し，前文，末文，後付けなど，主文以外を実習前に事前に作成しておくとよい。

　手紙の組み立て方は，表14-1で示すように，「前文」「主文」「末文」「後付け」の4つで構成される。

　以下構成について詳しくみてみると，「前文」とは，主文で本題を伝える前に，前置きとして述べられる挨拶のことで，読み手に挨拶をする大事な部分であることから，決められた書式に則って書くことが重要である。基本的には「頭語」「時候の挨拶」「安否を尋ねる挨拶」「お礼やお詫びの挨拶」の4つの要素で構成される。

　次に，「主文」では，用件や本題を相手に伝える部分のため，決められた書式に則って書く必要はほとんどないが，前文と違って自由度が高い反面，読み手の立場を踏まえた書き方をしないと，正確に用件を伝えることができない難しさもある。例えば，実習のお礼を述べる，お礼の理由など実習中の思い出を述べる，今後の目標などをお伝えする，といった内容が入ると読みやすくなる。この主文が一番感謝の気持ちをアピールできる部分でもある。

　また，「末文」は「結びの挨拶」「結語」で構成され，文章を締めくくるときに使う。「後付け」は，手紙をいつ，誰が，誰宛てに送ったかを書き記すものである。

　もし，主文で用件を書き忘れたときや，追記しておきたいことがあるときは副文を用いるが，副文で一般的に使用されるのは「追伸」である。基本的には，親しい人に手紙を送る場合に使用する。改まった手紙で書き忘れた事項があったときは，はじめから書き直すほうが無難である。

　決められた書式で書くというのは，堅苦しくて面倒だと思われがちであるが，用件をスムーズに伝えるためにはとても有効なものある。前文の書き方を理解して，失礼のない文章を書き上げるように心かける必要がある。

［4］　便箋と封筒，筆記用具の選び方

　便箋を選ぶときには，白無地の便箋が基本となるが，手紙を書きなれてない場合はきれいに書くのが難しいので，白紙に立ての便箋の罫線の入った縦書きようのものが使いやすい。封筒の選び方としては，縦に長い上質の「和封筒」の白い長形4号サイズの二重封筒を選ぶといい。

　宛名を書く時には，右から順に，住所，学校名（クラス名），先生の名前の順

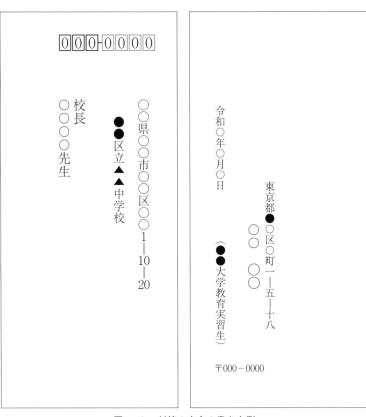

図14-3　封筒の宛名の書き方例

で書くようにする。先生の名前には「先生」をつけるのがマナーである。後ろに「様」をつけてしまうと，二重敬称になり，失礼に当たるので気をつけるようにする。以下，封筒の宛名の書き方の例である。

　筆記用具は，万年筆か毛筆などのペンで書くのが常識で，黒の0.3mm〜0.5mm程度のペンを予備のペンと一緒に用意しておくとよい。もし途中でインク切れし，予備のペンがない場合は，最初から書き直す丁寧さが必要である。また，礼状や封筒の宛名は，書き間違えた場合は，修正テープや修正液は厳禁で，最初から書き直すのがマナーである。

　手紙の折り方は，封筒の大きさに合わせて，三つ折りもしくは四つ折りにし，開封されてときに手紙の書き出しが目に入るようにして丁寧に折るようにするとよい。封の仕方は，糊付けが基本で，セロハンテープやホチキス止めは厳禁である。シールは実習先への礼状には使用してはいけない。また，封じ目には「封」「〆」が一般的である。切手の貼り方では，切手の料金不足がないように，適正な料金の切手を貼ることが常識である。

3　教育実習の反省と実習日誌の提出

　実習生は実習までに身に付けておいたことが，教育実習中どのように実現されたのか，実際の学校現場において新たに学んでことは何か，反省や成果として考えられることなどの自己評価を通して，今後の課題を明確にしておくことが大切である。実習での学びの整理・考察に基づいた反省は，実習の成果であり，教師を志す資質・能力の向上につながっていく。この反省にもっとも活用できるのが，実習日誌[8]である。

　実習日誌を書く目的は，①実践を記録し自分の実習体験を振り返ること，②実習先の指導教員に自分の実習体験を伝えることであり，実習内容の記録は，自分の日々の実践を記録し，それを振り返ることによって客観化し，自分の実習を深めていくものでもある。実習中，必死になって記入したものの，自分でよく理解できなかったことが，実習後に読み直すことによって，「そうだったのか」と理解できる内容もある。また，大学の授業で学ぶことで，子どもの活動の意味に気づくこともある。

　ほとんどの大学が教育実習日誌を学生に記入させるが，日誌の内容は，主に①実習生に向けての概説，②実習生自信が記入する部分，③学校の指導者が記入する部分の3つの内容が含まれる。実習生自信が記入する部分には，次のような事項が記載してある。

> 実習者自身の紹介，事前訪問時の内容，教育実習における実習者の目標・課題等，教育実習校の概要，実習校の日程・時間割等，日々の記録[9]，講話の記録，授業観察記録，自己評価，反省・考察・今後の課題等記録等

　教育実習のまとめを書く際には，単なる感想文に終わらせず，実習を通して自分がどのように成長したかを，実習日誌を読み返しながら書くようにするとよい。例えば，「児童理解について」「授業実践について」「学級経営について」のようにいくつかの観点を設定し，観点ごとに実習を通して「自分が学び得たこと」，「成長できたと思うこと」，「十分に学べていないと思うこと」を整理していく。さらに，学べていないと思う点については，実習後にどのように学んでいきたいかという視点から「今後の課題」をまとめる。そして，実習が終えた時点で，「教職への動機や意欲」，「目指す教師像」について自分が体験したことを交えて書くようにするが，その際，よりよい教師を目指して自身を振り返る態度が必要である。最後に，お世話になった子どもたちや先生方，支えてくださった方々への感謝の気持ちを忘れずに書くようにする。

　表14-2，表14-3のような事項を参照にしながら，実習を客観的に振り返

▷8　実習日誌は，日々の実習を振り返り，経験したことや学んだこと，反省したことや感想などがまとめられ，指導担当教員からの指導事項が具体的に記入されているので，実習時の学びの財産である。この実習日誌を改めて読み直し活用していくことが，学びの整理をする第一の要件となる。（石橋ら，2011，100ページ）

▷9　「日々の記録」として，実習生は書くことになる4点は，①実習生がその日に習得したこと，反省点，今後の課題等　②指導教員からの助言と，それを今後どう生かしていくか，③児童生徒の具体的な様子，④教員の動き，である。

表14-2　実習日誌のまとめ方（小学校）

	小学校
基 本	①教育実習をスタートするときの「課題」を確認する。 ②実習日誌を初日から読み返し，実習を思い出してみる。 ③指導の先生の助言を読み，自分の課題を見つけてみる。
ポイント	①実習のねらいに基づき，「子どもとの交流」「授業の実践」「理想の教師像」などのキーワードを決める。 ②実習期間中の出来事を思い浮かべ，心に残っているシーンのポイントをメモしてみる。 ③教員採用試験の面接でも教育実習について質問されるので，記録を丁寧にとっておく。

出所：『教育実習完璧ガイド』（108ページ）を参照。

表14-3　実習日誌のまとめ方（中学校・高等学校）

	中学校・高等学校
基 本	①なるべく具体的な事例を挙げること。授業実践での反省点を挙げるだけではなく，どのように改善して，よくなっていったっかなどを書く。 ②子どもとの交流の場面を必ず記入する。授業にかかわる内容だけでなく，授業以外の場面で，どのように実習を実践したかが問われている。
ポイント	①お世話になった校長，副校長，教頭，担当教諭をはじめ，全ての学校関係者への感謝の気持ちを記すことである。そして，何よりも子どもたちへの感謝の念がなければならない。 ②教育実習での経験を活かし，教員へ志望が堅固なものになったことを書く。そして，不十分なところもあるが，教員として仕事をこなすことができる適性があることも書く。

出所：『教育実習完璧ガイド』（110ページ）を参照。

り，教育実習を締めくくるとよい。

　このようなまとめを，最低限三度は読み返すと，次第に自分にとって教育実習がどんな意味があったのか，どんな意義があったのか，などというようなことがみえてくるであろう。さらに読み解くためには，次の四つの観点で捉えるとよい（溝邊，2007，175ページ）。

　観点1「教師の仕事」で捉えることである。実習中に最もわかりやすい教師の仕事は学級経営なので，担任の性格や資質・能力，子どもたちの特徴を前提にしながら，学級の目標を達成させるための具体的方策は設定されていることに気づく。そのなかで自分がどのようにその仕事を理解し，取り組んだのか，そしてどのような成果が得られたのかを振り返る。

　観点2「子どもの実態」で捉えることである。実習中に自分とかかわった子どもについて整理する。例えば，各教科などの指導場面，給食，清掃指導場面，休み時間・放課後の休憩時間も捉えやすい場面で，そこで自分がどのように対応，反応したかという点も合わせた1シーンとして把握しておくと，より

はっきりと捉えることができる。

　観点3「学校という枠」で捉えることである。教科指導だけではなく，学年的，全行的な行事及び地域の方々との交流学習などに参加した場合，学校教育とは何か，学校の存在意識は何かなど意識し，そうした場面に出会った時の考えをまとめることで，学校という枠組みで教育実践が行われていく今日的意義も明確になってくる。

　観点4「今後の課題」で捉えることである。初めて設けた目標に対する自分への評価が明確になり，取り組んでみて自分のなかに定着したことや不十分な点など成果と課題として整理できる。

　一方，実習日誌が以下のような点に注意しながら書かれているかを確認する必要もある。

①　公的記述であるとの自覚をもち，流行語，省略語，話し言葉を使わない。書き言葉で書き，誤字・脱字に注意すること。また他者に読んでもらうことを意識し，最大限丁寧な字で書く。

②　黒のボールペンまたはインクで記入する。

③　誤字の修正は修正液や修正ペンは使わず，修正箇所に2本線を引き，訂正印を押す。そして，正しい文字を記す。文字を訂正する際には，訂正前の文字が読めるように二重線で消し，近くに訂正文字を記入して押印する。軽微な文書やの訂正に，サイズの小さなハンコを使うことはあるが，本来は，文書内に署名捺印（記名押印）したハンコを使う。これは，文書の作成者の意志で文書内容を訂正したということを明確にするためである。

④　簡潔で読みやすい文章で書くことを心がける。また文章をまとめる際には，わかりやすいように番号をつけるなど整理・工夫する。

⑤　事実の記録と主観的側面の記録は混同して書かないように，きちんと区別して書くこと。

⑥　主観的な感情表現（楽しい，悲しいなど）をする場合，何がどのように楽しいのか，読む側にわかりやすいように具体的に表現することを心がける。

　記入を終えた実習日誌や指示されたその他の書類は，期限を守って実習校に提出し，点検が終わったら受け取りにいく。受け取った実習日誌は，速やかに大学に提出すると，大学の担当教員が内容を確認したうえで実習生に返却される流れである。

① 実習先へのお礼の手紙を送る封筒を事前に書いてみよう。

② 実習後のお礼の手書きを学校長宛，指導教諭宛，子どもたち宛の中から選んで書いてみよう。

③ 実習日誌のまとめを下の表を使って書いてみよう。

	学び得たと思うこと	成長できたと思うこと	十分に学べていないと思うこと➡今後の課題
児童理解			
授業実践			
学級経営			
その他			

📖次への一冊

石橋裕子・梅澤実・林幸範編著『小学校教育実習ガイド』萌文書林，2011年。
　　実習後の学習のなかで，実習終了時のあいさつや礼状の書き方が詳細に書かれている。例文も豊富に載っているので，参考になる一冊。
中川越『気持ちがきちんと伝わる！　手紙の文例・マナー新事典』朝日新聞出版，2015年。
　　どんな手紙も迷わずに書けるマナー・文例集である。手紙の基本構成，便箋の選び方，時候の挨拶など，基礎知識が網羅されている。細かなシーンに対応した文例が豊富に収録されているので，手元におきたい一冊。

引用・参考文献

石橋裕子，梅澤実，林幸範編著『小学校教育実習ガイド』萌文書林，2011年。
加澤恒雄『21世紀における新しい教育実習の探求──教育実習の体系化を目指して』学術図書出版社，2006年。
教育実習を考える会編著『新編教育実習の常識──事例にもとづく必修66項』蒼丘書林，2000年。
柴田義松・木内剛編著『教育実習ハンドブック　増補版』学文社，2012年。
高野和子・岩田康之編著『教育実習』学文社，2010年。
土井進『テキスト中等教育実習「事前・事後指導」』ジダイ社，2017年。
中野靖彦「教育実習に関する研究──実習前後の心理的変化について」『愛知教育大学研究報告』49（教育科学編），2000年，81-85ページ。
橋本修・安部朋世・福嶋健伸編著『大学生のための日本語表現トレーニングスキルアップ編』三省堂，2008年。
宮崎猛・小泉博明編著『教育実習完璧ガイド』小学館，2015年。

第15章
事後指導への参加

〈この章のポイント〉

　本章では，事後指導の意義や充実化のための方法について概観する。教育実習が終わってから行われる事後指導の内容には，実習の自己評価，報告会や反省会，指導案をもとにした授業内容の検討，実習日誌の提出などがある。事後指導の充実を図るために，まず自分の実習体験をどういう観点でまとめて事後指導に取り組むべきかについて取り上げ，次に事後報告会や反省会での友人の体験談から何を学ぶべきかについて解説する。さらに，事後報告会の工夫などについて，事例を交えて学ぶ。

1　教育実習の総まとめとしての事後指導

　実習が終わったからといって，教育実習という科目が終了したわけではなく，その成果と反省を踏まえた「事後指導」が課せられている。教育実習を行う前のさまざまな準備や十分な「事前指導」は，教育実習で十分な成果を上げるためには必要不可欠であることは充分認識されているが，それと同時に，教育実習を終了し，学生が再び大学に戻ってきて実習で学んだことの整理と考察が行われる場である「事後指導」の重要性についても十分認識しておく必要がある。現行の教職カリキュラムでは，「事後指導」は正式に単位化されていて，さらに，日本教育大学協会「モデル・コア・カリキュラム」研究プロジェクト（2004）が体験—省察の往還を確保する「教員養成コア科目群」を提唱したのを受け，その往還を担う教育実習の事前・事後指導が大きな役割を果たすこととなった。

　そのやり方は各大学によって多様であり，さまざまな試みがなされているが，一般的には，実習後に受け取る提出物を手がかりとした個別的な指導の他に，従来から伝統的に行われていた教育実習反省会ないし報告会がある。現在は，報告会や反省会は複数回にわたって行い，計画的に準備しその内容を充実させて実施することができるようになっている。

　事後指導の役割は，実習中に学生が抱いた課題を解決，そして今後さらに学修・研究を求めるためのきっかけを作る機会として，その役割は非常に大きい。そのためには，実習の思い出を漠然と振り返ったり，講義形式で一方的に知識を与えたりするのではなく，実習生それぞれの体験に基づいた省察（リフ

▷1　教育実習の単位数には，教育実習事前・事後指導1単位を含まねばならないことが，教育職員免許法に規定されている。1998年に教育職員免許法施行規則が改正され「実習に係る事前および事後の指導」が義務付けられた。教育実習の進行過程は「事前指導—教育実習—事後指導」という順序で実施されている。

▷2　その後の，モデル・コア・カリキュラム研究プロジェクト委員会のまとめでは，実践—省察をコアとし［理論と実践の往還］［体験と省察］［4年間の体系化］を発展条件とするモデル・コア・カリキュラムを提案，これらを4年間通じて行うことで，「反省的実践家としての教師」「学び続ける教師」を養成するとしている。

レクション）をする必要がある。事後指導では，他の多くの実習生の報告を聞くことにより，地域によってさまざまな教育内容があることがわかり，多彩な実習体験を共有することができる。教育実習の体験は，学生によって異なるので，うっかりすると「大変だった」「感動した」などを述べ合うことばかりになりがちであるが，大切なのは，一見異なった体験を報告し合う中から，それを自分にフィードバックさせて共通するものを紡ぎだし，普遍的に言えることが何かを考えることである。そうすることで初めて教育実習の経験が自分の省察のなかに生きてくる。

　この事後指導が大学によってどのように位置づけられているか，教育実習手引きやシラバスを中心に，3つの大学の説明を紹介する。

① Ｔ大学の場合

・教育実習事後指導（報告指導会）
　教育実習報告指導会では学生が実習経験を報告し，評価及び情報交換を行う。これは以下の趣旨に基づいて設けられている。
ａ．約200校にも及ぶ多様な実習経験を，可能な限り学生相互の共有経験とすること。
ｂ．実習で直面したそれぞれの具体的な問題や悩みを，教職を目指す者共通の問題や悩みとして受け止め，これを皆で考えあうこと。
ｃ．今日の中等教育の多様かつ困難な状況や課題を，実習経験を踏まえてもう一度考えあい，これと取り組む態度の確立に役立てること。

② Ａ大学の場合

・事後指導
　実習の成果を振り返り，教員としての課題を確認する。
　いろいろな実習校の経験をもち寄り，学校ごとの違いや共通点を話し合う。改めて「学校とは」「教員の仕事とは何か」を考える。

③ Ｓ大学の場合

・事後指導①
　教育実習について振り返り，自己評価を行い，良さと課題を省察し，教職への適性について自己診断する。「教育実習レポート」を提出する。
・事後指導②
　教育実習を終えて，成果や課題，教訓，感想などについて，全体シェアリングを行う。
・事後指導③
　事後指導のまとめとして，教育実習で明らかになった課題を整理し，その解明を図る。実習校で行った研究授業の記録などの整理を行い提出する。また，教員免許取得に関する手続き等について説明する。

　大学によっては，教育実習を観察実習と教育実習の２回に分けて設定している場合もある。観察実習に行く学年も大学によって異なるが，カリキュラムのなかでは教育実習との連続性をもってきちんと位置づけられている。教育実習に行く学年も３年生もしくは４年生と，近年ではバラバラである。教育実習が２回に分かれている大学では，第１回目の観察実習においては，学校全体の組織や運営，教師の仕事の質と量，学級指導の実際，教科指導の実際，子どもの理解などを観察し，３年生もしくは４年生に行く第２回目の実習では実際の指導に携わりながら学ぶことになる。

　観察実習を１年で行う場合は，その後の大学での授業に対する取り組みは違ってくるし，進路に大いに影響を与えることになる。そこに大きな意義がある。教育実習体験後，教職への魅力が増し，是非とも将来は教職を目指したいという学生が増える（中野，2000）と言われているが，１年生の実習の後に教職を諦めてしまう学生が出てくるのも事実である。[4]

　筆者の勤務校の観察実習の事後指導を紹介すると，勤務校では，１年生の秋に附属小学校に観察実習[5]，３年生の秋に教育実習に出ることになっている。観察実習においての事後指導は，「附属小学校観察実習手引き」に「事後指導では，実習の反省をして，今後の課題を発見すること，自分の配属された学年の体験をお互いに伝えることがねらいとなる」と書かれている。

　実際の事後指導報告会は２回にわたって行われる。第１回目の報告会では，３期にわたって観察実習に行った学生を，配属が同じ学年ごとにグループ分けして，実習での成果や課題を話し合い，各自発表の役割分担を決める。第２回目は，観察実習に行った学生が全員参加し，グループごとに６分間（一人１分ずつ）発表する報告会であったが，１年生にもかかわらず期待していた以上に，しっかり時間を守って発表ができたので，実習の成果がプレゼンテーションの場面でもにじみ出ていた。ここでは，担当教員がグループごとの発表にコメントをして，後日文書で学生にそのコメントを配る形を取った。

　筆者が事後報告会の準備，司会をやりながら，報告会の発表を聴いて大変感心したのは，学生個人の実習体験がまずグループで話し合うことで，発達段階上の特徴として共通認識され，一般化されていく様子がみられたことである。例えば，小学校１年生の発表では，「授業では先生が実物をみせながら説明をしていた，子どもを注意する場面では担任の先生が声のトーンと発話の速さを変えながら話をしていた，大事なところは繰り返して説明をしていた」など，低学年の授業のコツを立派につかんで発表をしていたのである。

　また，３期にわたる観察実習の時期が，運動会の準備から実施するまでの時期と重なっていたので，学校行事のために先生が学級経営をどのようにやっているのかについても，詳しく観察されていた。５年生の発表では，運動会の練

▷4　阿形（1997）は，教育実習後の教職志向について検討していて，もともと教育志向の強くない者が実習を経験してもそれほど変化はないという結果を示している。早い段階での実習は，教職への志向を早くから明確にすることになる。教員を嫌がる学生のその後の指導をどうするかは大きな問題である。

▷5　早い段階で学校の現場を知ることによって，大学での勉強の身の入れ方が異なってくること，早くから教員志望をもって勉強させようとのねらいがある。

習の時にはいつも上位だったクラスが当日失敗し最下位になり，先生がどのように学級をまとめたのか，また，日ごろ練習に熱心に参加していなかった子どもが，運動会当日頑張ってクラスを1位に導いた発表など，運動会という学校行事を経験しながら，子どもたちがどのように成長したか，学級としてどのようにまとまったのかなどが報告されて，報告会に参加した学生全員と共有できたのである。この報告会は，実習生によって解釈や理解が異なり，評価や意味づけも異なるものの，実習体験が共通認識化されることで，実習生にとって自分なりの教職への心構えを改めて，自分の課題を確認し，大学の授業へ熱心に取り組む態度を形成するための貴重なチャンスになったのではないだろうか。

　このように実習の成果は，整理考察に基づいた反省によってくっきりと明確になり，それを学生同士で交流することで教育実践に対する認識が客観化され，深いものになる。また，自分が今後努力して克服していくべき性格的な課題，教科の内容に関する知識や探求方法などの面で勉強を深めていくべき知的な課題が自覚できるようになる。実習を終えた学生たちが身に付けてきた学習知あるいは反省点や発見した問題を，学生個人のレベルにとどめておくのではなく，それらを他の実習生と共有することができれば，学生たちがそれぞれの実習校に出かけて行って，実習を行ったことの意義が倍加されるであろう。それが実現できる場が「事後指導報告会」である。

2　自分の体験を振り返る

［1］　事後指導の方法

　事後指導の方法は，実習校から届く実習生の成績報告書，実習記録日誌，出勤簿，実習生に提示した期間中の課題レポートや実習終了感想文，その他の提出物を受け取った後，これらを十分に点検・吟味し，必要に応じて個別に学生の指導に当たることもある。また，実習生全員を対象として，事後指導の授業で一斉指導を行ったりするが，その一斉指導は反省会や報告会の形で行われることが一般的である。

　この反省会や報告会のやり方や形式はいろいろあるが，例えば，座談会方式や討論会形式で行う場合，あるいは学生全員が実習報告を行い，それについて学生同士で質疑応答したり，実習教員やその他の教員が，適宜にコメントやアドバイスを付け加えたりするやり方がある。また，その際に，現職教員の卒業生を招待して実施される「OB・OG講演」を聴いて，各々の学生が自らの実習体験の補足に役立てたりする企画を行っている大学もある。また，次年度以降

に教育実習を行う予定の後輩たちを参加させて，先輩たちの実習体験報告を聴いて学び，将来の実習への心構えを形成する機会として設定している大学も見受けられる（加澤2005，99ページ）。

　要するに，反省会ないし報告会が，従来のような「単なるおしゃべり的なお茶の濁し合い」のような反省会ではなく，ますます進化しているのである。なぜなら，その会は，学生にとって他の実習生の報告を聴くことにより，自分の個人的な主観的な体験を相対化したり，客観化したりすることによって共有知に転化する機会であるからである。

［2］　実習体験の考察の観点

　事後指導で発表する時には，自分の目で実際に見た事例，実践してみた事例を具体的に取り上げ，その状況や背景も説明しがなら経験や自分の分析を語ることが望ましい。たとえ同一実習校での同じ事例でも，実習生によって解釈や理解が異なり，評価や意味づけも異なるからである。実習校が違うと経験したこともかなり異なるはずであり，似たような事例でも，背景が異なり，受け止め方にも違いがでてくるのが当然であろう。

　こういう事後報告会をより有意義な会にするためには，実習生が事後における学習経験の考察をする際に，どういう観点で学んだことをまとめればよいのかが重要になってくる。柴田（2012，104-105ページ）は考察する際の事項を次のようにまとめている。

① 学校（組織，教育課程）全体について理解したこと，学んだこと
　　実習開始時の講話のなかから，材料を見つけることができる。不明な点を率直に質問したときの答えは，大変よい思考材料になる。
② 学級経営・特別活動・道徳に関して気づいたこと，学んだこと
　　これらが実際にどのようにおこなわれているのか。また，説明通りにおこなわれたのか。このようなことについて，学んだこと，あるいは理解しきれなかったことを把握しよう。
③ 生徒について理解が深まったこと
　　客観的な観察結果はもちろん，生徒に働きかけた時の反応，生徒から直接聴いた思いや実情などを材料に，発見したこと・理解が深まったことを書く。生徒の個人情報の保護には十分注意を払うこと。
④ 授業の準備・展開・評価に関して学んだこと
　　実際に工夫・苦心したこと，気づいたことは４つに分けると捉えやすい。
　　　ⅰ．目標と内容の把握
　　　ⅱ．生徒を惹きつけるための教材や発問の工夫

ⅲ．授業中の伝達掲示活動

ⅳ．生徒の反応に対する即座の判断と対応

３年生の観察実習の場合，授業を観察した後に先生から話を聞けたこ
とがあれば，それについての考察もおこなう。実際に授業実習をした場
合は，その反省をおこなう。

⑤ 自分の課題だと考えること

学級指導，授業，生徒とのコミュニケーションその他の観点から，具
体的に自分の課題を見つめる。自分の持ち味もあわせて考えるとよい。

⑥ 教師という職業についての理解と発見

大学で学んできたことと現実，自分の素質とを比べて，見落としてい
たこと，より深く理解したこと，実感的に捉えられたことを確認しよう。

⑦ 研究授業をした場合は，工夫した点と自己評価，批評会での分析・反
省

⑧ 学校教育においてもっとも重要だと考えたこと，その他

一方，加澤（2005，100ページ）は，報告事項や反省点を次のようにまとめて
いる。

① 学校紹介：実習校の概況や沿革

② 生徒観：生徒たちについての感想

③ 教職員観：校長，教員，事務職員として自分の指導教員などについて
の感想

④ 観察実習や授業実習での感想，反省，失敗談，成功談など

⑤ 教材研究と学習指導案の作成について

⑥ 座学授業と実験・実習授業についての比較

⑦ 課外活動の指導経験について

⑧ LHR，クラス運営について

⑨ 指導教員の指導観，指導態度について

⑩ 教職観：教師生活についての感想，自分の適性に対する評価，判断，
など

上記で紹介した観点で，実習での感動，反省，失敗談，成功談，教師生活に
ついての感想，自分の適性に対する評価，判断，などを入れてまとめると事後
報告会がより有意義になるだろう。これらの内容を報告会でどのように発表す
るのか，事例を通してみていきましょう。

3　友人の体験談から学ぶ

　事後学習の会では，学生たちは他の学生の体験，感想，反省，意見などを聴くことによって，共感的に理解したり，違和感をもったり，深く感動したり，追体感あるいは間接的体験をしたり，あるいは，実習をした者同士の仲間意識や親近感，または優秀な教師を目指す者としてのライバル意識をもたせることによって，努力し向上する契機にしたりすることが可能となるであろう（加澤，2005，100ページ）。

　他の実習生の発表を聴くことは，どのような意義があるのだろうか。それは，自分の実習のあり方や効果を，より客観化することに役に立つことである。まず，観察時間，実習時間，期間中に経験した学校行事など，実習の中身の違い・幅が大きいことに気づくであろう。次に，実習先の人間関係や先生たちの指導の仕方などは，他の実習生の発表を聴くことで，自分が丁寧な指導を受けたかどうかを判断できるようになる。また，失敗して落ち込んだ部分は，友達の経験談を聴くことで，自分だけの失敗ではなく，みんなが悩んでいる部分であることを実習生がわかり，安心したり，自分の思い込みに過ぎなかったことに気づくかも知れない。まさに，自分の実習を客観化することにつながる。自分の実習をまとめる際には気づかなかった実習の客観化と新たな課題が見つかるものである。それに実習生が気づかなければ修正することも難しい。交流を通して，多様で幅のある教育現場の実情と教育実習で学んだ課題の全体像が浮かび上がってくるのを実感するであろう。

　実際，大学でどのような事後報告会が行われているだろうか。大杉ら（2017）は，小学校教育実習の事前・事後指導の効果と課題を質問紙調査により検証しながら，教員になるための自覚や使命感をさらに高める2回の事後指導の様子を，次のように紹介している。[6]事後指導は，2回に分けて「実習リフレクション」の時間として設けられ，1回目は授業づくりを中心に振り返り，2回目は受講生全員が実習を通して自らが学んだことを発表している。教育現場の実情と実習後の学生たちの成長ぶり，教師に対する自らの適性を再認識することがよく表れている。

> 　第1回目には，まず一人の実習生が実習中に行った「研究授業（実習のまとめとなる公開授業）」のビデオ記録（30分に短縮）を視聴した上で，各自が行った小学校現場での授業づくりについて交流した。<u>学年や教科等が変われば学びの様相が大きく変わること，また同じ学年であった，学校・学級によって子どもの反応に大きな違いがある</u>ことが明らかになった。
> 　次いで，教育の地域性や学校単位の特色を理解させるために，広島市内の小学校で

▷6　大杉ら（2017）は教育実習に対して，学生が「授業づくり」，「児童や教員との人間関係づくり」という不安を感じていることを踏まえて「教育実習指導」が行われ，実習後，この事前指導によって不安が解消されたか，また実習校で実際に役立ったかを内容別に明らかにした。その結果，「教材研究」では，指導目標や子どもの発達特性に結びついた汎用性のある「教材研究の視点」として指導することの大切さが浮き彫りになった。また，実習先での授業中の発問の仕方や特別な支援を要する子どもへの対応等に難しさを感じていたことが判明された。

行われている平和教育を核とした総合学習について同市出身の学生に紹介させた。この時間には，「点」の存在である個々の現場体験を，学齢による発達特性，担任による指導特性，地域特性等々，「軸」や「面」の視点で捉え直し，幅広い教育の可能性を感じさせることに重点を置いた。

　第2回目には，受講生全員が実習を通して自ら学んだことを発表した。どの学生も，実習中遭遇した印象深い場面をユーモアを交えて紹介しつつ，4週間の現場経験を通じて気づいたこと，得られたことについて生き生きと語った。与えられた2分間を有効に使って的確に課題を構成し，かつ聞き手を惹きつけて話す能力は，実習前には見られなかったものであり，子どもの前に立つ現場経験によって磨かれたことは明白であった。この回の重点は「教師の出発点」としての自分を見つめることである。それは，教師に対する自らの適性を再認識する過程でもあった。このように，リフレクションの場では，単に実習の「振り返り」にとどまることなく，自分の将来につながるリアリティのある「見通し」にまで高めることが必要である。

（大杉ほか，2017，47ページ。下線は引用者による）

　事後指導は，自分の実習体験をしっかり振り返り報告会などで発表し，他の実習生との経験交流を通して，自分の実習を客観化して捉えなおす大変有益な機会である。今後の自分の教師に向けての成長に大きく資することになることを心かけて事後指導に参加してほしい。

Exercise

① 　自分の大学のシラバスに，事後指導がどのように明記されているのか，調べてみよう。

② 　教育実習を振り返り，実習校，学習指導，教師，児童・生徒理解の4つの項目ごとに，自分が学んだことと課題となったことを省察して明確にし，一項目を400字，全体で1600字にまとめてみよう。

③ 　事後指導の後に，自分の児童観・教師観がどのように変わってきたかを整理してみよう。

📖 次への一冊

加澤恒雄『21世紀における新しい教育実習の探求──教育実習の体系化を目指して』学術図書出版社，2006年。
　「教育実習の事前・事後指導」のテキストとして教育実習のあり方を総合的に研究し，教育実習の実践的体系化を目指した一冊。教育実習についての多方面的な知見を深めることができる本である。

高野和子・岩田康之編著『教育実習』学文社，2010年。

　　事後指導の意味を，大学の学びのなかで教育実習を位置づけ直し，教職キャリアを
　　通しての成長に向かう一つのステップとして確認することに焦点を当てて書いてい
　　る一冊。

土井進『テキスト中等教育実習事前・事後指導』ジタイ社，2017年。

　　新学習指導要領を意識しながら，学生が段階的に成長するよう目次構成を工夫し，
　　各章に「課題」を設けている。コラムなど，学生の生の声が紹介されているので，
　　読むと共感できる部分が多い一冊。

引用・参考文献

阿形健司「教育実習後の教職志向に関する一考察」『愛知教育大学教科教育センター研
　　究報告』21号，1997年，109-114ページ。

大杉稔・山本幸夫・田村壽「小学校教育実習における事前・事後指導の在り方：学生の
　　意識調査から見た指導効果と課題」『大阪樟蔭女子大学研究紀要』7巻，2017年，39-
　　49ページ。

加澤恒雄『21世紀における新しい教育実習の探求──教育実習の体系化を目指して』学
　　術図書出版社，2006年。

柴田義松・木内剛編著『教育実習ハンドブック（増補版）学分社，2012年。

高野和子・岩田康之編著『教育実習』学文社，2010年。

中野靖彦「教育実習に関する研究──実習前後の心理的変化について」『愛知教育大学
　　研究報告』49（教育科学編），2000年，81-85ページ。

日本大学教育協会「「モデル・コア・カリキュラム」研究プロゼクト」『教員養成の「モ
　　デル・コア・カリキュラム」の検討』2004年。

溝邊和成・内藤博愛編著『最新！教育実習「実践」マニュアル──目からウロコの10か
　　条』2007年。

宮崎猛・小泉博明編著『教育実習完璧ガイド』小学館，2015年。

第16章
教職実践演習への参加

〈この章のポイント〉

　2010（平成22）年入学者から，教職課程の必修科目として教職実践演習が設けられた。本章ではまず，教職実践演習の目的と性格について，本科目が設定された背景や経緯とともに確認する。次に，教職実践演習の到達目標である四つの事項について検討する。さらに，教職実践演習で取り扱うべき内容について具体例とともに学習する。最後に，履修カルテの書き方とともに，教職実践演習における使用方法や意義について学ぶ。

1　教職実践演習の目的と性格

　教師の資質・能力の向上と実践的指導力の育成は，大学における教員養成の課題として重視されてきた。それゆえ，大学卒業生としての専門的知識はあるものの，教員にふさわしい人間性，教育者としての使命感，児童生徒に対する理解と愛情といった資質・能力をどのように育成するか，また教壇に立った際にすぐに授業ができるように教材研究や指導方法をどのように身に付けるかといった点が，教職課程の課題となった。

　これについて，教育職員養成審議会答申「新たな時代に向けた教員養成の改善方策について」（1997年）においては，「教職に関する科目」の増加と「教科に関する科目」の減少，中学校教育実習の5単位化，生徒指導・教育相談（カウンセリング）および進路指導に関する科目の充実，外国語コミュニケーションおよび情報機器の操作の必修化といった提言が行われ，それとともに「総合演習」も新設された。

　これに対して，中央教育審議会「今後の教員養成・免許制度の在り方について」（2006年）においては，教員として最小限必要な資質・能力の全体について明示的に確認する方策を講ずることが必要であり，そのための科目として「教職実践演習」の新設が提言された。そこには，専門的な知識・技能だけでなく，教員の役割等を踏まえた実践的指導力の基礎が形成されたかを確認する機会を設けることで，教員養成の水準や教員免許状の質を確保することが背景にある。これに伴い，「総合演習」は教職実践演習に置き換わる形となった。

　教職実践演習の特徴は，次の5点に整理できる。

▷1　「総合演習」では，教員としての「地球的視野に立って行動するための資質・能力」を育てるために，人間尊重・人権尊重の精神はもとより，地球環境，異文化理解など人類に共通するテーマや少子・高齢化と福祉，家庭の在り方などわが国の社会全体にかかわるテーマに関する理解とそれに関する指導ができることが目指された。

171

第一は，答申で提言された教員として求められる四つの事項を，内容として扱うことである。それは具体的には，「使命感や責任感，教育的愛情等に関する事項」「社会性や対人関係能力に関する事項」「幼児児童生徒理解や学級経営等に関する事項」「教科・保育内容等の指導力に関する事項」である。

　第二は，この科目は教職課程の総まとめであるとともに，資質・能力の向上と実践的指導力が形成されたかを確認するという性質をもつ。そのため，履修学年を最終年次である4年次後期に実施するという点である。

　第三は，旧教育職員免許法における「教職に関する科目」と「教科に関する科目」の担当教員が協力して行うということである。これは，両者が連携しながら学生の指導にあたり力量形成を確認するとともに，具体的な科目内容・方法や実施体制等について検討することを意味する。それとともに，学校現場とのかかわりから現職教員や教職経験者が担当することも求められている。

　第四は，授業内容および方法として演習形式が考えられていることである。具体的には，指導案の作成や模擬授業・場面指導の実施，事例研究，グループ討議，実務実習，現地調査（フィールドワーク）等が挙げられる。演習形式であるため少人数が想定されており，教育学部や大規模な私立大学等では多くのクラスを準備する必要がある。

　第五は，入学段階から学生の学習内容や理解度を把握するための「履修カルテ」を大学が準備して，学生が作成することである。これは，4年間かけて作成するため，各資質・能力の向上と実践的指導力形成の過程を把握することにもつながる。

　このように，教職実践演習は教職課程全体の確認という性質をもつため，科目名は類似していても「総合演習」とは位置づけが異なる。また，教育実習の事後指導とも内容が一部重なるが，より広範囲な確認を教職実践演習では行う。この変更は2010年度入学生から適用され，学生が4年生になった2013年度（短期大学は2年生になった2011年度）より授業は実施された。

2　教職実践演習の到達目標

　「今後の教員養成・免許制度の在り方について」では，前節で示した四つの事項に即して教職実践演習の到達目標と確認指標を表16-1の通りまとめている。

1　使命感や責任感，教育的愛情等に関する事項

　これについては，まず教育に対する情熱や子どもに対する姿勢が挙げられる。戦後ベビーブームの時代には，教員採用数も増え，「でもしか先生」と呼

表16-1　教職実践演習における到達目標および目標到達の確認指標例

含めることが 必要な事項	到達目標	目標到達の確認指標例
1．使命感や責任感，教育的愛情等に関する事項	○　教育に対する使命感や情熱を持ち，常に子どもから学び，共に成長しようとする姿勢が身に付いている。 ○　高い倫理観と規範意識，困難に立ち向かう強い意志を持ち，自己の職責を果たすことができる。 ○　子どもの成長や安全，健康を第一に考え，適切に行動することができる。	○　誠実，公平かつ責任感を持って子どもに接し，子どもから学び，共に成長しようとする意識を持って，指導に当たることができるか。 ○　教員の使命や職務についての基本的な理解に基づき，自発的・積極的に自己の職責を果たそうとする姿勢を持っているか。 ○　自己の課題を認識し，その解決に向けて，自己研鑽に励むなど，常に学び続けようとする姿勢を持っているか。 ○　子どもの成長や安全，健康管理に常に配慮して，具体的な教育活動を組み立てることができるか。
2．社会性や対人関係能力に関する事項	○　教員としての職責や義務の自覚に基づき，目的や状況に応じた適切な言動をとることができる。 ○　組織の一員としての自覚を持ち，他の教職員と協力して職務を遂行することができる。 ○　保護者や地域の関係者と良好な人間関係を築くことができる。	○　挨拶や服装，言葉遣い，他の教職員への対応，保護者に対する接し方など，社会人としての基本が身についているか。 ○　他の教職員の意見やアドバイスに耳を傾けるとともに，理解や協力を得ながら，自らの職務を遂行することができるか。 ○　学校組織の一員として，独善的にならず，協調性や柔軟性を持って，校務の運営に当たることができるか。 ○　保護者や地域の関係者の意見・要望に耳を傾けるとともに，連携・協力しながら，課題に対処することができるか。
3．幼児児童生徒理解や学級経営等に関する事項	○　子どもに対して公平かつ受容的な態度で接し，豊かな人間的交流を行うことができる。 ○　子どもの発達や心身の状況に応じて，抱える課題を理解し，適切な指導を行うことができる。 ○　子どもとの間に信頼関係を築き，学級集団を把握して，規律ある学級経営を行うことができる。	○　気軽に子どもと顔を合わせたり，相談に乗ったりするなど，親しみを持った態度で接することができるか。 ○　子どもの声を真摯に受け止め，子どもの健康状態や性格，生育歴等を理解し，公平かつ受容的な態度で接することができるか。 ○　社会状況や時代の変化に伴い生じる新たな課題や子どもの変化を，進んで捉えようとする姿勢を持っているか。 ○　子どもの特性や心身の状況を把握した上で学級経営案を作成し，それに基づく学級づくりをしようとする姿勢を持っているか。
4．教科・保育内容等の指導力に関する事項	○　教科書の内容を理解しているなど，学習指導の基本的事項（教科等の知識や技能など）を身に付けている。 ○　板書，話し方，表情など授業を行う上での基本的な表現力を身に付けている。 ○　子どもの反応や学習の定着状況に応じて，授業計画や学習形態等を工夫することができる。	○　自ら主体的に教材研究を行うとともに，それを活かした学習指導案を作成することができるか。 ○　教科書の内容を十分理解し，教科書を介して分かりやすく学習を組み立てるとともに，子どもからの質問に的確に応えることができるか。 ○　板書や発問，的確な話し方など基本的な授業技術を身に付けるとともに，子どもの反応を生かしながら，集中力を保った授業を行うことができるか。 ○　基礎的な知識や技能について反復して教えたり，板書や資料の提示を分かりやすくするなど，基礎学力の定着を図る指導法を工夫することができるか。

ばれるような職業の一つとして教職を選んだ者もいた。それは，ベビーブーム世代が親になった時代，さらには大量採用された教員が退職期を迎える現在のように周期的に生じている。しかし，教育や子どもに対する情熱は教師にとっての根幹であり，そのような思いの希薄な教師は子どもと直接かかわることは困難であろう。また，自身の意図する方向に子どもの行動や感情を変えようとする教師は，子どもから学びともに成長するという姿勢も薄れがちである。

これに関連して，倫理観や規範意識といった職責も，使命感や責任感とともに求められる。教師は聖職者であると言われるように，子どもに対してだけでなく市民としても高い規範意識が求められる。教師の不祥事がマスコミに取り上げられることも，その表れである。具体的には，教師自身の犯罪や飲酒運転等は言うまでもなく，児童生徒に対する体罰や異性関係，人権を侵害した振る舞い等がこれにあたる。また公立学校教員は教育公務員であり，研修ならびに職責の遂行に努めることが求められる。

さらに，子どもの成長や安全管理に配慮することも挙げられる。この点は近年特に重視されており，子どもの生命や心身の健康を守るという点から，けがや熱中症等に対する予防，アレルギーや感染症等に対する知識が求められる。不審者対策や施設設備の安全性等についても，学校の方針を徹底する必要がある。

2 社会性や対人関係能力に関する事項

これは主として，社会人としての振る舞いや，組織の一員としての協力体制に関する事項である。学校という職場における成人とのつきあいや接遇の少なさ，および教室という閉ざされた空間という環境から，教師は採用時から個人での活動が多く，それがコミュニケーションや協力体制の不足を招いてきたとされる。そのため，デパート等の異職種における長期研修や，初任者に対する洋上研修の実施等，教師の社会性を高めるための方策も考えられてきた。

具体的にはまず，挨拶や服装，言葉遣いといった社会人としての基本的な所作が挙げられる。学校では授業や清掃等において活動的な服装となるため，ジャージ等で過ごす教員は多いが，そのまま出退勤することや他の場面でもだらしない服装にならないように留意する必要がある。言葉遣いについても命令口調や呼び捨て等の乱暴な物言いはいうまでもなく，例えば男女の呼称についても「さん」付けにする等，学校内で統一した指針を設ける必要がある。

また，これらの振る舞いについては，学校内外における保護者や地域関係者と接する際にも重要である。学校には毎日多くの来訪者があり，教師にとっては面識のない方が大半であろう。しかし，だからといって挨拶や案内もせずにすれ違うのは，来客に対する配慮に欠ける。職員室に電話がかかってくること

もあり，対応する教師は丁寧な言葉遣いで用件を取り次ぐことが求められる。今日では，社会に開かれた教育課程として，授業や学校行事等において地域との連携も増えている。挨拶や言葉遣いのみならず，相手の主張に耳を傾け，誠実な対応を心がけることで良好な関係を構築することが可能になる。

　さらに，学校組織の一員として協力できることも重要な要素である。教師の孤業化ということが言われており，それは学年やクラスごとに異なる対応を受ける子どもにとっても，困ったときの対応や情報共有ができない教師にとっても不幸である。学年や教科において教師間で連絡を取り合うことはもとより，「チーム学校」として事務職員やカウンセラー・スクールソーシャルワーカー，外部人材等との連携も求められている。教師は校務運営において，コミュニケーションを取りながら協力するともに，組織の一員としての自覚をもつことが必要である。

▷2　現在配置されている教員に加えて，心理や福祉等の多様な専門性をもつ職員が一つのチームとして，それぞれの専門性を生かして連携・分担することを意味する。(中央教育審議会「チームとしての学校の在り方と今後の改善方策について(答申)」，2015(平成27)年。)

③　幼児児童生徒理解や学級経営等に関する事項

　学校の主人公は子どもであり，教師は学校生活のさまざまな場面で子どもの活動を見守り支援する必要がある。初任教師は日々の授業を成立させるとともに，生徒指導や課外活動等に追われることで，子ども一人ひとりに対する意識が薄れがちである。そのため，子どもの個性や特徴を把握するとともに，集団内における人間関係を把握することが重視される。

　幼児児童生徒理解においては，一人ひとりとの信頼関係の下，親しみをもった受容的態度で接することが求められる。そのような関係性において，学校生活のなかで子どもとの会話や交流を通じて性格や長所等を把握するとともに，日々の学習や生活における困難や悩みに気づくこともある。それゆえ目立たないおとなしい子どもにこそ積極的にかかわり，毎日全員と一言でも会話ができるように心がけたい。また，子どもの健康状態や家庭環境等に関して資料等で理解するとともに，他の教師からも必要に応じて情報を得る。

　それとともに，子どもどうしの集団における交友関係についても，観察やアセスメントツールを活用しながら把握することが必要である。班活動や校外学習でのグループにおいて，仲の良し悪しや外れている子どもの発見を心がけるとともに，問題が生じそうな場合にはすぐに対応する。また，入学以前からのグループや学校外での交友関係については把握が難しく，学校では見せない姿がいじめ等の深刻な事件につながることもある。

▷3　対人関係に関する代表的なアセスメントツールに，「Q-U(Questionnaire-Utilities: 楽しい学校生活を送るためのアンケート)」(図書文化社)がある。

　さらに，このような児童生徒理解とともに，円滑な集団形成の場として機能するのが学級経営である。学級は学校生活の基礎単位であり，子どもにとって授業理解や教科外活動の充実を左右する。学級経営においては，学級目標を定めるとともに実態を見極め，学期や月間における学級経営の重点を設定する。

それらを踏まえて，学級委員長やリーダー，児童生徒会や係分担を行うとともに，教室内の座席も決定する。週1回の学級活動の時間では，例えば遠足や合唱コンクール，文化祭といった行事の準備とともに，規則正しい生活のあり方や人間関係づくりといった課題についての話し合い活動も行われる。このような活動を通じて，子どもが楽しく生活できる学級を経営することが可能となる。

4 教科・保育内容等の指導力に関する事項

　授業は教師の仕事の中核であり，教科等の指導力は学習指導だけでなく生徒指導にも大きな影響を及ぼす。それは大きく，教材研究，授業設計，授業実践の三つに分けることができる。

　教材研究は，通常は授業で扱う単元の内容について研究することを意味するが，より広く捉えれば教師が何を教え，何を用いるかといった，目標設定や教材づくりも含まれる。教科内容について教師自身が理解することはもちろんだが，学問的な背景や教育上の意味，さらには子どもたちがどのように理解しつまずくかといった点についても研究する。これらを踏まえて，教科書以外の実物や資料，自作のプリントも含む副教材の活用等についても検討する。

　授業設計については，マクロな意味での当該単元の位置づけや他校種・学年との関連性，年間および学期計画から，何時間扱いの単元として各時に何を行うかといったミクロな意味での設計が求められる。インストラクショナル・デザイン（Instructional Design：ID）においては，ADDIE モデルと呼ばれる一連の過程が示されており，児童生徒の実態分析や評価方法も含めて授業が計画される。特に各時の指導にあたっては，教師の発問や指示に対する児童生徒の反応についても考える必要があり，それらも授業設計力に含まれる。

　授業実践については，ショーマン（L. Shulman）が教授学的内容的知識（Pedagogical Content Knowledge：PCK）の概念を提唱したように，教師の実践的知識の有無が指導力に影響する。それは，教育内容に関する知識と一般的な教育方法に関する知識との交差上にあり，各教材をどのように指導するかとともに，授業中の児童の反応に対する臨機応変の対応といった，自身の計画をも超えた実践上の力量である。いわゆるカンやコツ，さらにはセンスによるところも大きいが，経験を重ねれば習得できるというわけではなく，実践場面に即して言語化しながら習得することがのぞまれる。

3　教職実践演習の内容

　教職実践演習では，具体的にはどのような内容が計画されるであろうか。こ

▷4　分析（Analysis）・設計（Design）・開発（Development）・実施（Implementation）・評価（Evaluation）から成る。

れについて，文部科学省『教職課程認定申請の手引き』においては，授業で取り扱う内容・方法例として，以下の項目を挙げている。⁵

- ・イントロダクション。これまでの学修の振り返りについての講義，グループ討論。
- ・教職の意義や教員の役割，職務内容，子どもに対する責任等についてのグループ討論，ロールプレイング。
- ・社会性や対人関係能力（組織の一員としての自覚，保護者や地域の関係者との人間関係の構築等）についての講義，グループ討論。
- ・幼児児童生徒理解や学級経営についての講義，グループ討論。
- ・学級経営案の作成，グループ討論。
- ・学校現場の見学，調査。
- ・社会性，対人関係能力，幼児児童生徒理解，学級経営についてのグループ討論。
- ・教科，保育内容等の指導力についての講義，グループ討論。
- ・模擬授業。
- ・教科，保育内容等の指導力についてのグループ討論。
- ・資質能力の確認，まとめ。

　これらは，前節で挙げた四つの事項と概ね重複する。また方法として，講義やグループ討論，ロールプレイングに加えて，模擬授業や学校現場の見学・調査が含まれている。さらに，学生がICTを活用して取り組む内容とすることが望ましいとされている。具体的には，以下の内容が考えられる。⁶

　第一に，教職の意義，教員の役割および職務内容については，各地域で示されている「求められる教師像」等を参照しながら，教職の意義や教員の役割について検討する。また，校内における校務分掌や主任等の職務，あるいは職務上および身分上の義務といった服務についても確認する。さらに，同僚や子どもたちとの出会いにおける第一印象を良くするための挨拶について，グループで文案を考えてロールプレイングすることや，教育実習等を振り返りながら教師の一日の仕事内容の各場面におけるポイントをまとめるといった活動を行う。

　第二に，社会性や対人関係能力については，学校全体で進める生徒指導について，教師のメンタルヘルスや各種関係機関との連携も視野に入れながら検討する。また保護者対応について，「モンスターペアレンツ」に象徴される保護者クレームを取り上げながら，その対応方法について学習する。さらに，「ある日，自分の子どもAが友人Bにいじめられているから学校に行きたくないと言っている」といった事例を取り上げ，AとBに対する担任教師の認識に関する資料とともに，どのように対応するかをグループで検討する。

▷5　養護教諭と栄養教諭については，それぞれの職務内容に応じた例が示されている。

▷6　筑波大学『教職実践演習ノート』を参考にした。

▷7 ローゼンタール（R. Rosenthal）によって提唱された概念であり，教師が有能だと期待した児童生徒は成績が上昇するのをピグマリオン効果と言う。逆に，成績が伸びないと思うと，児童生徒に十分な働きかけを教師が無意図的であっても行わなくなり，成績が下降するのがゴーレム効果である。

▷8 RCRT（Role Construct Repertory Test）は，ケリー（G. A. Kelly）が1950年代に開発した，人々の認知の枠組みを測定するテストである。日本では，近藤邦夫が教師用 RCRT を開発している。

▷9 基本的項目は，1）学校教育目標，2）学年教育目標，3）児童生徒の実態，4）学級教育目標，5）学期・月・学級・ホームルーム活動等における指導計画から成る。

第三に，幼児児童生徒理解については，文部科学省『生徒指導提要』等を参照しながら意義や方法について確認する。また，教育心理学で扱うピグマリオン効果やゴーレム効果等に関して，幼児児童生徒理解が教師期待とその後の行動にも影響を及ぼすことを学ぶ[7]。さらに，教師による認知的枠組みの特徴について，簡易版 RCRT 等のアセスメントツールを用いながら測定する[8]。

第四に，学級経営については，学校生活における学級の意味や特別活動における学級活動の位置づけ，さらには学級経営の視点について確認する。また，教育実習時の実践について，子どもたちの良さや個性に関する相互理解，学級に対する愛着や貢献意欲を高める活動，学級集団の主体性，保護者との協力関係といった観点から省察する。これらを踏まえて，学級経営案を作成する[9]。

第五に，教科等の指導力については，教科内容に関する教材研究，指導に関する技術としての発問や板書，ICT の活用，指導力の基盤としての人間関係づくり等について確認する。またそれと並行して，大学の教室を利用して自分や友人の声が教室内のどこまで届くのかを確認したり，子どもたちの様子や特徴について自分たちの頃と違いがないかを話し合ったりする。これらを踏まえて，模擬授業や教育実習においてどのような教材研究や資料づくりを行ったかを振り返り，また作成した学習指導案を持ち寄って代表者が再現授業を行う。これらについては，教職および教科に関する専門的事項の担当教員，さらには学習者目線での学生それぞれの立場から，意見交換するとよい。

最後に，学校現場の見学・調査については，教職課程の総まとめという教職実践演習の趣旨を踏まえて，異なる内容や観点から見学・調査することがのぞまれる。具体的には，教育実習を行った学校に再度訪問して，担当とは異なる学級・教科を参観させてもらったり，校務分掌の補助や教科外活動，学校行事等へ参加したりすることが挙げられる。また，教育実習校とは異なる学校の見学や，地域の学校への学習補助ボランティア等に参加することも考えられる。これらの活動を通じて，再会した児童生徒の成長を感じることや，未経験の業務へのかかわり，さらには当事者とは異なる立場で参観することで，自身の実習時の姿を省察し改善策を見出すことにもつながるであろう。

4 履修カルテの記入

「教職実践演習」の受講とともに，学生は教職課程の受講開始時から卒業まで，大学が定めた履修カルテを作成する。履修カルテには，教職関連科目の履修状況と，教職に必要な資質能力に関する自己評価や教員による評価を記入することが一般的である。

このうち，教職関連科目の履修状況については，各大学で課程認定を受けた

表16-2　履修カルテ　自己評価シートの例

(1)必要な資質能力についての自己評価

領域	項目	内容	資質能力			
学校教育についての理解	教職の意義	教職の意義や教員の役割，職務内容，子どもに対する責務を理解していますか。	使命感や責任感，教育的愛情	1・2・3・4・5	1・2・3・4・5	1・2・3・4・5
	教育の理念・教育史・思想の理解	教育の理念，教育に関する歴史・思想についての基礎理論・知識を習得していますか。	使命感や責任感，教育的愛情	1・2・3・4・5	1・2・3・4・5	1・2・3・4・5
	学校教育の社会的・制度的・経営的理解	学校教育の社会的・制度的・経営的理解に必要な基礎理論・知識を習得していますか。	使命感や責任感，教育的愛情	1・2・3・4・5	1・2・3・4・5	1・2・3・4・5
子どもについての理解	心理・発達論的な子ども理解	子ども理解のために必要な心理・発達論的基礎知識を習得していますか。	生徒理解や学級経営	1・2・3・4・5	1・2・3・4・5	1・2・3・4・5
	学習集団の形成	学習集団形成に必要な基礎理論・知識を習得していますか。	生徒理解や学級経営	1・2・3・4・5	1・2・3・4・5	1・2・3・4・5
	子どもの状況に応じた対応	いじめ，不登校，特別支援教育などについて，個々の子どもの特性や状況に応じた対応の方法を理解していますか。	生徒理解や学級経営	1・2・3・4・5	1・2・3・4・5	1・2・3・4・5
他者との協力	他者意見の受容	他者の意見やアドバイスに耳を傾け，理解や協力を得て課題に取り組むことができますか。	社会性や対人関係能力	1・2・3・4・5	1・2・3・4・5	1・2・3・4・5
	保護者・地域との連携協力	保護者や地域との連携・協力の重要性を理解していますか。	社会性や対人関係能力	1・2・3・4・5	1・2・3・4・5	1・2・3・4・5
	共同授業実施	他者と共同して授業を企画・運営・展開することができますか。	社会性や対人関係能力	1・2・3・4・5	1・2・3・4・5	1・2・3・4・5
	他者との連携・協力	集団において，他者と協力して課題に取り組むことができますか。	社会性や対人関係能力	1・2・3・4・5	1・2・3・4・5	1・2・3・4・5
	役割遂行	集団において，率先して自らの役割を見つけたり，与えられた役割をきちんとこなすことができますか。	社会性や対人関係能力	1・2・3・4・5	1・2・3・4・5	1・2・3・4・5
コミュニケーション	発達段階に対応したコミュニケーション	子どもたちの発達段階を考慮して，適切に接することができますか。	社会性や対人関係能力	1・2・3・4・5	1・2・3・4・5	1・2・3・4・5
	子どもに対する態度	気軽に子どもと顔を合わせたり，相談に乗ったりするなど，親しみを持った態度で接することができますか。	生徒理解や学級経営	1・2・3・4・5	1・2・3・4・5	1・2・3・4・5
	公平・受容的態度	子どもの声を真摯に受け止め，公平で受容的な態度で接することができますか。	生徒理解や学級経営	1・2・3・4・5	1・2・3・4・5	1・2・3・4・5
	社会人としての基本	挨拶，言葉遣い，服装，他の人への接し方など，社会人としての基本的な事項が身についていますか。	社会性や対人関係能力	1・2・3・4・5	1・2・3・4・5	1・2・3・4・5
教科・教育課程に関する基礎知識・技能	社会科	これまで履修した社会科教育分野の科目の内容について理解していますか。	教科の指導力	1・2・3・4・5	1・2・3・4・5	1・2・3・4・5
	教科書・学習指導要領	教科書や中学校学習指導要領（社会編）の内容を理解していますか。	教科の指導力	1・2・3・4・5	1・2・3・4・5	1・2・3・4・5
	教育課程の構成に関する基礎理論・知識	教育課程の編成に関する基礎理論・知識を習得していますか。	教科の指導力	1・2・3・4・5	1・2・3・4・5	1・2・3・4・5
	道徳教育・特別活動	道徳教育・特別活動の指導法や内容に関する基礎理論・知識を習得していますか。	教科の指導力	1・2・3・4・5	1・2・3・4・5	1・2・3・4・5
	総合的な学習の時間	「総合的な学習の時間」の指導法や内容に関する基礎理論・知識を習得していますか。	教科の指導力	1・2・3・4・5	1・2・3・4・5	1・2・3・4・5
	情報機器の活用	情報教育機器の活用に係る基礎理論・知識を習得していますか。	教科の指導力	1・2・3・4・5	1・2・3・4・5	1・2・3・4・5
	学習指導法	学習指導法に係る基礎理論・知識を習得していますか。	教科の指導力	1・2・3・4・5	1・2・3・4・5	1・2・3・4・5
教育実践	教材分析能力	教材を分析することができますか。	教科の指導力	1・2・3・4・5	1・2・3・4・5	1・2・3・4・5
	授業構想力	教材研究を生かした社会科の授業を構想し，子どもの反応を想定した指導案としてまとめることができますか。	教科の指導力	1・2・3・4・5	1・2・3・4・5	1・2・3・4・5
	教材開発力	教科書にある題材や単元等に応じた教材・資料を開発・作成することができますか。	教科の指導力	1・2・3・4・5	1・2・3・4・5	1・2・3・4・5
	授業展開力	子どもの反応を生かし，皆で協力しながら授業を展開することができますか。	教科の指導力	1・2・3・4・5	1・2・3・4・5	1・2・3・4・5
	表現技術	板書や発問，的確な話し方など授業を行う上での基本的な表現の技術を身に付けていますか。	教科の指導力	1・2・3・4・5	1・2・3・4・5	1・2・3・4・5
	学級経営力	学級経営案を作成することができますか。	生徒理解や学級経営	1・2・3・4・5	1・2・3・4・5	1・2・3・4・5
課題探求	課題認識と探求心	自己の課題を認識し，その解決にむけて，学び続ける姿勢を持っていますか。	生徒理解や学級経営	1・2・3・4・5	1・2・3・4・5	1・2・3・4・5
	教育時事問題	いじめ，不登校，特別支援教育などの学校教育に関する新たな課題に関心を持ち，自分なりに意見を持つことができていますか。	使命感や責任感，教育的愛情	1・2・3・4・5	1・2・3・4・5	1・2・3・4・5

カリキュラムに沿って，標準履修年次ならびに教職課程の各科目について記入する。科目名や評価だけでなく，その科目の履修を通じて何を学んだか，疑問や調べてみたいこと，課題を解決するための手立てについて，学生自身が記録したり，担当教員が履修者の具体的な傾向や特徴を記載したりする。

　また，評価については『教職課程認定申請の手引き』において，自己評価シートの例が表16-2のように示されている。それによれば，先述した四つの事項とも対応しながら，「学校教育についての理解」「子どもについての理解」「他者との協力」「コミュニケーション」「教科・教育課程に関する基礎知識・技能」「教育実践」「課題探求」のそれぞれについて，合計30の評価項目と指標が設定されている。学生は，これらの各項目のそれぞれを1～5の5段階で毎学年自己評価する。この他に自由記述欄として「(2)教職を目指す上で課題と考えている事項」も設けられており，学生が課題を適宜記入する。

　履修カルテは，各学年度末（卒業年次は前期末）までに学生と各授業担当教員が記入や評価を終えて，それを教職担当教員が確認する。全員もしくは指導の必要な学生に対して，教職担当教員は個別指導を行い，教職に対する意欲や学生の課題について適切に助言する。近年，理論と実践の往還が強調されており，教職実践演習の前段階として，2年次や3年次においても基礎演習や実践研究等の科目を設けている大学もある。そのような場において，同学年あるいは異学年の学生と教員とが相互交流する際も，履修カルテは活用可能である。

　かつては，大学では教育学や教科に関する学問を中心に学び，実践に関しては教員採用後に学校現場での研修や自らの経験を重ねることで力量を形成するという考え方もあった。また一般大学の教職課程をはじめ，教職を目指すわけではないが資格として教員免許状を取得する学生も多かった。しかし，学校や子どもが多様化複雑化する現在において，「でもしか先生」では通用せず，実践的指導力の基礎を習得するとともに教職を目指す意識を高めることも必要である。教職実践演習と履修カルテは，そのような学生の学びを支える場として機能することが目指されている。

Exercise

① 「総合演習」「教育実習事後指導」の実践例を調べながら，これらと教職実践演習がどのように異なるか，その特色をまとめてみよう。

② 自分がなぜ教職を目指したかを思い浮かべながら，それが教職課程のどの科目と対応しており，不足している点は何かを確認しよう。

📖次への一冊

西岡加名恵・石井英真・川地亜弥子・北原琢也『教職実践演習ワークブック──ポート
フォリオで教師力アップ』ミネルヴァ書房，2013年。
　　京都大学で実施している教職実践演習の授業をモデルにしながら，演習や履修カル
　　テにおいてルーブリックを詳細に設定しており，教職課程全体の到達目標や学生の
　　自己評価基準が明確に示されている。
原田恵理子・森山賢一編著『自己成長を目指す教職実践演習テキスト』北樹出版，2014
年。
　　教職実践演習に含めることが必要な四つの事項に即して，学習指導と生徒指導の両
　　面から要点をまとめている。児童生徒や保護者とのコミュニケーションの取り方
　　等，学校現場で必要とされる内容も充実している。

引用・参考文献

教育職員養成審議会『新たな時代に向けた教員養成の改善方策について』1997年。
中央教育審議会『今後の教員養成・免許制度の在り方について』2006年。
西岡加名恵・石井英真・川地亜弥子・北原琢也『教職実践演習ワークブック──ポート
フォリオで教師力アップ』ミネルヴァ書房，2013年。
原田恵理子・森山賢一編著『自己成長を目指す教職実践演習テキスト』北樹出版，2014
年。
文部科学省総合教育政策局教育人材政策課『教職課程認定申請の手引き（教員の免許状
授与の所要資格を得させるための大学の課程認定申請の手引き）（令和 5 年度開設
用）』，2022年。
Shulman, L. S. "Those who understand: Knowledge growth in teaching" *Educational
Researcher*, 15(2), 1986, pp. 4-14.

第13条　すべて国民は，個人として尊重される。生命，自由及び幸福追求に対する国民の権利については，公共の福祉に反しない限り，立法その他の国政の上で，最大の尊重を必要とする。

第14条　すべて国民は，法の下に平等であつて，人種，信条，性別，社会的身分又は門地により，政治的，経済的又は社会的関係において，差別されない。

②　華族その他の貴族の制度は，これを認めない。

③　栄誉，勲章その他の栄典の授与は，いかなる特権も伴はない。栄典の授与は，現にこれを有し，又は将来これを受ける者の一代に限り，その効力を有する。

第15条　公務員を選定し，及びこれを罷免することは，国民固有の権利である。

②　すべて公務員は，全体の奉仕者であつて，一部の奉仕者ではない。

③　公務員の選挙については，成年者による普通選挙を保障する。

④　すべて選挙における投票の秘密は，これを侵してはならない。選挙人は，その選択に関し公的にも私的にも責任を問はれない。

第19条　思想及び良心の自由は，これを侵してはならない。

第20条　信教の自由は，何人に対してもこれを保障する。いかなる宗教団体も，国から特権を受け，又は政治上の権力を行使してはならない。

②　何人も，宗教上の行為，祝典，儀式又は行事に参加することを強制されない。

③　国及びその機関は，宗教教育その他いかなる宗教的活動もしてはならない。

第23条　学問の自由は，これを保障する。

第26条　すべて国民は，法律の定めるところにより，その能力に応じて，ひとしく教育を受ける権利を有する。

②　すべて国民は，法律の定めるところにより，その保護する子女に普通教育を受けさせる義務を負ふ。義務教育は，これを無償とする。

我々日本国民は，たゆまぬ努力によって築いてきた民主的で文化的な国家を更に発展させるとともに，世界の平和と人類の福祉の向上に貢献することを願うものである。

我々は，この理想を実現するため，個人の尊厳を重んじ，真理と正義を希求し，公共の精神を尊び，豊かな人間性と創造性を備えた人間の育成を期するとともに，伝統を継承し，新しい文化の創造を目指す教育を推進する。

ここに，我々は，日本国憲法の精神にのっとり，我が国の未来を切り拓（ひら）く教育の基本を確立し，その振興を図るため，この法律を制定する。

第1章　教育の目的及び理念

（教育の目的）

第1条　教育は，人格の完成を目指し，平和で民主的な国家及び社会の形成者として必要な資質を備えた心身ともに健康な国民の育成を期して行われなければならない。

（教育の目標）

第2条　教育は，その目的を実現するため，学問の自由を尊重しつつ，次に掲げる目標を達成するよう行われるものとする。

1　幅広い知識と教養を身に付け，真理を求める態度を養い，豊かな情操と道徳心を培うとともに，健やかな身体を養うこと。

2　個人の価値を尊重して，その能力を伸ばし，創造性を培い，自主及び自律の精神を養うとともに，職業及び生活との関連を重視し，勤労を重んずる態度を養うこと。

3　正義と責任，男女の平等，自他の敬愛と協力を重んずるとともに，公共の精神に基づき，主体的に社会の形成に参画し，その発展に寄与する態度を養うこと。

4　生命を尊び，自然を大切にし，環境の保全に寄与する態度を養うこと。

5　伝統と文化を尊重し，それらをはぐくんできた我が国と郷土を愛するとともに，他国を尊重し，

国際社会の平和と発展に寄与する態度を養うこと。

（生涯学習の理念）

第3条 国民一人一人が，自己の人格を磨き，豊かな人生を送ることができるよう，その生涯にわたって，あらゆる機会に，あらゆる場所において学習することができ，その成果を適切に生かすことのできる社会の実現が図られなければならない。

（教育の機会均等）

第4条 すべて国民は，ひとしく，その能力に応じた教育を受ける機会を与えられなければならず，人種，信条，性別，社会的身分，経済的地位又は門地によって，教育上差別されない。

2 国及び地方公共団体は，障害のある者が，その障害の状態に応じ，十分な教育を受けられるよう，教育上必要な支援を講じなければならない。

3 国及び地方公共団体は，能力があるにもかかわらず，経済的理由によって修学が困難な者に対して，奨学の措置を講じなければならない。

第2章　教育の実施に関する基本

（義務教育）

第5条 国民は，その保護する子に，別に法律で定めるところにより，普通教育を受けさせる義務を負う。

2 義務教育として行われる普通教育は，各個人の有する能力を伸ばしつつ社会において自立的に生きる基礎を培い，また，国家及び社会の形成者として必要とされる基本的な資質を養うことを目的として行われるものとする。

3 国及び地方公共団体は，義務教育の機会を保障し，その水準を確保するため，適切な役割分担及び相互の協力の下，その実施に責任を負う。

4 国又は地方公共団体の設置する学校における義務教育については，授業料を徴収しない。

（学校教育）

第6条 法律に定める学校は，公の性質を有するものであって，国，地方公共団体及び法律に定める法人のみが，これを設置することができる。

2 前項の学校においては，教育の目標が達成されるよう，教育を受ける者の心身の発達に応じて，体系的な教育が組織的に行われなければならない。この場合において，教育を受ける者が，学校生活を営む上で必要な規律を重んずるとともに，自ら進んで学

習に取り組む意欲を高めることを重視して行われなければならない。

（大学）

第7条 大学は，学術の中心として，高い教養と専門的能力を培うとともに，深く真理を探究して新たな知見を創造し，これらの成果を広く社会に提供することにより，社会の発展に寄与するものとする。

2 大学については，自主性，自律性その他の大学における教育及び研究の特性が尊重されなければならない。

（私立学校）

第8条 私立学校の有する公の性質及び学校教育において果たす重要な役割にかんがみ，国及び地方公共団体は，その自主性を尊重しつつ，助成その他の適当な方法によって私立学校教育の振興に努めなければならない。

（教員）

第9条 法律に定める学校の教員は，自己の崇高な使命を深く自覚し，絶えず研究と修養に励み，その職責の遂行に努めなければならない。

2 前項の教員については，その使命と職責の重要性にかんがみ，その身分は尊重され，待遇の適正が期せられるとともに，養成と研修の充実が図られなければならない。

（家庭教育）

第10条 父母その他の保護者は，子の教育について第一義的責任を有するものであって，生活のために必要な習慣を身に付けさせるとともに，自立心を育成し，心身の調和のとれた発達を図るよう努めるものとする。

2 国及び地方公共団体は，家庭教育の自主性を尊重しつつ，保護者に対する学習の機会及び情報の提供その他の家庭教育を支援するために必要な施策を講ずるよう努めなければならない。

（幼児期の教育）

第11条 幼児期の教育は，生涯にわたる人格形成の基礎を培う重要なものであることにかんがみ，国及び地方公共団体は，幼児の健やかな成長に資する良好な環境の整備その他適当な方法によって，その振興に努めなければならない。

（社会教育）

第12条 個人の要望や社会の要請にこたえ，社会において行われる教育は，国及び地方公共団体によって奨励されなければならない。

2　国及び地方公共団体は，図書館，博物館，公民館その他の社会教育施設の設置，学校の施設の利用，学習の機会及び情報の提供その他の適当な方法によって社会教育の振興に努めなければならない。

（学校，家庭及び地域住民等の相互の連携協力）

第13条　学校，家庭及び地域住民その他の関係者は，教育におけるそれぞれの役割と責任を自覚するとともに，相互の連携及び協力に努めるものとする。

（政治教育）

第14条　良識ある公民として必要な政治的教養は，教育上尊重されなければならない。

2　法律に定める学校は，特定の政党を支持し，又はこれに反対するための政治教育その他政治的活動をしてはならない。

（宗教教育）

第15条　宗教に関する寛容の態度，宗教に関する一般的な教養及び宗教の社会生活における地位は，教育上尊重されなければならない。

2　国及び地方公共団体が設置する学校は，特定の宗教のための宗教教育その他宗教的活動をしてはならない。

第3章　教育行政

（教育行政）

第16条　教育は，不当な支配に服することなく，この法律及び他の法律の定めるところにより行われるべきものであり，教育行政は，国と地方公共団体との適切な役割分担及び相互の協力の下，公正かつ適正に行われなければならない。

2　国は，全国的な教育の機会均等と教育水準の維持向上を図るため，教育に関する施策を総合的に策定し，実施しなければならない。

3　地方公共団体は，その地域における教育の振興を図るため，その実情に応じた教育に関する施策を策定し，実施しなければならない。

4　国及び地方公共団体は，教育が円滑かつ継続的に実施されるよう，必要な財政上の措置を講じなければならない。

学校教育法（抄）
（昭和22年法律第26号）

第1章　総　則

第1条　この法律で，学校とは，幼稚園，小学校，中学校，義務教育学校，高等学校，中等教育学校，特別支援学校，大学及び高等専門学校とする。

第7条　学校には，校長及び相当数の教員を置かなければならない。

第8条　校長及び教員（教育職員免許法（昭和24年法律第147号）の適用を受ける者を除く。）の資格に関する事項は，別に法律で定めるもののほか，文部科学大臣がこれを定める。

第9条　次の各号のいずれかに該当する者は，校長又は教員となることができない。

一　禁錮以上の刑に処せられた者

二　教育職員免許法第10条第1項第2号又は第3号に該当することにより免許状がその効力を失い，当該失効の日から3年を経過しない者

三　教育職員免許法第11条第1項から第3項までの規定により免許状取上げの処分を受け，三年を経過しない者

四　日本国憲法施行の日以後において，日本国憲法又はその下に成立した政府を暴力で破壊すること

を主張する政党その他の団体を結成し，又はこれに加入した者

第11条　校長及び教員は，教育上必要があると認めるときは，文部科学大臣の定めるところにより，児童，生徒及び学生に懲戒を加えることができる。ただし，体罰を加えることはできない。

第3章　幼稚園

第22条　幼稚園は，義務教育及びその後の教育の基礎を培うものとして，幼児を保育し，幼児の健やかな成長のために適当な環境を与えて，その心身の発達を助長することを目的とする。

第23条　幼稚園における教育は，前条に規定する目的を実現するため，次に掲げる目標を達成するよう行われるものとする。

一　健康，安全で幸福な生活のために必要な基本的な習慣を養い，身体諸機能の調和的発達を図ること。

二　集団生活を通じて，喜んでこれに参加する態度を養うとともに家族や身近な人への信頼感を深め，自主，自律及び協同の精神並びに規範意識の芽生えを養うこと。

三　身近な社会生活，生命及び自然に対する興味を
　養い，それらに対する正しい理解と態度及び思考
　力の芽生えを養うこと。

四　日常の会話や，絵本，童話等に親しむことを通
　じて，言葉の使い方を正しく導くとともに，相手
　の話を理解しようとする態度を養うこと。

五　音楽，身体による表現，造形等に親しむことを
　通じて，豊かな感性と表現力の芽生えを養うこ
　と。

第4章　小学校

第29条　小学校は，心身の発達に応じて，義務教育と
して行われる普通教育のうち基礎的なものを施すこ
とを目的とする。

第30条　小学校における教育は，前条に規定する目的
を実現するために必要な程度において第21条各号に
掲げる目標を達成するよう行われるものとする。

②　前項の場合においては，生涯にわたり学習する基
盤が培われるよう，基礎的な知識及び技能を習得さ
せるとともに，これらを活用して課題を解決するた
めに必要な思考力，判断力，表現力その他の能力を
はぐくみ，主体的に学習に取り組む態度を養うこと
に，特に意を用いなければならない。

第31条　小学校においては，前条第一項の規定による
目標の達成に資するよう，教育指導を行うに当た
り，児童の体験的な学習活動，特にボランティア活
動など社会奉仕体験活動，自然体験活動その他の体
験活動の充実に努めるものとする。この場合におい
て，社会教育関係団体その他の関係団体及び関係機
関との連携に十分配慮しなければならない。

第37条　小学校には，校長，教頭，教諭，養護教諭及
び事務職員を置かなければならない。

②　小学校には，前項に規定するもののほか，副校
長，主幹教諭，指導教諭，栄養教諭その他必要な職
員を置くことができる。

③　第一項の規定にかかわらず，副校長を置くときそ
の他特別の事情のあるときは教頭を，養護をつかさ
どる主幹教諭を置くときは養護教諭を，特別の事情
のあるときは事務職員を，それぞれ置かないことが
できる。

④　校長は，校務をつかさどり，所属職員を監督す
る。

⑤　副校長は，校長を助け，命を受けて校務をつかさ
どる。

⑥　副校長は，校長に事故があるときはその職務を代
理し，校長が欠けたときはその職務を行う。この場
合において，副校長が二人以上あるときは，あらか
じめ校長が定めた順序で，その職務を代理し，又は
行う。

⑦　教頭は，校長（副校長を置く小学校にあつては，
校長及び副校長）を助け，校務を整理し，及び必要
に応じ児童の教育をつかさどる。

⑧　教頭は，校長（副校長を置く小学校にあつては，
校長及び副校長）に事故があるときは校長の職務を
代理し，校長（副校長を置く小学校にあつては，校
長及び副校長）が欠けたときは校長の職務を行う。
この場合において，教頭が二人以上あるときは，あ
らかじめ校長が定めた順序で，校長の職務を代理
し，又は行う。

⑨　主幹教諭は，校長（副校長を置く小学校にあつて
は，校長及び副校長）及び教頭を助け，命を受けて
校務の一部を整理し，並びに児童の教育をつかさど
る。

⑩　指導教諭は，児童の教育をつかさどり，並びに教
諭その他の職員に対して，教育指導の改善及び充実
のために必要な指導及び助言を行う。

⑪　教諭は，児童の教育をつかさどる。

⑫　養護教諭は，児童の養護をつかさどる。

⑬　栄養教諭は，児童の栄養の指導及び管理をつかさ
どる。

⑭　事務職員は，事務をつかさどる。

⑮　助教諭は，教諭の職務を助ける。

⑯　講師は，教諭又は助教諭に準ずる職務に従事す
る。

⑰　養護助教諭は，養護教諭の職務を助ける。

⑱　特別の事情のあるときは，第一項の規定にかかわ
らず，教諭に代えて助教諭又は講師を，養護教諭に
代えて養護助教諭を置くことができる。

⑲　学校の実情に照らし必要があると認めるときは，
第9項の規定にかかわらず，校長（副校長を置く小
学校にあつては，校長及び副校長）及び教頭を助
け，命を受けて校務の一部を整理し，並びに児童の
養護又は栄養の指導及び管理をつかさどる主幹教諭
を置くことができる。

第5章　中学校

第45条　中学校は，小学校における教育の基礎の上
に，心身の発達に応じて，義務教育として行われる

普通教育を施すことを目的とする。

第46条 中学校における教育は，前条に規定する目的を実現するため，第21条各号に掲げる目標を達成するよう行われるものとする。

第49条 第30条第2項，第31条，第34条，第35条及び第37条から第44条までの規定は，中学校に準用する。この場合において，第30条第2項中「前項」とあるのは「第46条」と，第31条中「前条第1項」とあるのは「第46条」と読み替えるものとする。

第5章の2 義務教育学校

第49条の2 義務教育学校は，心身の発達に応じて，義務教育として行われる普通教育を基礎的なものから一貫して施すことを目的とする。

第49条の3 義務教育学校における教育は，前条に規定する目的を実現するため，第21条各号に掲げる目標を達成するよう行われるものとする。

第49条の8 第30条第2項，第31条，第34条から第37条まで及び第42条から第44条までの規定は，義務教育学校に準用する。この場合において，第30条第2項中「前項」とあるのは「第49条の3」と，第31条中「前条第1項」とあるのは「第49条の3」と読み替えるものとする。

第6章 高等学校

第50条 高等学校は，中学校における教育の基礎の上に，心身の発達及び進路に応じて，高度な普通教育及び専門教育を施すことを目的とする。

第51条 高等学校における教育は，前条に規定する目的を実現するため，次に掲げる目標を達成するよう行われるものとする。

一 義務教育として行われる普通教育の成果を更に発展拡充させて，豊かな人間性，創造性及び健やかな身体を養い，国家及び社会の形成者として必要な資質を養うこと。

二 社会において果たさなければならない使命の自覚に基づき，個性に応じて将来の進路を決定させ，一般的な教養を高め，専門的な知識，技術及び技能を習得させること。

三 個性の確立に努めるとともに，社会について，広く深い理解と健全な批判力を養い，社会の発展に寄与する態度を養うこと。

第60条 高等学校には，校長，教頭，教諭及び事務職員を置かなければならない。

② 高等学校には，前項に規定するもののほか，副校長，主幹教諭，指導教諭，養護教諭，栄養教諭，養護助教諭，実習助手，技術職員その他必要な職員を置くことができる。

③ 第1項の規定にかかわらず，副校長を置くときは，教頭を置かないことができる。

④ 実習助手は，実験又は実習について，教諭の職務を助ける。

⑤ 特別の事情のあるときは，第一項の規定にかかわらず，教諭に代えて助教諭又は講師を置くことができる。

⑥ 技術職員は，技術に従事する。

第62条 第30条第2項，第31条，第34条，第37条第4項から第17項まで及び第19項並びに第42条から第44条までの規定は，高等学校に準用する。この場合において，第30条第2項中「前項」とあるのは「第51条」と，第31条中「前条第1項」とあるのは「第51条」と読み替えるものとする。

第7章 中等教育学校

第63条 中等教育学校は，小学校における教育の基礎の上に，心身の発達及び進路に応じて，義務教育として行われる普通教育並びに高度な普通教育及び専門教育を一貫して施すことを目的とする。

第64条 中等教育学校における教育は，前条に規定する目的を実現するため，次に掲げる目標を達成するよう行われるものとする。

一 豊かな人間性，創造性及び健やかな身体を養い，国家及び社会の形成者として必要な資質を養うこと。

二 社会において果たさなければならない使命の自覚に基づき，個性に応じて将来の進路を決定させ，一般的な教養を高め，専門的な知識，技術及び技能を習得させること。

三 個性の確立に努めるとともに，社会について，広く深い理解と健全な批判力を養い，社会の発展に寄与する態度を養うこと。

第69条 中等教育学校には，校長，教頭，教諭，養護教諭及び事務職員を置かなければならない。

② 中等教育学校には，前項に規定するもののほか，副校長，主幹教諭，指導教諭，栄養教諭，実習助手，技術職員その他必要な職員を置くことができる。

③ 第一項の規定にかかわらず，副校長を置くときは

教頭を，養護をつかさどる主幹教諭を置くときは養護教諭を，それぞれ置かないことができる。

④　特別の事情のあるときは，第一項の規定にかかわらず，教諭に代えて助教諭又は講師を，養護教諭に代えて養護助教諭を置くことができる。

学校教育法施行規則（抄）
（昭和22年文部省令第11号）

第26条　校長及び教員が児童等に懲戒を加えるに当つては，児童等の心身の発達に応ずる等教育上必要な配慮をしなければならない。

②　懲戒のうち，退学，停学及び訓告の処分は，校長（大学にあつては，学長の委任を受けた学部長を含む。）が行う。

③　前項の退学は，市町村立の小学校，中学校（学校教育法第71条の規定により高等学校における教育と一貫した教育を施すもの（以下「併設型中学校」という。）を除く。）若しくは義務教育学校又は公立の特別支援学校に在学する学齢児童又は学齢生徒を除き，次の各号のいずれかに該当する児童等に対して行うことができる。

一　性行不良で改善の見込がないと認められる者
二　学力劣等で成業の見込がないと認められる者
三　正当の理由がなくて出席常でない者
四　学校の秩序を乱し，その他学生又は生徒としての本分に反した者

④　第二項の停学は，学齢児童又は学齢生徒に対しては，行うことができない。

⑤　学長は，学生に対する第2項の退学，停学及び訓告の処分の手続を定めなければならない。

地方公務員法（抄）
（昭和25年法律第261号）

（服務の根本基準）
第30条　すべて職員は，全体の奉仕者として公共の利益のために勤務し，且つ，職務の遂行に当つては，全力を挙げてこれに専念しなければならない。

（服務の宣誓）
第31条　職員は，条例の定めるところにより，服務の宣誓をしなければならない。

（法令等及び上司の職務上の命令に従う義務）
第32条　職員は，その職務を遂行するに当つて，法令，条例，地方公共団体の規則及び地方公共団体の機関の定める規程に従い，且つ，上司の職務上の命令に忠実に従わなければならない。

（信用失墜行為の禁止）
第33条　職員は，その職の信用を傷つけ，又は職員の職全体の不名誉となるような行為をしてはならない。

（秘密を守る義務）
第34条　職員は，職務上知り得た秘密を漏らしてはならない。その職を退いた後も，また，同様とする。

2　法令による証人，鑑定人等となり，職務上の秘密に属する事項を発表する場合においては，任命権者（退職者については，その退職した職又はこれに相当する職に係る任命権者）の許可を受けなければならない。

3　前項の許可は，法律に特別の定がある場合を除く外，拒むことができない。

（職務に専念する義務）
第35条　職員は，法律又は条例に特別の定がある場合を除く外，その勤務時間及び職務上の注意力のすべてをその職責遂行のために用い，当該地方公共団体がなすべき責を有する職務にのみ従事しなければならない。

（政治的行為の制限）
第36条　職員は，政党その他の政治的団体の結成に関与し，若しくはこれらの団体の役員となつてはならず，又はこれらの団体の構成員となるように，若しくはならないように勧誘運動をしてはならない。

（2以降略）

（争議行為等の禁止）
第37条　職員は，地方公共団体の機関が代表する使用者としての住民に対して同盟罷業，怠業その他の争議行為をし，又は地方公共団体の機関の活動能率を低下させる怠業的行為をしてはならない。又，何人も，このような違法な行為を企て，又はその遂行を共謀し，そそのかし，若しくはあおつてはならない。

2　職員で前項の規定に違反する行為をしたものは，その行為の開始とともに，地方公共団体に対し，法

令又は条例，地方公共団体の規則若しくは地方公共団体の機関の定める規程に基いて保有する任命上又は雇用上の権利をもつて対抗することができなくなるものとする。

（営利企業への従事等の制限）

第38条 職員は，任命権者の許可を受けなければ，商業，工業又は金融業その他営利を目的とする私企業（以下この項及び次条第一項において「営利企業」という。）を営むことを目的とする会社その他の団体の役員その他人事委員会規則（人事委員会を置かない地方公共団体においては，地方公共団体の規則）で定める地位を兼ね，若しくは自ら営利企業を営み，又は報酬を得ていかなる事業若しくは事務にも従事してはならない。ただし，非常勤職員（短時間勤務の職を占める職員及び第22条の2第1項第2号に掲げる職員を除く。）については，この限りでない。

（2以降略）

教育公務員特例法（抄）

（昭和24年法律第1号）

（研修）

第21条 教育公務員は，その職責を遂行するために，絶えず研究と修養に努めなければならない。

2 教育公務員の任命権者は，教育公務員（公立の小学校等の校長及び教員（臨時的に任用された者その他の政令で定める者を除く。以下この章において同じ。）を除く。）の研修について，それに要する施設，研修を奨励するための方途その他研修に関する計画を樹立し，その実施に努めなければならない。

（研修の機会）

第22条 教育公務員には，研修を受ける機会が与えられなければならない。

2 教員は，授業に支障のない限り，本属長の承認を受けて，勤務場所を離れて研修を行うことができる。

3 教育公務員は，任命権者の定めるところにより，現職のままで，長期にわたる研修を受けることができる。

（初任者研修）

第23条 公立の小学校等の教諭等の任命権者は，当該教諭等（臨時的に任用された者その他の政令で定める者を除く。）に対して，その採用（現に教諭等の職以外の職に任命されている者を教諭等の職に任命する場合を含む。附則第5条第1項において同じ。）の日から1年間の教諭又は保育教諭の職務の遂行に必要な事項に関する実践的な研修（以下「初任者研修」という。）を実施しなければならない。

（2以降略）

教育職員免許法（抄）

（昭和24年法律第147号）

第1章 総 則

（免許）

第3条 教育職員は，この法律により授与する各相当の免許状を有する者でなければならない。

2 前項の規定にかかわらず，主幹教諭（養護又は栄養の指導及び管理をつかさどる主幹教諭を除く。）及び指導教諭については各相当学校の教諭の免許状を有する者を，養護をつかさどる主幹教諭については養護教諭の免許状を有する者を，栄養の指導及び管理をつかさどる主幹教諭については栄養教諭の免許状を有する者を，講師については各相当学校の教員の相当免許状を有する者を，それぞれ充てるものとする。

3 特別支援学校の教員（養護又は栄養の指導及び管理をつかさどる主幹教諭，養護教諭，養護助教諭，栄養教諭並びに特別支援学校において自立教科等の教授を担任する教員を除く。）については，第1項の規定にかかわらず，特別支援学校の教員の免許状のほか，特別支援学校の各部に相当する学校の教員の免許状を有する者でなければならない。

4 義務教育学校の教員（養護又は栄養の指導及び管理をつかさどる主幹教諭，養護教諭，養護助教諭並びに栄養教諭を除く。）については，第一項の規定にかかわらず，小学校の教員の免許状及び中学校の教員の免許状を有する者でなければならない。

5 中等教育学校の教員（養護又は栄養の指導及び管理をつかさどる主幹教諭，養護教諭，養護助教諭並びに栄養教諭を除く。）については，第1項の規定にかかわらず，中学校の教員の免許状及び高等学校

の教員の免許状を有する者でなければならない。

6　幼保連携型認定こども園の教員の免許については，第1項の規定にかかわらず，就学前の子どもに関する教育，保育等の総合的な提供の推進に関する法律の定めるところによる。

第2章　免許状

（種類）

第4条　免許状は，普通免許状，特別免許状及び臨時免許状とする。

2　普通免許状は，学校（義務教育学校，中等教育学校及び幼保連携型認定こども園を除く。）の種類ごとの教諭の免許状，養護教諭の免許状及び栄養教諭の免許状とし，それぞれ専修免許状，一種免許状及び二種免許状（高等学校教諭の免許状にあつては，専修免許状及び一種免許状）に区分する。

3　特別免許状は，学校（幼稚園，義務教育学校，中等教育学校及び幼保連携型認定こども園を除く。）の種類ごとの教諭の免許状とする。

4　臨時免許状は，学校（義務教育学校，中等教育学校及び幼保連携型認定こども園を除く。）の種類ごとの助教諭の免許状及び養護助教諭の免許状とする。

5　中学校及び高等学校の教員の普通免許状及び臨時免許状は，次に掲げる各教科について授与するものとする。

　　一　中学校の教員にあつては，国語，社会，数学，理科，音楽，美術，保健体育，保健，技術，家庭，職業（職業指導及び職業実習（農業，工業，商業，水産及び商船のうちいずれか一以上の実習とする。以下同じ。）を含む。），職業指導，職業実習，外国語（英語，ドイツ語，フランス語その他の各外国語に分ける。）及び宗教

　　二　高等学校の教員にあつては，国語，地理歴史，公民，数学，理科，音楽，美術，工芸，書道，保健体育，保健，看護，看護実習，家庭，家庭実習，情報，情報実習，農業，農業実習，工業，工業実習，商業，商業実習，水産，水産実習，福祉，福祉実習，商船，商船実習，職業指導，外国語（英語，ドイツ語，フランス語その他の各外国語に分ける。）及び宗教

6　小学校教諭，中学校教諭及び高等学校教諭の特別免許状は，次に掲げる教科又は事項について授与するものとする。

　　一　小学校教諭にあつては，国語，社会，算数，理科，生活，音楽，図画工作，家庭，体育及び外国語（英語，ドイツ語，フランス語その他の各外国語に分ける。）

　　二　中学校教諭にあつては，前項第一号に掲げる各教科及び第16条の3第1項の文部科学省令で定める教科

　　三　高等学校教諭にあつては，前項第2号に掲げる各教科及びこれらの教科の領域の一部に係る事項で第16条の4第1項の文部科学省令で定めるもの並びに第16条の3第1項の文部科学省令で定める教科

（授与）

第5条　普通免許状は，別表第一，別表第二若しくは別表第二の二に定める基礎資格を有し，かつ，大学若しくは文部科学大臣の指定する養護教諭養成機関において別表第一，別表第二若しくは別表第二の二に定める単位を修得した者又はその免許状を授与するため行う教育職員検定に合格した者に授与する。ただし，次の各号のいずれかに該当する者には，授与しない。

　　一　18歳未満の者

　　二　高等学校を卒業しない者（通常の課程以外の課程におけるこれに相当するものを修了しない者を含む。）。ただし，文部科学大臣において高等学校を卒業した者と同等以上の資格を有すると認めた者を除く。

　　三　禁錮以上の刑に処せられた者

　　四　第10条第1項第2号又は第3号に該当することにより免許状がその効力を失い，当該失効の日から3年を経過しない者

　　五　第11条第1項から第3項までの規定により免許状取上げの処分を受け，当該処分の日から3年を経過しない者

　　六　日本国憲法施行の日以後において，日本国憲法又はその下に成立した政府を暴力で破壊することを主張する政党その他の団体を結成し，又はこれに加入した者

（2以降略）

児童の権利に関する条約（抄）
（政府訳）

第1条

　この条約の適用上，児童とは，18歳未満のすべての者をいう。ただし，当該児童で，その者に適用される法律によりより早く成年に達したものを除く。この条約の適用上，児童とは，18歳未満のすべての者をいう。ただし，当該児童で，その者に適用される法律によりより早く成年に達したものを除く。

第2条

1　締約国は，その管轄の下にある児童に対し，児童又はその父母若しくは法定保護者の人種，皮膚の色，性，言語，宗教，政治的意見その他の意見，国民的，種族的若しくは社会的出身，財産，心身障害，出生又は他の地位にかかわらず，いかなる差別もなしにこの条約に定める権利を尊重し，及び確保する。

2　締約国は，児童がその父母，法定保護者又は家族の構成員の地位，活動，表明した意見又は信念によるあらゆる形態の差別又は処罰から保護されることを確保するためのすべての適当な措置をとる。

第3条

1　児童に関するすべての措置をとるに当たっては，公的若しくは私的な社会福祉施設，裁判所，行政当局又は立法機関のいずれによって行われるものであっても，児童の最善の利益が主として考慮されるものとする。

2　締約国は，児童の父母，法定保護者又は児童について法的に責任を有する他の者の権利及び義務を考慮に入れて，児童の福祉に必要な保護及び養護を確保することを約束し，このため，すべての適当な立法上及び行政上の措置をとる。

3　締約国は，児童の養護又は保護のための施設，役務の提供及び設備が，特に安全及び健康の分野に関し並びにこれらの職員の数及び適格性並びに適正な監督に関し権限のある当局の設定した基準に適合することを確保する。

第6条

1　締約国は，すべての児童が生命に対する固有の権利を有することを認める。

2　締約国は，児童の生存及び発達を可能な最大限の範囲において確保する。

第12条

1　締約国は，自己の意見を形成する能力のある児童がその児童に影響を及ぼすすべての事項について自由に自己の意見を表明する権利を確保する。この場合において，児童の意見は，その児童の年齢及び成熟度に従って相応に考慮されるものとする。

2　このため，児童は，特に，自己に影響を及ぼすあらゆる司法上及び行政上の手続において，国内法の手続規則に合致する方法により直接に又は代理人若しくは適当な団体を通じて聴取される機会を与えられる。

第13条

1　児童は，表現の自由についての権利を有する。この権利には，口頭，手書き若しくは印刷，芸術の形態又は自ら選択する他の方法により，国境とのかかわりなく，あらゆる種類の情報及び考えを求め，受け及び伝える自由を含む。

2　1の権利の行使については，一定の制限を課することができる。ただし，その制限は，法律によって定められ，かつ，次の目的のために必要とされるものに限る。

　(a)他の者の権利又は信用の尊重

　(b)国の安全，公の秩序又は公衆の健康若しくは道徳の保護

第14条

1　締約国は，思想，良心及び宗教の自由についての児童の権利を尊重する。

2　締約国は，児童が1の権利を行使するに当たり，父母及び場合により法定保護者が児童に対しその発達しつつある能力に適合する方法で指示を与える権利及び義務を尊重する。

3　宗教又は信念を表明する自由については，法律で定める制限であって公共の安全，公の秩序，公衆の健康若しくは道徳又は他の者の基本的な権利及び自由を保護するために必要なもののみを課することができる。

第15条

1　締約国は，結社の自由及び平和的な集会の自由についての児童の権利を認める。

2　1の権利の行使については，法律で定める制限であって国の安全若しくは公共の安全，公の秩序，公衆の健康若しくは道徳の保護又は他の者の権利及び自由の保護のため民主的社会において必要なもの以外のいかなる制限も課することができない。

第16条

1　いかなる児童も，その私生活，家族，住居若しくは通信に対して恣意的に若しくは不法に干渉され又は名誉及び信用を不法に攻撃されない。

2　児童は，1の干渉又は攻撃に対する法律の保護を受ける権利を有する。

第20条

1　一時的若しくは恒久的にその家庭環境を奪われた児童又は児童自身の最善の利益にかんがみその家庭環境にとどまることが認められない児童は，国が与える特別の保護及び援助を受ける権利を有する。

2　締約国は，自国の国内法に従い，1の児童のための代替的な監護を確保する。

3　2の監護には，特に，里親委託，イスラム法のカファーラ，養子縁組又は必要な場合には児童の監護のための適当な施設への収容を含むことができる。解決策の検討に当たっては，児童の養育において継続性が望ましいこと並びに児童の種族的，宗教的，文化的及び言語的な背景について，十分な考慮を払うものとする。

第22条

1　締約国は，難民の地位を求めている児童又は適用のある国際法及び国際的な手続若しくは国内法及び国内的な手続に基づき難民と認められている児童が，父母又は他の者に付き添われているかいないかを問わず，この条約及び自国が締約国となっている人権又は人道に関する他の国際文書に定める権利であって適用のあるものの享受に当たり，適当な保護及び人道的援助を受けることを確保するための適当な措置をとる。

2　このため，締約国は，適当と認める場合には，1の児童を保護し及び援助するため，並びに難民の児童の家族との再統合に必要な情報を得ることを目的としてその難民の児童の父母又は家族の他の構成員を捜すため，国際連合及びこれと協力する他の権限のある政府間機関又は関係非政府機関による努力に協力する。その難民の児童は，父母又は家族の他の構成員が発見されない場合には，何らかの理由により恒久的又は一時的にその家庭環境を奪われた他の児童と同様にこの条約に定める保護が与えられる。

第23条

1　締約国は，精神的又は身体的な障害を有する児童が，その尊厳を確保し，自立を促進し及び社会への積極的な参加を容易にする条件の下で十分かつ相応な生活を享受すべきであることを認める。

2　締約国は，障害を有する児童が特別の養護についての権利を有することを認めるものとし，利用可能な手段の下で，申込みに応じた，かつ，当該児童の状況及び父母又は当該児童を養護している他の者の事情に適した援助を，これを受ける資格を有する児童及びこのような児童の養護について責任を有する者に与えることを奨励し，かつ，確保する。

3　障害を有する児童の特別な必要を認めて，2の規定に従って与えられる援助は，父母又は当該児童を養護している他の者の資力を考慮して可能な限り無償で与えられるものとし，かつ，障害を有する児童が可能な限り社会への統合及び個人の発達（文化的及び精神的な発達を含む。）を達成することに資する方法で当該児童が教育，訓練，保健サービス，リハビリテーション・サービス，雇用のための準備及びレクリエーションの機会を実質的に利用し及び享受することができるように行われるものとする。

4　締約国は，国際協力の精神により，予防的な保健並びに障害を有する児童の医学的，心理学的及び機能的治療の分野における適当な情報の交換（リハビリテーション，教育及び職業サービスの方法に関する情報の普及及び利用を含む。）であってこれらの分野における自国の能力及び技術を向上させ並びに自国の経験を広げることができるようにすることを目的とするものを促進する。これに関しては，特に，開発途上国の必要を考慮する。

第26条

1　締約国は，すべての児童が社会保険その他の社会保障からの給付を受ける権利を認めるものとし，自国の国内法に従い，この権利の完全な実現を達成するための必要な措置をとる。

2　1の給付は，適当な場合には，児童及びその扶養について責任を有する者の資力及び事情並びに児童によって又は児童に代わって行われる給付の申請に関する他のすべての事項を考慮して，与えられるものとする。

第27条

1　締約国は，児童の身体的，精神的，道徳的及び社会的な発達のための相当な生活水準についてのすべての児童の権利を認める。

2　父母又は児童について責任を有する他の者は，自己の能力及び資力の範囲内で，児童の発達に必要な生活条件を確保することについての第一義的な責任を有する。

3　締約国は，国内事情に従い，かつ，その能力の範囲内で，１の権利の実現のため，父母及び児童について責任を有する他の者を援助するための適当な措置をとるものとし，また，必要な場合には，特に栄養，衣類及び住居に関して，物的援助及び支援計画を提供する。

4　締約国は，父母又は児童について金銭上の責任を有する他の者から，児童の扶養料を自国内で及び外国から，回収することを確保するためのすべての適当な措置をとる。特に，児童について金銭上の責任を有する者が児童と異なる国に居住している場合には，締約国は，国際協定への加入又は国際協定の締結及び他の適当な取決めの作成を促進する。

第28条

1　締約国は，教育についての児童の権利を認めるものとし，この権利を漸進的にかつ機会の平等を基礎として達成するため，特に，

(a)初等教育を義務的なものとし，すべての者に対して無償のものとする。

(b)種々の形態の中等教育（一般教育及び職業教育を含む。）の発展を奨励し，すべての児童に対し，これらの中等教育が利用可能であり，かつ，これらを利用する機会が与えられるものとし，例えば，無償教育の導入，必要な場合における財政的援助の提供のような適当な措置をとる。

(c)すべての適当な方法により，能力に応じ，すべての者に対して高等教育を利用する機会が与えられるものとする。

(d)すべての児童に対し，教育及び職業に関する情報及び指導が利用可能であり，かつ，これらを利用する機会が与えられるものとする。

(e)定期的な登校及び中途退学率の減少を奨励するための措置をとる。

2　締約国は，学校の規律が児童の人間の尊厳に適合する方法で及びこの条約に従って運用されることを確保するためのすべての適当な措置をとる。

3　締約国は，特に全世界における無知及び非識字の廃絶に寄与し並びに科学上及び技術上の知識並びに最新の教育方法の利用を容易にするため，教育に関する事項についての国際協力を促進し，及び奨励する。これに関しては，特に，開発途上国の必要を考慮する。

第29条

1　締約国は，児童の教育が次のことを指向すべきことに同意する。

(a)児童の人格，才能並びに精神的及び身体的な能力をその可能な最大限度まで発達させること。

(b)人権及び基本的自由並びに国際連合憲章にうたう原則の尊重を育成すること。

(c)児童の父母，児童の文化的同一性，言語及び価値観，児童の居住国及び出身国の国民的価値観並びに自己の文明と異なる文明に対する尊重を育成すること。

(d)すべての人民の間の，種族的，国民的及び宗教的集団の間の並びに原住民である者の理解，平和，寛容，両性の平等及び友好の精神に従い，自由な社会における責任ある生活のために児童に準備させること。

(e)自然環境の尊重を育成すること。

2　この条又は前条のいかなる規定も，個人及び団体が教育機関を設置し及び管理する自由を妨げるものと解してはならない。ただし，常に，１に定める原則が遵守されること及び当該教育機関において行われる教育が国によって定められる最低限度の基準に適合することを条件とする。

第30条

種族的，宗教的若しくは言語的少数民族又は原住民である者が存在する国において，当該少数民族に属し又は原住民である児童は，その集団の他の構成員とともに自己の文化を享有し，自己の宗教を信仰しかつ実践し又は自己の言語を使用する権利を否定されない。

第31条

1　締約国は，休息及び余暇についての児童の権利並びに児童がその年齢に適した遊び及びレクリエーションの活動を行い並びに文化的な生活及び芸術に自由に参加する権利を認める。

2　締約国は，児童が文化的及び芸術的な生活に十分に参加する権利を尊重しかつ促進するものとし，文化的及び芸術的な活動並びにレクリエーション及び余暇の活動のための適当かつ平等な機会の提供を奨励する。

第32条

1　締約国は，児童が経済的な搾取から保護され及び危険となり若しくは児童の教育の妨げとなり又は児童の健康若しくは身体的，精神的，道徳的若しくは社会的な発達に有害となるおそれのある労働への従事から保護される権利を認める。

2　締約国は，この条の規定の実施を確保するための立法上，行政上，社会上及び教育上の措置をとる。こ

のため，締約国は，他の国際文書の関連規定を考慮して，特に，

(a)雇用が認められるための1又は2以上の最低年齢を定める。

(b)労働時間及び労働条件についての適当な規則を定める。

(c)この条の規定の効果的な実施を確保するための適当な罰則その他の制裁を定める。

第33条

締約国は，関連する国際条約に定義された麻薬及び向精神薬の不正な使用から児童を保護し並びにこれらの物質の不正な生産及び取引における児童の使用を防止するための立法上，行政上，社会上及び教育上の措置を含むすべての適当な措置をとる。

第34条

締約国は，あらゆる形態の性的搾取及び性的虐待から児童を保護することを約束する。このため，締約国は，特に，次のことを防止するためのすべての適当な国内，二国間及び多数国間の措置をとる。

(a)不法な性的な行為を行うことを児童に対して勧誘し又は強制すること。

(b)売春又は他の不法な性的な業務において児童を搾取的に使用すること。

(c)わいせつな演技及び物において児童を搾取的に使用すること。

発達障害者支援法（抄）
（平成16年法律第167号）

第1章　総　則

（目的）

第1条　この法律は，発達障害者の心理機能の適正な発達及び円滑な社会生活の促進のために発達障害の症状の発現後できるだけ早期に発達支援を行うとともに，切れ目なく発達障害者の支援を行うことが特に重要であることに鑑み，障害者基本法（昭和四十五年法律第八十四号）の基本的な理念にのっとり，発達障害者が基本的人権を享有する個人としての尊厳にふさわしい日常生活又は社会生活を営むことができるよう，発達障害を早期に発見し，発達支援を行うことに関する国及び地方公共団体の責務を明らかにするとともに，学校教育における発達障害者への支援，発達障害者の就労の支援，発達障害者支援センターの指定等について定めることにより，発達障害者の自立及び社会参加のためのその生活全般にわたる支援を図り，もって全ての国民が，障害の有無によって分け隔てられることなく，相互に人格と個性を尊重し合いながら共生する社会の実現に資することを目的とする。

（定義）

第2条　この法律において「発達障害」とは，自閉症，アスペルガー症候群その他の広汎性発達障害，学習障害，注意欠陥多動性障害その他これに類する脳機能の障害であってその症状が通常低年齢において発現するものとして政令で定めるものをいう。

2　この法律において「発達障害者」とは，発達障害がある者であって発達障害及び社会的障壁により日常生活又は社会生活に制限を受けるものをいい，「発達障害児」とは，発達障害者のうち18歳未満のものをいう。

3　この法律において「社会的障壁」とは，発達障害がある者にとって日常生活又は社会生活を営む上で障壁となるような社会における事物，制度，慣行，観念その他一切のものをいう。

4　この法律において「発達支援」とは，発達障害者に対し，その心理機能の適正な発達を支援し，及び円滑な社会生活を促進するため行う個々の発達障害者の特性に対応した医療的，福祉的及び教育的援助をいう。

（基本理念）

第2条の2　発達障害者の支援は，全ての発達障害者が社会参加の機会が確保されること及びどこで誰と生活するかについての選択の機会が確保され，地域社会において他の人々と共生することを妨げられないことを旨として，行われなければならない。

2　発達障害者の支援は，社会的障壁の除去に資することを旨として，行われなければならない。

3　発達障害者の支援は，個々の発達障害者の性別，年齢，障害の状態及び生活の実態に応じて，かつ，医療，保健，福祉，教育，労働等に関する業務を行う関係機関及び民間団体相互の緊密な連携の下に，その意思決定の支援に配慮しつつ，切れ目なく行われなければならない。

（国及び地方公共団体の責務）

第3条　国及び地方公共団体は，発達障害者の心理機能の適正な発達及び円滑な社会生活の促進のために発達障害の症状の発現後できるだけ早期に発達支援を行うことが特に重要であることに鑑み，前条の基本理念（次項及び次条において「基本理念」という。）にのっとり，発達障害の早期発見のため必要な措置を講じるものとする。

2　国及び地方公共団体は，基本理念にのっとり，発達障害児に対し，発達障害の症状の発現後できるだけ早期に，その者の状況に応じて適切に，就学前の発達支援，学校における発達支援その他の発達支援が行われるとともに，発達障害者に対する就労，地域における生活等に関する支援及び発達障害者の家族その他の関係者に対する支援が行われるよう，必要な措置を講じるものとする。

3　国及び地方公共団体は，発達障害者及びその家族その他の関係者からの各種の相談に対し，個々の発達障害者の特性に配慮しつつ総合的に応ずることができるようにするため，医療，保健，福祉，教育，労働等に関する業務を行う関係機関及び民間団体相互の有機的連携の下に必要な相談体制の整備を行うものとする。

4　発達障害者の支援等の施策が講じられるに当たっては，発達障害者及び発達障害児の保護者（親権を行う者，未成年後見人その他の者で，児童を現に監護するものをいう。以下同じ。）の意思ができる限り尊重されなければならないものとする。

5　国及び地方公共団体は，発達障害者の支援等の施策を講じるに当たっては，医療，保健，福祉，教育，労働等に関する業務を担当する部局の相互の緊密な連携を確保するとともに，発達障害者が被害を受けること等を防止するため，これらの部局と消費生活，警察等に関する業務を担当する部局その他の関係機関との必要な協力体制の整備を行うものとする。

（国民の責務）

第4条　国民は，個々の発達障害の特性その他発達障害に関する理解を深めるとともに，基本理念にのっとり，発達障害者の自立及び社会参加に協力するように努めなければならない。

第2章　児童の発達障害の早期発見及び
発達障害者の支援のための施策

（児童の発達障害の早期発見等）

第5条　市町村は，母子保健法（昭和40年法律第141号）第12条及び第13条に規定する健康診査を行うに当たり，発達障害の早期発見に十分留意しなければならない。

2　市町村の教育委員会は，学校保健安全法（昭和33年法律第56号）第11条に規定する健康診断を行うに当たり，発達障害の早期発見に十分留意しなければならない。

3　市町村は，児童に発達障害の疑いがある場合には，適切に支援を行うため，当該児童の保護者に対し，継続的な相談，情報の提供及び助言を行うよう努めるとともに，必要に応じ，当該児童が早期に医学的又は心理学的判定を受けることができるよう，当該児童の保護者に対し，第14条第1項の発達障害者支援センター，第19条の規定により都道府県が確保した医療機関その他の機関（次条第1項において「センター等」という。）を紹介し，又は助言を行うものとする。

4　市町村は，前3項の措置を講じるに当たっては，当該措置の対象となる児童及び保護者の意思を尊重するとともに，必要な配慮をしなければならない。

5　都道府県は，市町村の求めに応じ，児童の発達障害の早期発見に関する技術的事項についての指導，助言その他の市町村に対する必要な技術的援助を行うものとする。

（教育）

第8条　国及び地方公共団体は，発達障害児（18歳以上の発達障害者であって高等学校，中等教育学校及び特別支援学校並びに専修学校の高等課程に在学する者を含む。以下この項において同じ。）が，その年齢及び能力に応じ，かつ，その特性を踏まえた十分な教育を受けられるようにするため，可能な限り発達障害児が発達障害児でない児童と共に教育を受けられるよう配慮しつつ，適切な教育的支援を行うこと，個別の教育支援計画の作成（教育に関する業務を行う関係機関と医療，保健，福祉，労働等に関する業務を行う関係機関及び民間団体との連携の下に行う個別の長期的な支援に関する計画の作成をいう。）及び個別の指導に関する計画の作成の推進，いじめの防止等のための対策の推進その他の支援体制の整備を行うことその他必要な措置を講じるものとする。

2　大学及び高等専門学校は，個々の発達障害者の特性に応じ，適切な教育上の配慮をするものとする。

索　引 (＊は人名)

《監修者紹介》
よし だ たけ お
吉田武男（筑波大学名誉教授，貞静学園短期大学学長）

《執筆者紹介》（所属，分担，執筆順，＊は編著者）
み た べ いさむ
三田部 勇（編著者紹介参照：はじめに・第2・9・10・11章）
よし だ たけ お
吉田武男（編著者紹介参照：第1章）
たかやなぎまさ と
高 柳 真人（京都教育大学教職キャリア高度化センター教授：第3・5章）
よね だ ひろ き
米田宏樹（筑波大学人間系准教授：第4章）
ご とうこういち
五島浩一（茨城大学全学教職センター教授：第6章）
ふじ い しん ご
藤井真吾（名古屋学院大学スポーツ健康学部講師：第7章）
ほそ ど かずよし
細戸一佳（帝京大学大学院教職研究科准教授：第8章）
た なか
田中マリア（筑波大学人間系准教授：第12章）
おくやままさ え
奥谷雅恵（吾妻学園つくば市立吾妻小学校校長：第13章）
キム ヒョンスク
金 玧 淑（聖徳大学教育学部准教授：第14・15章）
ひ ぐちなおひろ
樋口直宏（筑波大学人間系教授：第16章）

《編著者紹介》

三田部勇（みたべ・いさむ／1966年生まれ）

　　筑波大学体育系准教授

　　『教育実習・教職実践演習』（編著，協同出版，2021年）

　　『中学校・高等学校体育科教育法』（共著，建帛社，2021年）

　　『初等体育科教育』（共著，ミネルヴァ書房，2018年）

吉田武男（よしだ・たけお／1954年生まれ）

　　筑波大学名誉教授，貞静学園短期大学学長

　　『シュタイナー教育を学びたい人のために──シュタイナー教育研究入門』（協同出版，1997年）

　　『シュタイナーの教育名言100選』（学事出版，2001年）

　　『カウンセラーは学校を救えるか──「心理主義化する学校」の病理と変革』（共著，昭和堂，2003年）

　　『シュタイナーの人間形成論』（学文社，2008年）

　　『「心の教育」からの脱却と道徳教育──「心」から「絆」へ，そして「魂」へ』（学文社，2013年）

MINERVA はじめて学ぶ教職⑰
教育実習

2023年3月30日　初版第1刷発行　　　　　　　〈検印省略〉

定価はカバーに
表示しています

編著者　三田部　　勇
　　　　吉田　武男

発行者　杉田　啓三

印刷者　藤森　英夫

発行所　株式会社　ミネルヴァ書房

607-8494　京都市山科区日ノ岡堤谷町1
電話代表　（075）581-5191
振替口座　01020-0-8076

亜細亜印刷

ISBN978-4-623-09285-7
Printed in Japan

MINERVA はじめて学ぶ教職

監修 吉田武男

「教職課程コアカリキュラム」に準拠 　　全20巻＋別巻1

◆ 　B5判／美装カバー／各巻180〜230頁／各巻予価2200円（税別） 　◆

【姉妹編】

MINERVA はじめて学ぶ教科教育 　全10巻＋別巻1

監修 吉田武男 　B5判美装カバー／各巻予価2200円（税別）〜